디자인이 쉬워지는 포토샵&AI 완벽 시너지

이 이미지는 AI로 생성 후 포토샵에서 편집하였습니다.

✦ 저자소개

쌩초보도 **초고수로!**
쌩초 그래픽 디자이너 · 강사
✉ ssaengcho@naver.com

👑 그래픽 디자인 경력 10년 이상
🎵 아이디어스 디자인 작가
▶ 유튜브 **쌩초 컴퓨터실** AI 기반 그래픽 디자인

국내 최초로 포토샵과 여러 AI를 활용한 디자인 강의를 출시하였으며 탄탄한 실무 경력을 바탕으로 현재까지도 많은 디자인 프로젝트와 강의를 진행하고 있습니다. 한돈 페스타 전시 그래픽 디자인, 서울 국제 모빌리티쇼 자동차 전시 그래픽 디자인, 뷰티 브랜드 록시땅 광고 디자인, 그리고 올리브영의 POP 디자인 등 다양한 규모의 디자인 프로젝트에 참여하였으며, 광고 디자인 사업체 운영과 동시에 월 평균 500만 명 이상이 사용하는 디자인 작가 플랫폼 아이디어스에서도 작가 활동을 이어가고 있습니다.

10년의 디자인 노하우를 모두 담은 이 책의 마지막 페이지를 닫을 때,

당신은 디자인 고수가 됩니다.

포토샵과 AI에 대한 각각의 도서나 강의는 많습니다. 그러나 포토샵과 다양한 AI를 함께 협업하여 능률적으로 디자인을 하는 방법을 담은 도서는 비제이퍼블릭의 도서가 최초이고, 쌩초 컴퓨터실의 강의가 그 첫걸음을 내딛었습니다.

포토샵은 상상력의 한계를 뛰어넘는 이미지 제작이 가능하며, 사용법을 모르는 사람들도 그 용도에 대해 인지하고 있을 정도로 대중적입니다. 전문가만이 사용할 수 있다는 인식으로 진입 장벽이 높았었지만, 최근 명령어만 입력하면 무엇이든 창작해주는 AI 기능 업데이트로 초보자도 누구나 쉽게 디자인을 할 수 있게 되었습니다.

저는 효율성을 중시하는 '디자이너'이기 때문에 대중들이 선호하는 디자인을 빠르게 완성하는 것을 목표로 합니다. 또한, 저는 대부분의 모든 업무를 스스로 수행하는 '프리랜서'이기도 합니다. SNS, 유튜브, 블로그, 광고 배너 등의 마케팅 콘텐츠와 명함, 스티커, 포스터 등의 인쇄물을 직접 제작하여 사용합니다.

포토샵 AI 기능 외에도, 명령어만 입력하면 이미지를 생성하거나 콘텐츠에 필요한 센스있는 카피라이팅, 방대한 정보의 자동 수집 등의 다양한 AI 도구를 활용하니 작업 시간과 외주 비용을 크게 절감할 수 있었습니다. 이런 경험을 바탕으로, 많은 사람들이 효율적으로 디자인하는 데 도움이 되고자 포토샵&AI 도서와 온라인 강의를 출시하게 되었습니다.

집필 기간 동안 많은 시간을 함께 보내지 못해 미안한 남편과 이러한 콘텐츠를 특별히 여겨 출판을 제안해 주신 비제이퍼블릭 출판사의 유명한 에디터님을 비롯하여 힘 써주신 모든 분들께 깊은 감사의 마음을 전합니다.

SSaengcho 저자 쌩초 드림

포토샵의 생성형 이미지, 챗 GPT, 미드저니, 플레이그라운드, 코파일럿, 뤼튼, 브루, 수노 등 AI와 관련있는 많은 도구가 쏟아지고 있습니다. 많은 AI 툴들을 학습하는 과정에서 어려움을 겪고 있었습니다.

하지만 이 책을 읽으면서 결국 창작의 주체는 인간이고, 도구는 그저 도구에 불과하다는 점을 알게 되었습니다. 디자인에 대한 진입 장벽을 AI를 활용한 도구들로 허무는 과정을 철저한 실습 과정을 통해 체험시켜주기 때문입니다. 예제 또한 교육을 위한 실습이 아니라 실제 디자인을 하기 위한 실습(로고 제작, SNS 카드 뉴스, 셀카 사진으로 증명 사진 만들기 등)으로 구성되어 있고, 설명이 자세합니다.

- 김지훈

이 책은 그 동안 다룬 디자인 스킬 중에서도 꼭 필요하고 도움되는 항목들만을 모아 집결한 듯한 느낌을 받았습니다. 포토샵의 작은 기초부터 이미지 작업, 실제 제품 적용까지, 한 권에 알차게 담은 실용적인 구성이 마음에 듭니다.

특히나 AI를 통한 디자인 활용법이 이렇게 다양하고 폭이 넓은지 미처 몰랐습니다. 빠르게 변하는 디자인 트렌드와 작업 환경을 따르고 반영하는 것의 중요성을 일깨워줬습니다.

똑같은 결과물이라도 작업자에 따라 다양한 기술을 적용하기 마련인데요. 기존에 사용하던 기술에만 안주하지 않고 계속해서 새로운 방식을 접목하고 업그레이드하는 것은, 디자이너뿐 아니라 어떤 분야의 실무자라도 가지면 좋을 중요한 마인드라 생각합니다.

영상이 작업 과정을 한 눈에 볼 수 있어 좋았다면, 책은 한 페이지씩 넘기며 차근차근 따라 익히는데 큰 도움이 될 것 같습니다.

- 정수임

포토샵을 처음 시작하는 분들이나 이미 이용해본 적은 있으나 보다 전문적인 기술을 제대로 배우고자 하는 분들께 이 책을 추천합니다.

이 책을 통해 포토샵의 기본 기능과 사진 편집의 기초지식, 각종 효과들, 도구 사용법, 단축키, 실무에서 사용하는 꿀팁들을 배울 수 있습니다. 모든 설명에 예시 사진이 함께 제공되어 이해하기가 쉬웠고, 틈틈이 실습 예제가 있어 따라하며 사진 편집 기술을 손에 익히기 좋았습니다.

저는 직장에서 포토샵을 가끔 사용해야 할 때가 있으나, 간단한 편집밖에 할 줄 몰라서 작업시간도 오래 걸리고 결과물도 만족스럽지 못했습니다. 이 책을 통해 저자님 유튜브로 배우던 것보다 더 자세하게 기초부터 실무까지의 지식들을 배울 수 있어 유익했으며, 앞으로 포토샵 작업을 잘 할 수 있을 것이라는 자신감도 생겼습니다.

- 신소연

포토샵과 AI를 사용하지 않는 사람 VS 적극 활용하는 사람

	악세사리 온라인 스토어 를 운영하는 A씨	스포츠 의류 매장 을 운영하는 B씨
정보 수집	여러 웹사이트를 모두 접속하여 관련 정보를 수집합니다. 한꺼번에 많은 글과 이미지를 검색하다 보니 본격적인 디자인을 시작하기도 전에 지칩니다. ☺ 소요 시간 : 60분	AI를 사용하여 원하는 주제에 관련된 정보를 수집합니다. 기사, 블로그, 유튜브 등 다양한 곳에서 필요한 정보를 한 번에 수집하고 자동으로 서식화 합니다. ☺ 소요 시간 : 10분
이미지 소스	무료 이미지 사이트에서 배경 이미지를 검색해 보지만 마음에 드는 이미지를 찾기가 쉽지 않습니다. 원하는 이미지와 그나마 가까운 이미지를 어렵게 찾았지만 구매 비용이 상당합니다. ☺ 소요 시간 : 30분	무료/가성비 AI를 사용하여 저작권없는 이미지를 빠르게 생성합니다. 실사, 일러스트, 가상 모델, 로고 등을 빠르게 생성하고 자유자재로 편집할 수 있습니다. ☺ 소요 시간 : 15분
카피라이팅	제품의 특장점을 효과적으로 부각시킬 수 있는 광고 문구로 소비자를 사로잡고 싶지만, 글재주가 없어 촌스럽고 장황합니다. 자랑스러운 내 제품이 초라해 보여 속상합니다. ☺ 소요 시간 : 30분	글쓰기 AI를 활용해 효과적인 광고 문구를 생성합니다. 제품 또는 서비스의 강점을 극대화하고, 고객의 관심을 끌 수 있는 센스있는 문구를 자동으로 생성하여 사용합니다. ☺ 소요 시간 : 10분
이미지 편집	디자인 템플릿을 이용하니 처음에는 쉽게 디자인할 수 있어 좋았지만 사용할수록 점점 편집의 한계를 느껴 표현하려는 이미지나 내용을 다 표현하지 못합니다. ☺ 소요 시간 : 20분	AI로 생성한 이미지와 광고 문구를 기반으로 포토샵에서 디자인을 완성합니다. 포토샵 AI 기능으로 자유롭게 편집 하고 디자인하여 완성도 높은 디자인을 합니다. ☺ 소요 시간 : 30분
총 소요시간	140분	65분

AI(Artificial Intelligence)는 인간의 지능을 모방한 기계의 지능을 말합니다. 최근 AI 기술이 급속도로 발전하여 자율주행차, 음성비서, 자동번역, 생산직 로봇 등 다양한 AI가 등장하면서 우리 삶 속으로 빠르게 확산되고 있습니다. 최근 챗GPT가 AI의 대중화에 큰 영향을 미쳐, 일상 대화 뿐 아니라 특정 주제의 깊이 있는 대화도 가능하고 사람들은 AI를 일상 생활에 더욱 편리하게 활용할 수 있게 되었습니다. 앞으로도 AI 기술은 계속 진화하면서 삶의 모든 영역에 깊숙이 자리잡을 것으로 보입니다.

디자인 없는 콘텐츠 제작은 상상할 수 없습니다.

디자인의 중요성을 간과하는 것은 콘텐츠 제작에서 큰 실수를 범하는 것과 같습니다. 디자인은 메시지를 전달하는 가장 강력한 도구 중 하나이며, 콘텐츠의 첫인상을 결정하는 중요한 역할을 합니다. 이는 사람들이 콘텐츠를 주목할지, 아니면 무시할지를 결정하는 필수 요소입니다.

또한, 우수한 디자인은 복잡한 정보를 단순화하고 이해하기 쉽게 만드는 데 큰 도움이 됩니다. 그것은 중요한 포인트를 강조하고, 사람들이 콘텐츠의 핵심 메시지를 쉽게 파악할 수 있게 돕습니다.

디자인은 브랜드 가치와 메시지를 표현하는 데 있어서도 중요한 역할을 합니다. 일관된 디자인은 브랜드 인식을 향상시키고, 신뢰성을 구축하는 데 기여합니다.

뿐만 아니라, 훌륭한 디자인은 사람들의 감정을 자극하고, 콘텐츠에 더 깊이 관여하게 만들어, 그들의 기억에 오래도록 남습니다.

결국, 디자인은 콘텐츠 제작의 핵심이며, 여러분의 콘텐츠를 독특하게 만들고, 정보를 명확하게 전달하고, 브랜드를 강화하며, 감정적인 연결을 형성하는 데 필수적입니다. 디자인의 힘을 활용하면, 여러분의 콘텐츠는 더 높은 차원으로 성장하고, 사람들의 마음을 사로잡을 수 있습니다. 디자인의 힘을 믿어보세요!

돌고 돌아 결국 포토샵을 찾게 됩니다.

포토샵이 전세계적으로 최고의 디자인 도구로 인정받는 이유는 무엇일까요?

포토샵은 다양한 작업을 모두 처리하는 다재다능한 도구입니다. 사진 편집부터 그래픽 디자인, 웹 디자인 등 수많은 기능들이 모여 포토샵이라는 거대한 플랫폼을 완성합니다.

디자인 템플릿을 이용하는 것보다 포토샵을 이용하면 무한한 디자인을 만들 수 있습니다. 템플릿은 이미 정해진 형식을 따르기 때문에 창작에 제한이 있지만, 포토샵은 창의성을 최대한 발휘할 수 있고 복잡한 작업도 얼마든지 처리합니다. 템플릿을 사용하던 사람들도 결국엔 포토샵을 사용하게 되는 이유도 그 때문입니다.

포토샵은 다양한 파일 형식을 지원하여 웹사이트, SNS, 인쇄물 등 다양한 곳에서 쉽게 활용할 수 있고 전세계적으로 널리 사용되기 때문에 필요한 학습 자료와 디자인 소스를 쉽게 얻을 수 있습니다. 이런 리소스들은 포토샵을 배우고 활용하는 데 큰 도움을 줍니다.

포토샵은 디자인 작업에서 그 어떤 도구도 대체할 수 없는 창의적인 기능과 매력을 가지고 있습니다. 특히, 템플릿을 넘어 무한한 디자인을 만들 수 있는 능력은 포토샵만의 강점입니다. 그렇기 때문에 포토샵을 활용하면, 여러분의 디자인 능력을 한 단계 업그레이드할 수 있습니다. 포토샵의 능력을 믿어보세요!

포토샵 최신 버전의 AI 기능을 적극 활용합니다.

생성형 채우기

간단한 명령어 입력 만으로 개체를 생성 · 변경 · 제거합니다.

▲ 생성형 채우기 원본

▲ 생성형 채우기 후

생성형 확장

Zoom-Out 하듯 배경을 자연스럽게 확장 · 생성합니다.

▲ 배경 확장 전

▲ 배경 확장 후

제거 도구

제거할 개체를 선택만 하면 자연스럽게 제거됩니다.

▲ 개체 제거 전

▲ 개체 제거 후

개체 선택 도구

머리카락, 털과 같은 얇은 선까지도 세밀하게 선택하여 배경을 제거하거나 다른 배경으로 변경합니다.

▲ 배경 제거 전

▲ 배경 제거 후

상황별 작업 표시줄

빠르게 편집할 수 있도록 여러 상황에 따라 편집 항목이 다르게 표시됩니다.

어도비 파이어플라이

포토샵을 열지 않고도 웹에서 생성형 AI를 사용합니다. 포토샵에 탑재된 생성형 채우기 기능도 파이어플라이의 기술을 바탕으로 합니다.

업무 효율을 200% 끌어 올리는 AI 도구로 짧은 시간에 완벽한 콘텐츠를 제작합니다.

이미지 생성 AI

미드저니, 플레이그라운드, 레오나르도 AI를 통해 다양한 스타일의 이미지를 생성합니다.

글 생성(카피라이팅) AI

센스있는 문구를 생성하거나 글을 요약하고 정돈합니다.

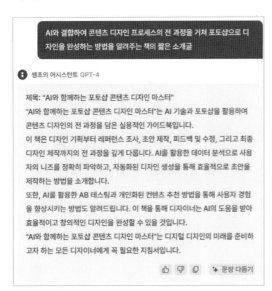

이미지 업스케일링 AI

크기가 작거나 저화질인 이미지를 크기가 큰 고화질 이미지로 변환합니다.

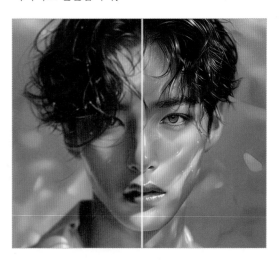

정보 수집 AI

정확한 근거와 출처가 포함된 정보를 빠르게 수집하고 요약합니다.

문자 인식 OCR

이미지의 글자를 추출하거나 번역합니다.

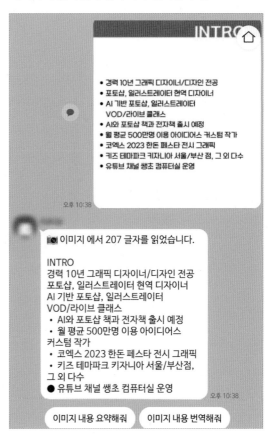

온라인 콘텐츠

섬네일 디자인

- ✓ 저작권 무료 폰트로 문자 입력 및 편집
- ✓ 문자에 그레이디언트, 테두리, 그림자 효과 적용
- ✓ 스포이드 도구로 색상 추출 후 색상 통일

SNS 카드뉴스 디자인

- ✓ 마이크로소프트 코파일럿(Bing) 정보 수집
- ✓ 펜 도구로 그린 곡선에 문자 입력
- ✓ 사진을 도형에 포함 시키기

웹 포스터 디자인

- ✅ 배경 분리
- ✅ 배경&디자인 요소 AI 생성
- ✅ 무료 디자인 소스·폰트 활용하기

상품 상세페이지 디자인

- ✅ 뤼튼 카피라이팅 생성
- ✅ 도형 모양 따라 문자 입력
- ✅ 이미지의 일부 자연스럽게 삭제

| 온라인 광고 배너 디자인

- ✅ 투명 문자 테두리 효과
- ✅ 여러가지 도형 그리기
- ✅ 같은 디자인의 크기 변형

오프라인 인쇄물

| 증명 사진·프로필 사진

- ✅ 명령어 입력만으로 단정한 의상과 헤어 생성
- ✅ 합격 프리패스상 인물 보정
- ✅ 배경 색상 변경

포스터 디자인

- ✅ 빈티지 그레인 효과
- ✅ 글자 변형 타이포그래피, 여러가지 도형 그리기
- ✅ 인쇄소 선정 팁&저렴한 원가 제작

엽서 디자인

- ✅ 미드저니, 플레이그라운드, 레오나르도 AI 이미지 생성
- ✅ 이미지 고해상 업스케일링
- ✅ 인쇄소 자동 편집 및 제작 의뢰

판 스티커 디자인

- ✅ 스티커 이미지 AI 생성
- ✅ 인쇄소 자동 칼선 편집 및 소량 제작

라벨 스티커 디자인

- ✅ 로고 AI 생성 및 디자인
- ✅ 칼선 편집 및 대량 제작

책과 동영상 강의를 함께 보며 배워보세요!
실무 디자이너 저자의 VOD 동영상 강의와 함께하면 학습 효과는 배가 됩니다.

동영상 강의
예제 파일 다운로드
질문&답변
litt.ly/ssaengcho

📄 **예제 원본 파일&실습 파일을 다운로드 하세요!**
완성된 예제 원본 파일과 실습 소스 파일을 다운로드 할 수 있습니다.

Ps **왜 포토샵 최신 버전 한글판으로 사용할까요?**

1. 한글 인터페이스 : 모국어인 한국어로 작업하기 때문에 포토샵을 사용하는데 익숙하지 않은 분들도 쉽게 작업을 시작할 수 있습니다. 또한, 강의에 의존하지 않고 스스로 독학하기에도 한글판이 훨씬 수월합니다.

2. 최신 기능 업데이트 : 이전 버전보다 더욱 향상된 도구와 기능이 많이 추가되어 무한한 가능성을 자랑합니다. 구독형 포토샵을 사용하면 계속해서 최신 기능이 업데이트 된 버전으로 사용이 가능합니다.

3. 안정성 : 이전 버전에서 발견된 취약점이나 버그를 수정하여 더욱 안정적인 작업 환경을 제공하도록 지속적으로 업데이트 됩니다. 이는 작업 중에 예기치 않은 문제가 발생할 확률을 줄여준다는 뜻입니다.

- 이 책은 윈도우 운영체제를 기준으로 합니다.
- 맥 사용 시, 윈도우의 Ctrl 은 ⌘ Command , Alt 는 option 으로 사용합니다.

✦ 포토샵 무료 체험판 설치 및 구독하기

어도비 홈페이지 **www.adobe.com/home**에서 포토샵 정품 최신 버전을 다운로드 및 설치해야만 작업 시간을 단축할 수 있는 최신 AI 기능을 사용할 수 있습니다. 무료 체험판 사용 기간이 종료되기 전에 취소하지 않으면 자동 결제됩니다.

1. 어도비 홈페이지의 ❶ [플랜 및 제품]- ❷ <모든 플랜 보기>를 클릭합니다.

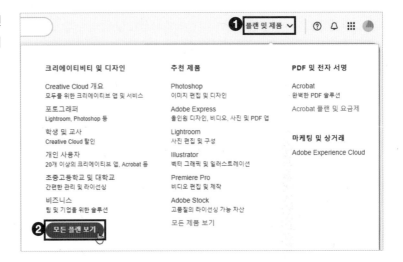

2. 개인/기업 등 알맞은 플랜을 선택하고 [포토그래피]와 [Photoshop]의 [플랜 및 가격 자세히 보기]를 각각 클릭하여 플랜을 비교합니다.

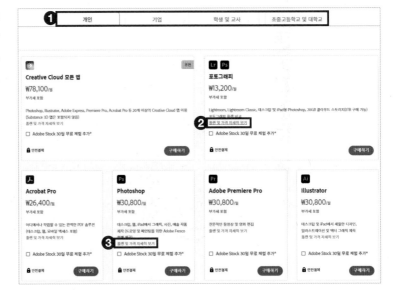

3. 체험해 볼 플랜의 [플랜 비교]를 클릭하고 <무료 체험판>을 클릭합니다.

4. 체험 기간 이후 자동 결제될 금액 확인 후 [계속]을 클릭합니다.

5. 추가할 수 있는 플랜을 확인하고 다음 단계로
   진행합니다. 추가하지 않는다면 <아니요>
   를 클릭합니다.

6. 무료 체험기간 이후에 자동 결제될 카드 정보를 입력하고 <무료 체험기간 시작>을 클릭합니다. 결제를 원하지 않는
   다면 체험기간 종료 전 결제를 취소합니다.

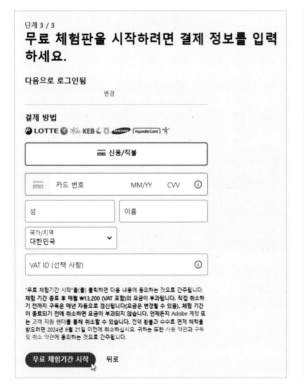

7. 어도비 홈페이지-[앱]-[Creative Cloud]를 <다운로드> 합니다. 이어서 나오는 설치 방법을 따라 다운로드 된 설치 파일을 실행하여 클라우드를 설치합니다. 이후 [Creative Cloud 설치]의 [계속]을 클릭합니다.

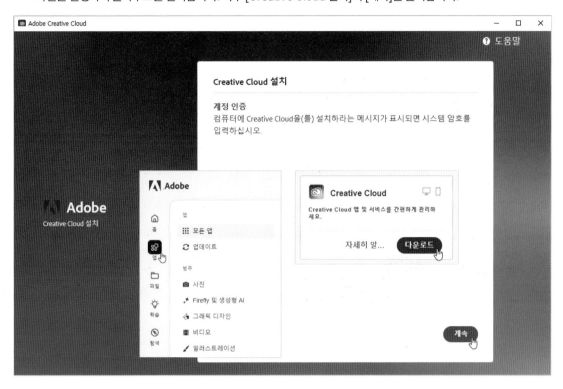

8. 어도비 계정으로 로그인 후 [앱]-[사진]-사용할 앱의 [시험 사용]을 클릭하여 설치합니다.

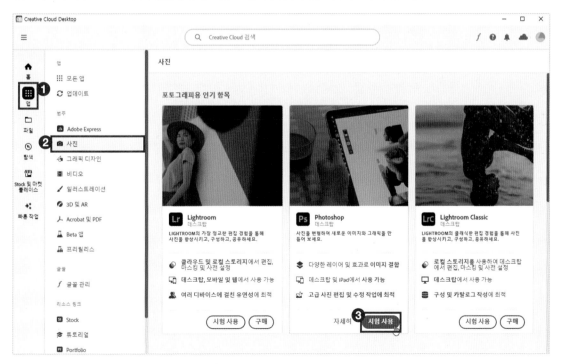

포토샵 홈 화면의 구성

❶ **메뉴바** : 포토샵의 전체 메뉴가 특성 별로 구분되어 있습니다.

❷ **작업 화면** : 작업 화면으로 전환됩니다.

❸ **새 파일** : 새로운 작업 파일을 생성합니다. ⎡Ctrl⎤ + ⎡N⎤

❹ **열기** : 기존의 포토샵 파일이나 이미지 파일을 엽니다. ⎡Ctrl⎤ + ⎡O⎤

❺ **홈** : 홈 화면을 보여줍니다.

❻ **학습** : 미션 수행을 하며 포토샵 기능을 학습합니다.

❼ **내 파일** : 어도비 클라우드에 저장된 파일을 관리합니다.

❽ **나와 공유됨** : 어도비 공유 기능으로 공유된 파일을 관리합니다.

❾ **Lightroom 사진** : 어도비 Lightroom과 연동된 파일을 관리합니다.

❿ **삭제된 항목** : 어도비 클라우드에서 삭제된 파일을 관리합니다.

⓫ **최근 항목** : 최근 작업 파일을 바로 열 수 있습니다.

⓬ **클라우드** : 클라우드의 전체 용량과 사용량을 확인합니다.

⓭ **돋보기** : 관련 학습 미션 및 Adobe Stock(이미지/폰트/템플릿 서비스)에서 검색합니다.

⓮ **업데이트** : 새로 업데이트 된 기능을 확인하거나 학습합니다.

⓯ **내 정보** : 내 어도비 계정 정보를 확인합니다.

어도비 구독 시, 장소 제약 없이 로그인만 하면 작업 파일을 열거나 이어서 작업을 할 수 있는 클라우드 저장 공간을 기본으로 제공합니다. 요금제에 따라 저장 가능 용량이 다르며 어도비 홈페이지에서 확인이 가능합니다. 작업 파일은 클라우드/외장 하드/USB 메모리에 별도 저장해야 컴퓨터가 느려지지 않습니다.

PART 01 — HELLO, 포토샵

PART 02 기초 탄탄 워밍업

PART 06 오프라인 인쇄물 제작

LESSON 01 필수 확인! 인쇄물 제작 주의 사항

LESSON 02 이미지 생성 프롬프트 수집 & 엽서 제작

PART

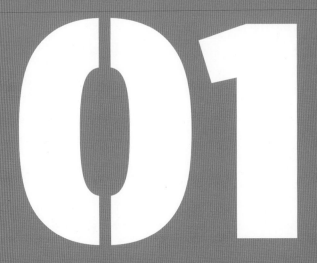

01

HELLO,
포토샵

포토샵(Photoshop)은 어도비(Adobe)의 이미지 편집 및
그래픽 디자인 전문 도구로, 그래픽 디자이너와 포토그래퍼는 물론
일반 사용자에게까지 널리 활용되는 프로그램입니다.
이 도구는 사용 범위가 거의 무한합니다.
처음 시작은 약간 낯설 수 있지만, 여러 자동화 기능을 통해 작업 시간을 단축시키고
초보자도 쉽게 다룰 수 있도록 여러 AI 기능을 탑재했습니다.
이런 기능들을 이용해 사용자는 차근차근 따라가며
다양한 작품을 쉽게 만들어낼 수 있습니다.
그러니, 설레는 마음으로 포토샵의 세계를 시작해 보세요.

위 내용은 AI를 활용하여 작성하였습니다.

LESSON 01

무조건 알아야 하는 그래픽 필수 지식

그래픽 필수 지식을 알아야 콘텐츠를 문제없이 제작할 수 있습니다.

SECTION 1

RGB VS CMYK 색상 모드

원하는 색상으로 디자인을 하기 위한 필수 사항입니다.

RGB 색상 모드 | 화면용 : 컴퓨터, 핸드폰, TV, 아이패드, 키오스크

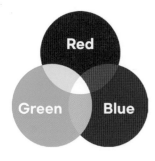

- **3원색** : 화면에 보여지는 색상은 빛의 3원색을 혼합하여 구현됩니다.
- **색상 구성** : RGB의 R은 RED, G는 GREEN, B는 BLUE 색상을 말합니다.
- **가산 혼합** : 많은 양의 색상을 조합할수록 밝아집니다.
- **색상 조정** : 색상을 255단계로 섬세한 조정이 가능합니다.
- **참고 사항** : 모니터 사양에 따라 동일한 색상이라도 다르게 보일 수 있습니다.

RGB 색상 조정 슬라이더로 알아보는 가산 혼합

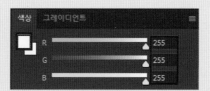

- RGB 각각의 수치가 모두 0일 때(아무 색상도 지정하지 않았을 때) : 검은색
- RGB 각각의 수치가 모두 255일 때(모든 색상을 최대로 지정했을 때) : 흰색

CMYK 색상 모드 | 인쇄용 : 책, 명함, 현수막, 패키지

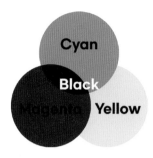

- **3원색** : 인쇄를 위한 색상은 색(잉크)의 3원색과 검은색을 혼합하여 구현됩니다.
- **색상 구성** : CMYK의 C는 CYAN(청록색), M은 MAGENTA(자홍색), Y는 YELLOW(노란색), K는 KEY PLATE(검은색) 색상을 말합니다.
- **감산 혼합** : 많은 양의 색상을 조합할수록 어두워집니다.
- **색상 조합** : 색상을 최대 100%까지만 조정할 수 있기 때문에 RGB 모드에 비해 색 구현에 한계가 있습니다.
- **참고 사항** : 별색(Spot Color/색상 견본)을 추가하여 CMYK 색상 이외의 별도 색상을 인쇄할 수 있습니다.

CMYK 색상 조정 슬라이더로 알아보는 감산 혼합

- **CMYK 각각의 수치가 모두 0%일 때(아무 색상도 지정하지 않았을 때)** : 흰색
- **CMYK 각각의 수치가 모두 100%일 때(모든 색상을 최대로 지정했을 때)** : 어두운색

⚠ **주의**   인쇄용 파일 제작 시 꼭 체크하세요.

- 검은색 개체는 C 0%, M 0%, Y 0%, **K 100%**로 지정해야 정확한 검은색으로 인쇄됩니다.
- 검은색 바탕은 **C 10~20%**, M 0%, Y 0%, **K 100%**로 지정하면 더 진한 검은색으로 인쇄할 수 있습니다.
- 화면용 색상 모드와 인쇄용 색상 모드가 다르기 때문에 실제 인쇄했을 때 모니터로 보는 색상과 다르게 인쇄될 수 있습니다.

*화면 색상과 실제 인쇄 색상의 오차를 최소화하기 위해서는 처음 새 파일을 만들 때부터 CMYK 색상으로 설정하여 만들어야 합니다. RGB 모드로 만들어 작업하다가 CMYK 모드로 변경하면 전체적인 색상이 매우 탁하게 바뀌어 모든 색상을 재지정해야 하므로 권장하지 않습니다.

SECTION 2 선명도를 결정짓는 화소 & 해상도

깨지지 않는 선명한 디자인을 하기 위한 필수사항입니다.

1. 픽셀(단위 : pixel/px) : 화면의 가장 작은 정사각형 단위

수많은 점들이 모여 그림을 완성하는 '점묘화'와 같이, 화면용 이미지를 구성하는 정사각형의 가장 작은 단위입니다. 수많은 픽셀들이 모여 만들어진 이미지를 비트맵 이미지라고 합니다. JPG, PNG, GIF 등의 파일 형식을 주로 사용합니다.

 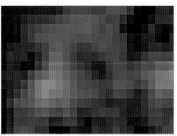

예 1500×1200px의 이미지는 가로로는 1,500개의 픽셀, 세로로는 1,200개의 픽셀로 이루어진 이미지입니다.

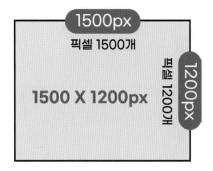

2. 화소 : 이미지를 구성하는 픽셀의 총 개수

하나의 이미지에 포함된 픽셀의 총 개수를 말합니다.

예 2천만 화소 : 총 2,000만 개의 픽셀로 이루어진 이미지

3. 해상도(단위 : ppi, dpi) : 이미지의 1인치당 포함된 픽셀이나 점의 개수

1인치당 포함된 픽셀/점의 개수를 말하며, 화면용 이미지는 픽셀로 이루어지고 인쇄용 이미지는 점으로 이루어지기 때문에 해상도의 단위가 서로 다릅니다.

PPI VS DPI

- **ppi(pixels per inch)** : 화면용 이미지의 1인치당 포함된 픽셀의 개수
  예 **72ppi 해상도** : 1인치당 포함된 픽셀의 개수가 72개인 이미지로, 주로 화면용 이미지에 설정합니다.

  예 해상도 10ppi의 이미지는 1인치당 10개의 픽셀로 구성됩니다.

- **dpi(dots per inch)** : 인쇄용 이미지의 1인치당 포함된 점의 개수
  예 **300dpi 해상도** : 1인치당 포함된 점의 개수가 300개인 이미지로, 주로 인쇄용 이미지에 설정합니다.

※ 해상도가 높을수록 이미지가 선명하고 확대해도 깨지지 않습니다.

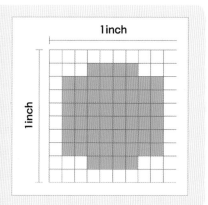

⚠ **주의** 처음에 새 파일을 만들 때부터 화면용 파일은 72ppi, 인쇄용 파일은 300dpi(대형 현수막과 같이 용량이 큰 파일은 간혹 150dpi)로 설정하여 만들어야 하며, 낮은 해상도로 작업 도중 높은 해상도로 변경 시 전체적인 화질이 매우 낮아지고 품질이 떨어지기 때문에 권장하지 않습니다.

화면용 72ppi로 인쇄한 경우

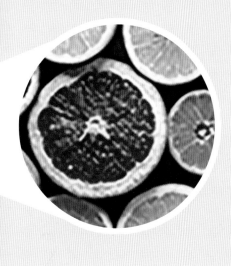

새 파일 만들기 전, 이것만 꼭 기억하세요!

화면용(컴퓨터, 핸드폰, TV, 아이패드)	인쇄용(책, 명함, 현수막, 패키지)
RGB 색상 모드	CMYK 색상 모드
72ppi	300dpi

LESSON 02

새 파일 만들기

용도에 맞는 새 캔버스를 만듭니다.

새 파일을 만드는 3가지 방법

1. 홈 화면의 <새 파일> 버튼을 클릭합니다.

2. 상단 메뉴바의 [파일]-[새로 만들기]를 클릭합니다.

3. 단축키 Ctrl + N 을 누릅니다.

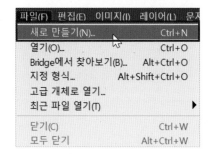

SECTION 1

새 파일 만들기
새로운 문서 만들기 창의 구성을 살펴봅니다.

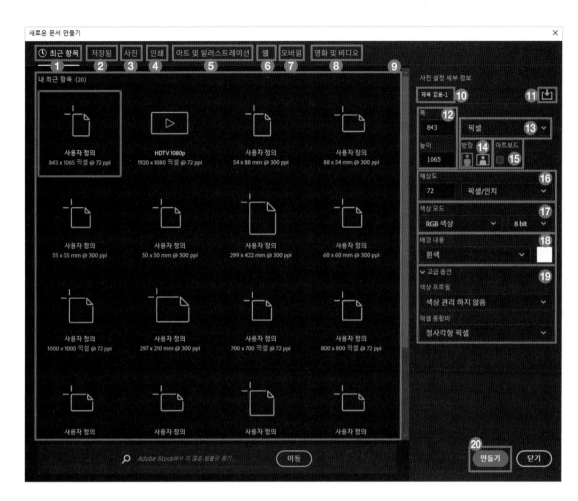

1 **최근 항목** : 최근 사용했던 사전 설정 중 선택하여 만들 수 있습니다.

2 **저장됨** : 자주 사용하는 ⑪ 사전 설정을 저장하여 새로 입력하지 않고도 저장된 사전 설정 중 선택하여 만들 수 있습니다.

3 **사진** : 4×6인치 사진과 같은 사진 출력 사전 설정 중 선택하여 만들 수 있습니다.

4 **인쇄** : A4와 같은 인쇄 사전 설정 중 선택하여 만들 수 있습니다.

5 **아트 및 일러스트레이션** : 아트 및 일러스트레이션 사전 설정 중 선택하여 만들 수 있습니다.

6 **웹** : 웹사이트와 같은 웹 사전 설정 중 선택하여 만들 수 있습니다.

7 **모바일** : 핸드폰 배경 화면과 같은 모바일 사전 설정 중 선택하여 만들 수 있습니다.

8 **영화 및 비디오** : 유튜브와 같은 영화 및 비디오 사전 설정 중 선택하여 만들 수 있습니다.

⑨ 사전 설정 : 오른쪽의 사전 설정 세부 정보를 직접 지정하지 않고도 선택할 수 있는 사전 설정입니다.

＊사전 설정 세부 정보 : ❶~❽번 항목에 해당하지 않는 세부 사전 설정을 직접 지정할 수 있습니다.

⑩ 파일 이름 : 새 파일의 이름을 지정합니다.

⑪ 사양 저장 : 사전 설정 세부 정보의 사양을 저장하면 ❷의 '저장됨'에 저장됩니다.

⑫ 폭과 높이 : 파일의 가로×세로 크기를 설정합니다.

⑬ 단위 : 작업 시 사용될 단위를 선택합니다. 특수한 경우를 제외하고 온라인 파일은 픽셀, 인쇄 파일은 밀리미터로 선택합니다.

⑭ 방향 : 폭과 높이 중 어느 길이를 더 크게 할지 선택합니다.

⑮ 아트보드 : 체크하면 한 눈에 여러 페이지를 보며 디자인할 수 있습니다. (책, 카탈로그, 카드뉴스 등)

⑯ 해상도 : 특수한 경우를 제외하고 온라인 파일은 72, 인쇄 파일은 300으로 선택합니다.

⑰ 색상 모드 : 특수한 경우를 제외하고 온라인 파일은 RGB 색상, 인쇄 파일은 CMYK 색상으로 설정합니다.

⑱ 배경 내용 : 파일의 배경 색상을 설정합니다. 특수한 경우를 제외하고 흰색으로 선택합니다.

⑲ 고급 옵션 : 파일의 고급 옵션을 설정합니다. 특수한 경우를 제외하고 위와 같이 기본 설정값에서 수정하지 않습니다.

⑳ 만들기 : 설정된 사양으로 새 파일을 만들어 작업을 시작합니다.

온라인/화면용 새 파일 만들기

SECTION 2

온라인/화면용 새 파일을 만들고 닫습니다.

01 [파일]-[새로 만들기] 메뉴를 클릭하거나 Ctrl + N을 눌러 새 파일을 실행합니다.

파일(F)	편집(E)	이미지(I)	레이어(L)	문지
새로 만들기(N)...			Ctrl+N	
열기(O)...			Ctrl+O	
Bridge에서 찾아보기(B)...			Alt+Ctrl+O	
지정 형식...			Alt+Shift+Ctrl+O	
고급 개체로 열기...				
최근 파일 열기(T)			▶	
닫기(C)			Ctrl+W	
모두 닫기			Alt+Ctrl+W	

02 새로운 문서 만들기 창의 상단 메뉴 중 [웹]을 클릭합니다.

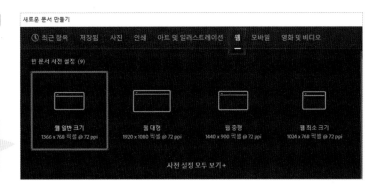

[사전 설정 모두 보기+]에서 더 많은 사전 설정을 선택할 수 있습니다.

03 사전 설정 세부 정보를 다음과 같은 순서로 설정합니다.

❶ 파일명에 [웹-테스트]를 입력합니다.

❷ 단위 먼저 [픽셀]로 선택하고 폭과 높이에 [1000]을 동일하게 입력합니다.

❸ 폭과 높이가 같으므로 방향은 무엇을 선택하여도 상관없고, 단일 페이지를 만들 것이기 때문에 [아트보드 체크를 해제]합니다.

❹ 해상도를 [72픽셀/인치]로 선택합니다.

❺ 색상 모드를 [RGB 색상, 8 bit]로 선택합니다.

❻ 배경 내용과 고급 옵션은 기본값에서 수정하지 않습니다.

❼ 〈만들기〉 버튼을 클릭합니다.

 시간 절약 필수 단축키

여러 칸에 수치나 문자 등을 입력해야 할 때, Tab 키를 누르면 다음 칸으로 입력 커서가 이동됩니다. 이는 포토샵 외에도 모든 프로그램에서 통용됩니다.

04 새 파일(캔버스)이 만들어졌습니다. 캔버스 좌측 상단에 파일명이 적혀있는 파일 정보 탭 오른쪽의 ■를 클릭하여 파일을 닫을 수 있습니다.

오프라인/인쇄용 새 파일 만들기

오프라인/인쇄용 새 파일을 만들고 닫습니다.

01 [파일]–[새로 만들기]를 클릭하거나 Ctrl + N 을 눌러 새로운 문서 만들기를 실행합니다.

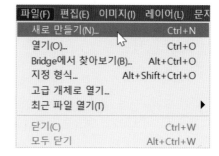

02 새로운 문서 만들기 창의 상단 메뉴 중 **[인쇄]**를 클릭한 후, **[A4]**를 선택합니다.

03 사전 설정 세부 정보를 다음과 같은 순서로 설정합니다.

❶ 파일명에 [인쇄−테스트]를 입력합니다.

❷ 단위 먼저 밀리미터로 선택하고 폭과 높이는 A4 크기에 해당하는
[210×297mm]로 설정되어 있으므로 수정하지 않습니다.

❸ 방향은 [세로], 단일 페이지를 만들 것이기 때문에 [아트보드 체크]
를 해제합니다.

❹ 해상도는 인쇄용 [300픽셀/인치]로 설정되어 있으므로 수정하지 않
습니다.

❺ 색상 모드를 [CMYK 색상, 8 bit]로 선택합니다.

❻ 배경 내용과 고급 옵션은 기본값에서 수정하지 않습니다.

❼ 〈만들기〉 버튼을 클릭합니다.

04 새 파일(캔버스)이 만들어졌습니다. 캔버스 좌측 상단에 파일명이 적혀있는 파일 정보 탭 오른쪽
의 ■를 클릭하여 파일을 닫을 수 있습니다.

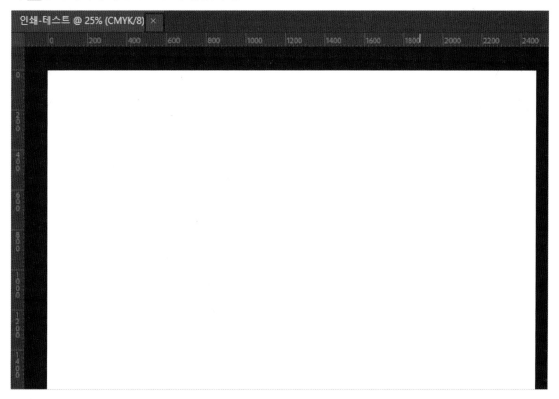

작업 화면 구성 &
작업 창 편집하기

LESSON 03

작업 화면의 구성을 살펴보고 작업 창을 편집합니다.

작업 화면 구성 살펴보기

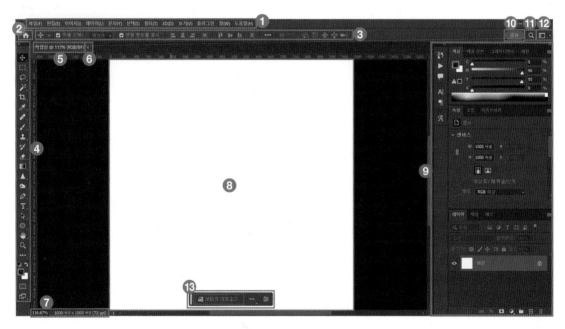

① 메뉴 : 포토샵의 특정 메뉴를 실행합니다.

② 홈 : 홈 화면으로 전환합니다.

③ 옵션바 : ❹의 도구바에서 선택하는 도구에 따른 옵션을 조정합니다.

④ 도구바(Tools bar/툴바) : 용도별 도구가 모아져 있습니다.

  * 하단 [⋯]을 클릭하여 특정 도구를 꺼내거나 숨길 수 있습니다.

⑤ 파일 탭 : 파일명, 실제 크기 대비 화면 비율, 색상 모드가 표시됩니다.

⑥ 파일 닫기 : 파일을 닫습니다. * 주의! 작업 중인 파일을 꼭 저장한 뒤 닫아주세요.

⑦ 상태 표시줄 : 더 정밀한 실제 크기 대비 화면 비율, 실제 크기, 해상도가 표시됩니다.

⑧ 캔버스 : 설정한 사양에 맞춰 만들어진 실질적인 작업을 하는 작업 영역입니다.

⑨ 패널(창) : ❸의 옵션바보다 더 상세한 조정을 할 수 있으며, 상단의 [창] 메뉴에서 보이게 하거나 숨길 수 있습니다.

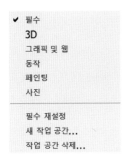

⑩ 공유 : 파일을 공유하여 다른 사람과 협업합니다.

⑪ 검색 : 기능, 도움말, 튜토리얼 등을 검색합니다.

⑫ 작업 영역 선택 : 작업 특성에 맞게 화면 구성을 편집합니다. 처음에는 [필수]에 체크하기를 권장합니다.

⑬ 상황별 작업 표시줄 : 작업 상황에 맞는 간단한 설정을 할 수 있습니다. 좌측 ▌버튼을 클릭하여 이동하고 우측 ⋯ 버튼을 클릭하여 닫거나 위치를 고정할 수 있습니다. 상단의 [창] 메뉴에서 체크하여 실행하거나 체크를 해제하여 닫을 수 있습니다.

용도에 맞는 색상 창 설정

1. 작업 화면 오른쪽에 색상 창이 꺼내져 있지 않다면, [창]-[색상] 메뉴를 체크합니다.

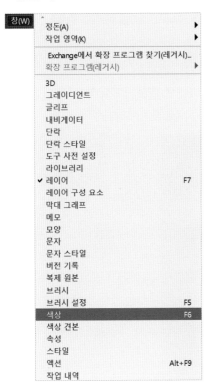

2. 색상 창 우측 상단의 ▤ 버튼을 클릭하여 기본적으로 RGB 모드에서는 RGB 슬라이더, CMYK 모드에서는 CMYK 슬라이더로 설정합니다.

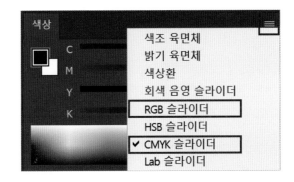

창 분리

분리하려는 창의 이름 부분을 클릭하고 화면 중앙 쪽으로 드래그합니다.

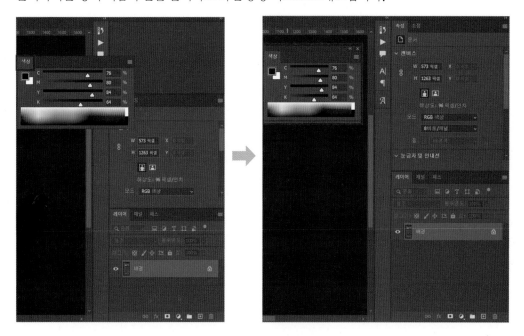

창 이동 및 재배치

분리된 창의 탭(이름 부분)을 클릭, 다시 창 영역으로 드래그하여 파란색 가로줄이 나왔을 때 마우스를
떼면 해당 위치로 이동 및 재배치합니다.

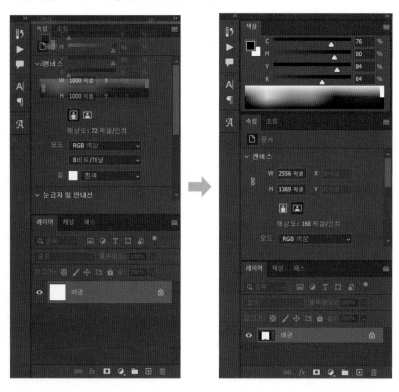

이미 패널 자리에 위치해 있더라도 다른 위치에 드래그하면 자유롭게 이동하여 재배치할 수 있습니다.

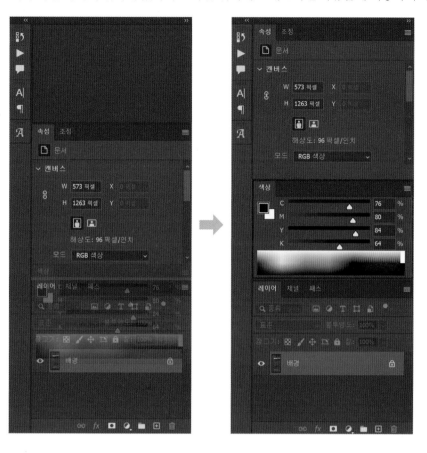

창 그룹 합치기

창의 탭을 클릭하고 합치려는 창 그룹으로 드래그하여 파란색 사각 테두리가 나왔을 때 마우스를 떼면 해당 창들과 한 그룹에 속하게 됩니다.

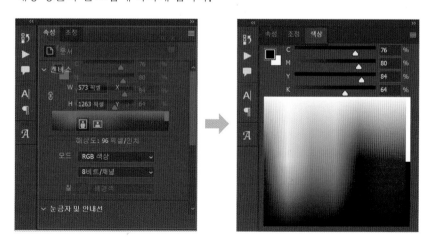

창/창 그룹 숨기기

창의 탭을 우클릭-[닫기]를 클릭하여 해당 창을 숨길 수 있고, [탭 그룹 닫기]를 클릭하면 탭 그룹에 속한 모든 창을 숨길 수 있습니다.

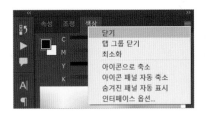

패널 축소/확장

창 그룹 우측 상단의 ≫ 창 축소 버튼을 클릭하면 아이콘으로 축소하여 작업 화면을 넓게 사용할 수 있고 다시 ≪ 창 확장 버튼을 클릭하면 원상태로 확장할 수 있습니다.

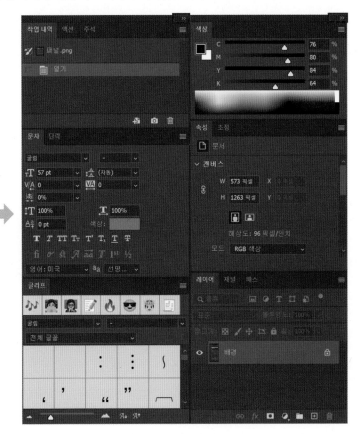

LESSON 04

층층이 쌓이는 투명 도화지, 레이어

레이어의 원리와 기본 사용법을 알아봅시다.

파일을 여는 7가지 방법

레이어를 살펴보려면 먼저 파일을 열어야 합니다. 파일을 여는 방법은 7가지가 있습니다.

1. 홈 화면의 <열기>를 클릭합니다.

2. 상단 메뉴바의 [파일]-[열기]를 클릭합니다.

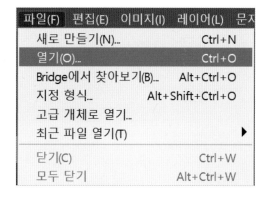

3. 작업 중인 캔버스에 이미지 파일을 드래그하면 캔버스 위에 배치됩니다.

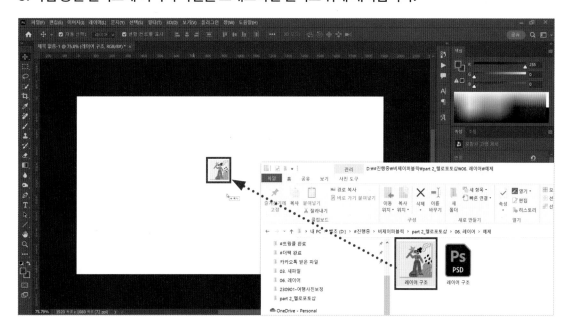

4. 작업 중인 파일이 있을 때, 화면 상단에 파일을 드래그하면 파일이 별도로 열립니다.

파일이 속해 있는 폴더가 열려 있다면, 파일을 포토샵 화면으로 드래그합니다.
이 때, 작업 중인 캔버스로 드래그하면 캔버스 위에 새 레이어로 가져오고, 포토샵 화면 가장 상단 부분에 드래그하면 별도의 파일로 열립니다.

5. PSD 파일은 더블 클릭하여 열 수 있습니다.

6. 크리에이티브 클라우드에서 설치 가능한 [어도비 브릿지]에서 파일의 이미지와 정보를 미리 확인한 후 열 수 있습니다.

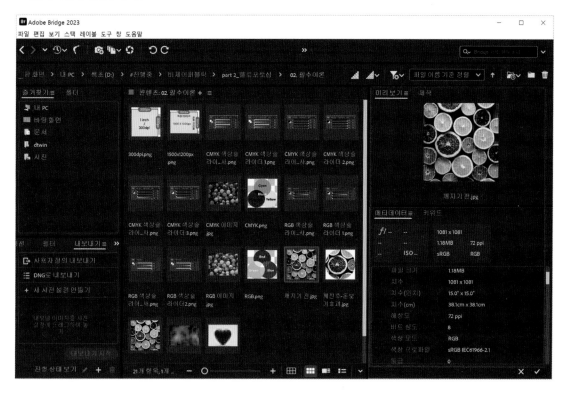

7. 단축키 [Ctrl] + [O]를 누릅니다.

레이어의 원리

SECTION 1

여러 레이어가 모여 하나의 이미지를 만듭니다.

포토샵에서는 투명 도화지에 디자인을 하고 한 층, 한 층 쌓아 올려 하나의 이미지를 완성합니다. 이 투명 도화지를 포토샵에서는 '레이어'라고 부르며, 실제 도화지를 쌓아 올리는 것과 같이 위에 있는 레이어 순서대로 보이게 됩니다.

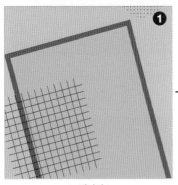

▲ 레이어 1

▲ 레이어 2

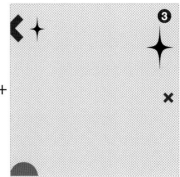

▲ 레이어 3

▲ [레이어 1+레이어 2+레이어 3] 레이어 세 개를 쌓아 완성된 이미지

SECTION 2

레이어 창의 구성
레이어의 구조를 살펴봅니다.

01 [파일]-[열기] 메뉴를 클릭하거나 Ctrl + O 를 눌러 레이어의 구조.psd 파일을 엽니다.

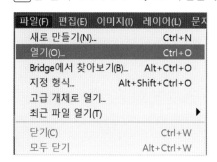

02 작업 화면 우측 하단의 레이어 창을 살펴봅니다.

❶ **레이어 검색&검색 필터** : 레이어를 이름/효과 등으로 검색하거나 오른쪽 아이콘을 클릭하여 특성별로 검색합니다.

❷ **레이어 혼합 모드** : 선택한 레이어와 아래 레이어의 합성 방식을 선택합니다.

❸ **불투명도** : 레이어에 불투명도를 적용합니다. 레이어를 클릭 후, 키보드의 숫자키를 누르면 해당 수치만큼 적용됩니다.

❹ **잠그기** : 특성별 잠금 아이콘을 클릭하여 작업 시 방해되지 않도록 하고 재클릭하여 잠금을 해제할 수 있습니다.

    투명 픽셀 잠금 : 레이어의 투명한 배경 영역을 잠그고 개체 부분에만 편집을 적용합니다.

    이동 잠금 : 레이어의 이동과 변형 등이 적용되지 않도록 잠급니다.

    모든 특성 잠금 : 레이어에 모든 편집이 적용되지 않도록 잠급니다.

❺ **칠** : 획, 그림자와 같은 레이어 스타일을 제외한 원본 개체에만 불투명도를 적용합니다.

❻ **레이어 가시성** : 눈 모양 아이콘을 클릭하여 레이어를 보이지 않게 하거나, 재클릭하여 다시 보이게 합니다. 주로 가려진 하위 레이어를 확인할 때 사용됩니다.

❼ **레이어 축소판(섬네일)** : 작게 축소하여 미리보기 하는 섬네일과 같습니다. Ctrl 을 누른 채 레이어 축소판을 클릭하면 해당 레이어의 모든 개체 영역을 전체 선택합니다.

❽ 레이어 이름 : 레이어 이름 부분을 더블 클릭하여 레이어 이름을 변경할 수 있습니다. 작업자가 한눈에 알아볼 수 있도록 변경하는 것이 좋습니다.

❾ 레이어 연결 : 하나의 레이어를 선택한 상태에서 [Ctrl]을 누른 채 여러 개의 레이어를 중복 선택하여 연결하면 연결된 레이어 중 하나의 레이어만 선택하여도 연결된 모든 레이어가 함께 이동되거나 변형됩니다. 연결된 레이어 중 하나를 선택하여 레이어 오른쪽의 연결 아이콘을 클릭하면 연결을 해제할 수 있습니다.

❿ 레이어 스타일 : 획, 그림자와 같이 레이어에 다양한 효과를 적용합니다. 레이어 이름 오른쪽의 빈 여백을 더블 클릭하여도 실행됩니다.

⓫ 레이어 마스크 : 레이어의 일부를 지우거나 다시 복구합니다. 한번 지우면 수정이 불가능한 🖍️ [지우개 도구]와는 달리, 언제든 수정이 가능하기 때문에 다양한 디자인에 활용도가 높은 기능 중 하나입니다.

⓬ 새 칠 또는 조정 레이어 : 레이어를 특정 색상으로 칠하거나 명도/대비/색상 균형과 같은 조정을 합니다.

⓭ 레이어 그룹 : 비슷한 특성의 레이어들을 중복 선택하고 그룹화하여 정리합니다. 그룹을 우클릭하여 [레이어 그룹 해제] 시 그룹이 해제됩니다. 그룹 이름을 더블 클릭하면 그룹 이름 변경이 가능합니다.

⓮ 레이어 추가 : 새로운 레이어를 추가하여 새 개체를 추가하거나 새로운 편집을 적용합니다.

⓯ 레이어 삭제 : 불필요한 레이어를 삭제합니다.

⌨️ 시간 절약 필수 단축키

- **레이어가 선택된 상태에서 [Ctrl]을 누른 채 다른 레이어 클릭** │ 레이어를 중복 선택합니다.
- **[Ctrl]을 누른 채 중복 선택된 레이어 중 특정 레이어 클릭** │ 레이어 선택을 해제합니다.
- **레이어가 선택된 상태에서 [Shift]를 누른 채 다른 레이어 클릭** │ 클릭한 레이어 사이의 모든 레이어까지 중복 선택합니다.
- **레이어 중복 선택 후 [Ctrl] + [G]** │ 선택한 레이어들을 그룹으로 만듭니다.
- **레이어 그룹 선택 후 [Ctrl] + [Shift] + [G]** │ 선택한 그룹을 해제합니다.
- **레이어(중복) 선택 후 [Del]** │ 선택한 레이어들을 삭제합니다.

⚠️ 주의

- 기본적으로 하나의 레이어에 있는 모든 개체에 편집이 일괄 적용되기 때문에, 개체를 별도로 수정할 가능성이 있다면 반드시 새 레이어에 편집해야 합니다.
- 레이어 삭제 시 복구가 불가하기 때문에 레이어가 불필요하다는 확신이 있을 때만 삭제하는 것이 좋습니다. 복구 가능성이 있다면 레이어 삭제가 아닌, 👁️ 레이어 가시성으로 잠시 보이지 않게 하는 것이 효율적입니다.

레이어 기본 사용법

꼭 알아야 할 레이어 기본 사용법을 배웁니다.

레이어 순서 변경하기

레이어의 구조.psd 파일의 [레이어 3]을 [레이어 1]보다 아래로 드래그하여 파란색 가로줄이 생겼을 때 마우스를 떼면 가장 아래로 순서가 변경되고 [레이어 2], [레이어 1]에 가려져 보이지 않게 됩니다. 레이어 순서를 이리저리 변경해 보세요.

 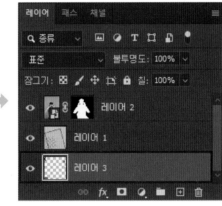

 시간 절약 필수 단축키

- Ctrl + [| 레이어를 한 칸 아래로 내립니다.
- Ctrl +] | 레이어를 한 칸 위로 올립니다.
- Ctrl + Shift + [| 레이어를 가장 아래로 내립니다.
- Ctrl + Shift +] | 레이어를 가장 위로 올립니다.

레이어 그룹화하기

01 [레이어 3]을 클릭합니다. Ctrl 을 누른 채 [레이어 2]를 클릭하여 중복 선택 후, 레이어 창 하단의 그룹 아이콘을 클릭하거나 Ctrl + G 를 눌러 그룹화합니다.

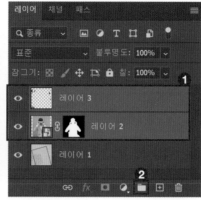

02 새로 만들어진 [그룹 1] 왼쪽의 화살표를 클릭하면 그룹을 펼치거나 접을 수 있습니다.

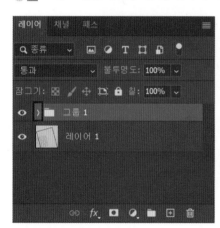

레이어/레이어 그룹 이름 변경하기

[그룹 1] 글자를 더블 클릭하여 [디자인]으로 변경하고, [레이어 1] 글자를 더블 클릭하여 [배경]으로 변경합니다.

레이어를 레이어 그룹에 포함시키기

배경 레이어를 클릭하고 [디자인] 그룹 안으로 드래그하여 그룹에 포함시킵니다.

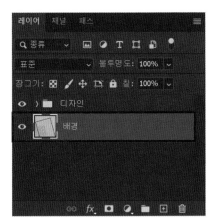 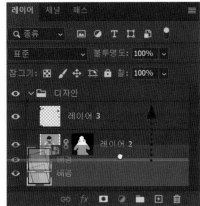

- 레이어를 그룹에 포함시킬 때, 그룹이 펼쳐져 있거나 접혀져 있는 것에 상관없이 포함시킬 수 있습니다.
- 그룹에 포함된 레이어를 그룹 바깥으로 드래그하면 그룹에서 제외합니다.

레이어 그룹 해제

[디자인] 그룹 우클릭-[레이어 그룹 해제]를 클릭하여 그룹을 해제합니다.

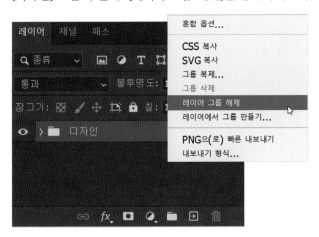 

⌨ 시간 절약 필수 단축키

- **레이어 중복 선택 후** `Ctrl` + `G` | 선택한 레이어들을 그룹으로 만듭니다.
- **레이어 그룹 선택 후** `Ctrl` + `Shift` + `G` | 선택한 그룹을 해제합니다.

레이어 합치기(병합)

01 [레이어 3]을 클릭합니다.

02 `Ctrl`을 누른 채 [레이어 2]를 클릭하여 중복 선택 후, 마우스 우클릭-[레이어 병합]을 클릭하면 [레이어 2]와 [레이어 3]이 하나의 레이어로 병합됩니다.

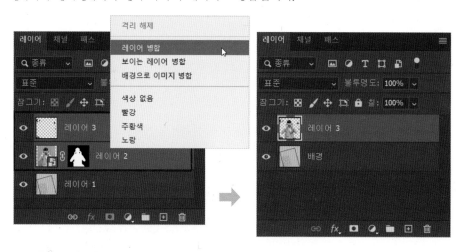

⏎ **시간 절약 필수 단축키**

- `Ctrl` + `E` | 선택한 레이어와 바로 하위의 레이어를 병합하거나 선택한 모든 레이어들을 하나의 레이어로 병합합니다.
- `Ctrl` + `Shift` + `E` | 잠겨져 있는 배경 레이어를 제외한 모든 레이어들을 하나의 레이어로 병합합니다.

⚠ **주의** 한번 병합한 레이어는 병합하기 전으로 되돌리기가 불가능하기 때문에, 신중히 병합하여야 합니다. 이동 및 변형을 한 번에 하고자 할 때는 🔗 레이어 연결을, 레이어를 간략하게 정돈하고자 할 때는 ▫ 레이어 그룹을 만드는 것이 좋습니다.

기능 파헤치기

레이어/그룹 자동 선택 & 변형 컨트롤 표시

작업 화면 왼쪽 도구바의 [이동 도구] 실행 시, 상단 옵션바의 [자동 선택]과 [변형 컨트롤 표시]를 활성/비활성할 수 있습니다.

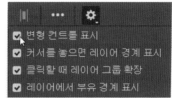

01 [**자동 선택**] 체크 후, 목록에서 [**레이어**]를 선택하면 [**이동 도구**]로 캔버스의 특정 개체 클릭 시 해당 개체가 포함된 '레이어'가 자동 선택됩니다.

02 자동 선택 체크 후, 목록에서 [**그룹**]을 선택하면 [**이동 도구**]로 캔버스의 개체 클릭 시 해당 개체의 레이어가 포함된 '그룹'이 자동 선택됩니다.

03 [**변형 컨트롤 표시**]에 체크하면 [**이동 도구**]로 레이어나 그룹 선택 시, 이동/변형/기울기 등의 조절이 가능한 사각 틀이 자동 표시됩니다.

LESSON 05

디테일한 디자인을 위한 화면 조정

화면을 조정하는 다양한 방법을 알아봅니다.

화면 확대/축소하기

01 Ctrl + O 를 눌러 **레이어의 구조.jpg** 파일을 열거나 파일이 들어있는 폴더가 열려 있다면, 파일을 포토샵 가장 상단으로 드래그하여 엽니다.

Ps	파일(F) 편집(E) 이미지(I) 레이어(L) 문자
새로 만들기(N)..	Ctrl+N
열기(O)..	Ctrl+O
Bridge에서 찾아보기(B)..	Alt+Ctrl+O
지정 형식..	Alt+Shift+Ctrl+O
고급 개체로 열기..	
최근 파일 열기(T)	▶

02 도구바의 **[돋보기 도구]**를 클릭하고 이미지 일부를 여러 번 클릭하거나 길게 클릭한 후 마우스를 떼면 클릭한 부분이 확대됩니다.

여러 번 클릭/길게 클릭

03 [Alt]를 누른 채 이미지 일부를 여러 번 클릭하거나 길게 클릭한 후 마우스를 떼면 화면이 축소됩니다.

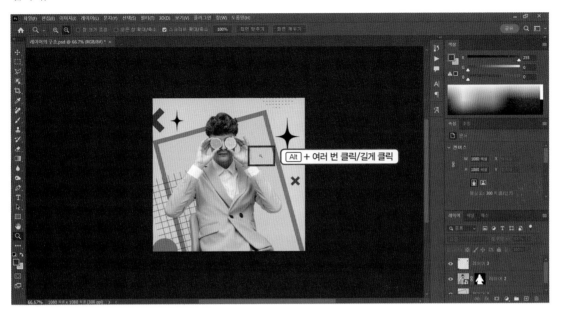

04 이미지의 확대하고자 하는 부분을 클릭하여 오른쪽으로 드래그하면 해당 부분이 확대되고, 왼쪽으로 드래그하면 축소됩니다.

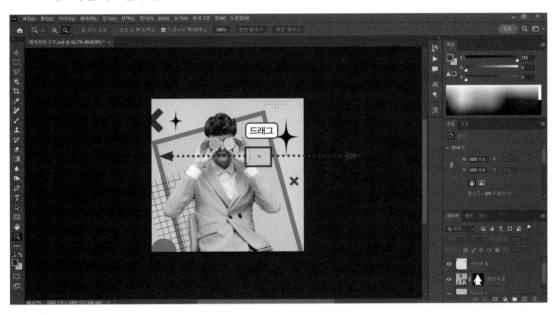

이미지의 실제 크기가 변경되는 것이 아니라, 편리한 작업을 위해 화면상에서만 확대/축소됩니다.

화면 이동하기

도구바의 [손 도구]를 클릭하고 이미지를 손으로 밀듯이 클릭&드래그하면 화면을 이동합니다.

 시간 절약 필수 단축키

도구바의 [돋보기 도구]를 클릭하지 않고도 작업 도중 언제든지 아래의 단축키를 사용하면 훨씬 쉽고 빠르게 화면 조정이 가능합니다.

- Ctrl + + | 화면을 확대합니다.
- Ctrl + − | 화면을 축소합니다.
- Z 누른 채 짧게 클릭/길게 클릭/오른쪽 드래그 | 화면을 확대합니다.
- Z 누른 채 왼쪽 드래그 | 화면을 축소합니다.
- Z + Alt 누른 채 짧게 클릭/길게 클릭 | 화면을 축소합니다.
- Ctrl + Space Bar 누른 채 짧게 클릭/길게 클릭/오른쪽 드래그 | 화면을 확대합니다.
- Ctrl + Space Bar 누른 채 왼쪽 드래그 | 화면을 축소합니다.
- Ctrl + Space Bar + Alt 누른 채 짧게 클릭/길게 클릭 | 화면을 축소합니다.
- Alt 누른 채 마우스 중앙 휠 위로 올리기 | 화면을 확대합니다.
- Alt 누른 채 마우스 중앙 휠 아래로 내리기 | 화면을 축소합니다.
- Space Bar 누른 채 클릭&드래그 | 화면을 이동합니다.
- Tab / F | 작업 창을 잠시 숨기고 이미지만 집중해서 확인합니다. 다시 누르면 원 상태로 돌아옵니다.
- Ctrl + 1 | 100%로 보기
- Ctrl + 0 | 화면 맞춤 보기

Z / Ctrl + Space Bar 를 누른 채 오른쪽/왼쪽 드래그하는 방법이 가장 간편하면서도 부드럽게 화면을 조정할 수 있습니다. 빠르고 효율적인 디자인을 위해 도구바의 [돋보기 도구]를 클릭하기보다는 자신에게 맞는 단축키를 활용해 보세요.

PART

02

기초 탄탄
워밍업

포토샵과 반가운 인사를 끝내고 보다 더 친해지기 위해
기초를 탄탄하게 다지는 워밍업을 하겠습니다.
용도에 맞는 형식으로 파일을 저장하고 이미지를 변형하거나 보정하는 방법,
무료 폰트를 이용해 문자를 입력하고 손쉽게 편집하는 방법 등을 배워,
클릭을 부르는 섬네일(Thumbnail/미리보기) 예제를 디자인합니다.

위 내용은 AI를 활용하여 작성하였습니다.

LESSON 01

자주 쓰는 선택 도구

이미지의 특정 영역을 선택하여 편집할 수 있는 선택 도구를
배웁니다.

STEP 1 · 사각형/원형 선택 윤곽 도구

이미지의 특정 영역을 사각형/원형 모양으로 선택합니다.

01 모자.jpg 파일을 Ctrl + O 를 눌러 열고, 도구바의 [**사각형 선택 윤곽 도구**]를 클릭합니다. 특정 영
역을 드래그하면 사각형 모양으로 선택됩니다.

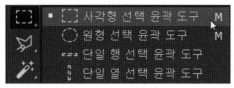

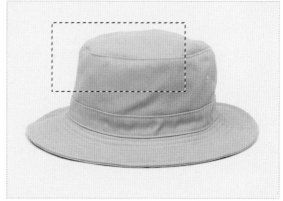

02 도구바의 [**원형 선택 윤곽 도구**]를 클릭하고 이미지의 특정 영역을 드래그하면 기존의 선택 영역은
자동으로 해제되고 드래그한 영역이 원형 모양으로 선택됩니다.

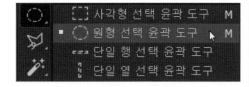

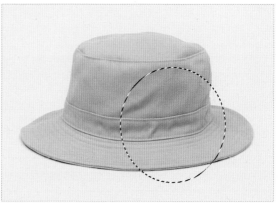

올가미 도구/다각형 올가미 도구

이미지의 특정 영역을 자유롭게 선택하는 올가미 도구/다각형 올가미 도구
사용법을 알아봅니다.

03 도구바의 **[올가미 도구]**를 클릭하고 개체 주변을 드래그한 후, 첫 시작점을 다시 클릭하거나 첫 시
작점 주변에서 마우스를 놓으면 시작점과 자동으로 이어져 개체 주변이 선택됩니다.

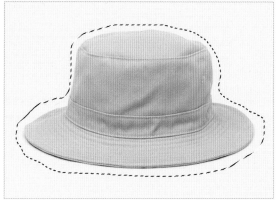

04 도구바의 **[다각형 올가미 도구]**를 클릭하고 이미지의 개체 주변을 연속으로 클릭 후, 첫 시작점을
다시 클릭하거나 첫 시작점 주변에서 더블 클릭하면 시작점과 자동으로 이어져 개체 주변이 선택됩니다.

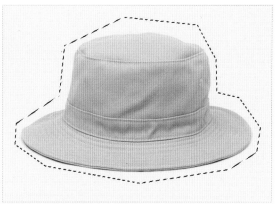

05 **[선택]-[선택 해제]** 메뉴를 클릭하거나
Ctrl + D를 눌러 선택을 해제합니다.

개체를 자동으로 선택하는 개체 선택 도구

개체를 자동 인식하여 선택합니다.

06 도구바의 [개체 선택 도구]를 클릭하고 개체에 마우스를 올리면 단색으로 오버레이(덮어 씌우기) 됩니다.

07 선택할 개체를 클릭하거나 개체 주변을 사각형 모양으로 드래그하면 선택됩니다.

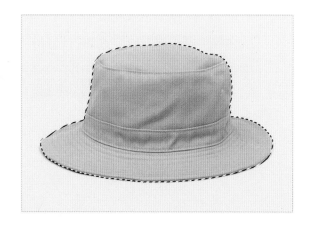

 실전 꿀팁

자석 올가미 도구, 개체 선택 도구, 빠른 선택 도구, 자동 선택 도구 등 피사체를 인식하는 선택 도구를 사용할 때에는 배경과 피사체의 컬러나 밝기 등의 구분이 뚜렷한 이미지일수록 선택이 잘 이뤄집니다.

STEP 4 개체를 빠르게 선택하는 빠른 선택 도구

개체를 빠르게 선택합니다.

08 도구바의 [빠른 선택 도구]를 클릭합니다. 마우스 커서가 원형 브러시로 바뀌고 대괄호 ([[ ], [ ]])를 눌러 크기를 조절하며 개체를 클릭&드래그하여 개체를 점차 선택해 나갑니다.

09 덜 선택된 부분을 계속해서 클릭&드래그하면 자동으로 추가 선택합니다. [Ctrl]+[D]를 눌러 선택을 해제합니다.

선택하려는 영역보다 넓게 선택되었을 경우, 상단 옵션바에서 [선택 영역 빼기]를 클릭하여 선택 제외할 영역을 클릭&드래그합니다.

 시간 절약 필수 단축키

빠른 선택 도구 실행 중 [Alt] + **클릭/드래그** | 선택 영역 제외
[Caps Lock] | 브러시 커서 모양을 십자 ⇔ 설정된 브러시 모양으로 전환합니다.

  ⇔

10 도구바의 [**사각형 선택 윤곽 도구**]로 이
미지의 특정 영역을 선택하고 도구바의 [**원형 선
택 윤곽 도구**]를 선택합니다.

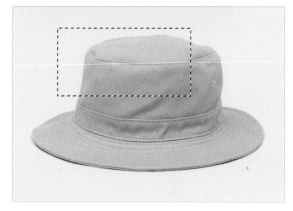

11 상단 옵션바의 [**선택 영역에 추가**] 아이콘
을 클릭하거나 Shift 를 누른 채 기존 사각형 선
택 영역과 겹치도록 드래그하면 선택 영역이 원
형 모양으로 더해집니다.

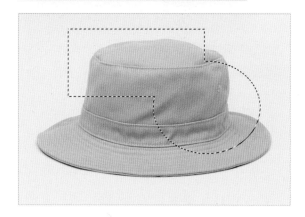

12 도구바의 [올가미 도구]를 선택하고 상단 옵션바의 [선택 영역에서 빼기] 아이콘을 클릭하거나 Alt 를 누른 채 기존 선택 영역과 겹치도록 선택하면 올가미 도구로 선택한 부분이 선택 영역에서 제외됩니다.

선택 도구 상단 옵션바

❶ **새 선택 영역** : 기존 선택 영역을 해제하고 새로운 선택 영역을 지정합니다.

❷ **선택 영역에 추가** : 기존 선택 영역에 새로운 선택 영역을 더합니다.

❸ **선택 영역에서 빼기** : 기존 선택 영역에서 특정 영역을 뺍니다.

❹ **선택 영역과 교차** : 선택 영역 중 중복 선택 영역만 남기고 모든 선택을 해제합니다.

❺ **페더(Feather)** : 선택 영역의 가장자리를 부드럽게 만드는 페더값을 미리 지정 후 선택합니다.

• 여러 선택 도구를 함께 혼용한 선택 영역 더하기, 빼기로 정확도 높은 선택을 할 수 있습니다.

예 개체 선택 도구로 선택 후, 빠른 선택 도구로 선택 영역 더하기
자동 선택 도구로 선택 후, 올가미 도구로 선택 영역 빼기

 ### 시간 절약 필수 단축키

처음 선택할 때

• Shift + 드래그 | 사각형/원형 선택 윤곽 도구 사용 시, 정사각형/정원형 모양으로 선택합니다.

• Alt + 드래그 | 클릭한 지점을 중심으로 하여 선택합니다.

• Shift + Alt + 드래그 | 사각형/원형 선택 윤곽 도구 사용 시, 클릭한 지점을 중심으로 하여 정사각형/정원형 모양으로 선택합니다.

특정 영역을 선택한 후

• Shift + 드래그 | 선택 영역을 더합니다.

• Alt + 드래그 | 선택 영역을 뺍니다.

• Ctrl + D | 선택을 해제합니다.

STEP 6 선택 영역 간편 수정
선택된 영역을 더 자연스럽고 정확하게 수정합니다.

13 ❶ [창]–[상황별 작업 표시줄] 메뉴를 체크합니다. 특정 영역을 선택하고 ❷ [상황별 작업 표시줄]의 [선택 영역 수정]을 클릭합니다.

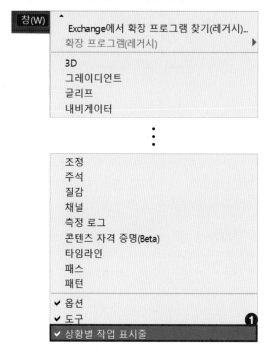

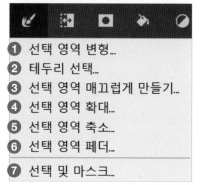

❶ **선택 영역 변형** : 선택 영역을 자유롭게 확대/축소/회전/이동합니다.

❷ **테두리 선택** : 선택 영역의 가장자리를 일정한 두께로 확장하여 선택합니다.

❸ **선택 영역 매끄럽게 만들기** : 선택 영역의 매끄럽지 못하고 거친 부분을 매끄럽게 만듭니다.

❹ **선택 영역 확대** : 선택 영역을 일정한 픽셀 크기로 확대합니다.

❺ **선택 영역 축소** : 선택 영역을 일정한 픽셀 크기로 축소합니다.

❻ **선택 영역 페더** : 선택 영역의 가장자리 경계선을 부드럽게 만듭니다.

❼ **선택 및 마스크** : 선택 영역을 더 세밀하게 수정합니다.

실전 꿀팁

[이미지]-[재단] 메뉴에서 [투명 픽셀], [재단-모든 항목]에 체크하고 파일을 저장
하면 개체 영역 외 불필요한 영역을 잘라내어 저장할 수 있습니다.

LESSON 02

용도별 파일 저장

파일을 용도에 맞게 저장합니다.

저장/다른 이름으로 저장

언제든 수정이 가능한 PSD 원본 파일을 저장합니다.

01 작업 중인 파일을 저장하기 위해 **[파일]**-**[저장]** 메뉴를 클릭하거나 Ctrl + S 를 누릅니다.

02 파일명 입력 및 저장 위치를 지정하고 포토샵으로 수정이 가능한 원본 포토샵인 PSD 파일로 파일 형식이 선택된 상태 그대로 저장합니다.

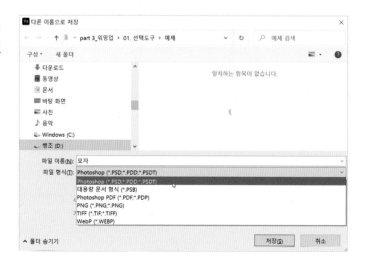

03 Photoshop 형식 옵션을 수정하지 않고 〈확인〉을 클릭하면 PSD 파일이 저장됩니다.

04 다른 이름 및 형식으로 저장하기 위해 [파일]-[다른 이름으로 저장]을 클릭하거나 Ctrl + Shift + S 를 누릅니다.

05 파일명 입력 및 저장 위치를 지정한 후 파일 형식을 포토샵 프로그램 없이도 확인할 수 있고 투명한 영역을 반영하는 PNG 파일로 저장합니다.

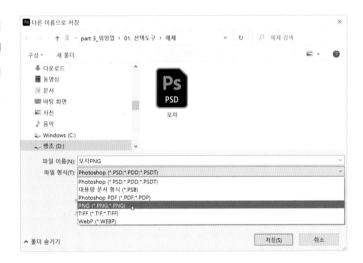

06 PNG 형식 옵션을 수정하지 않고 〈확인〉을 클릭하면 PNG 파일이 저장됩니다. 파일 용량을 작게 저장할 때는 [중간 파일 크기] 또는 [가장 작은 파일 크기]로 저장합니다.

07 저장된 PSD, PNG 파일을 각 각 확인합니다.

모자 모자 모자PNG

 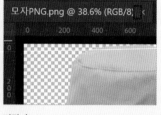

SECTION 2

어도비 크리에이티브 클라우드 저장/열기
장소 제약 없이 파일을 관리하는 어도비 클라우드에 파일을 저장합니다.

01 파일이 열려있는 상태에서 [파일]-[다른 이름으로 저장] 메뉴를 클릭합니다.

파일(F) 편집(E) 이미지(I) 레이어(L) 문	
새로 만들기(N)...	Ctrl+N
열기(O)...	Ctrl+O
Bridge에서 찾아보기(B)...	Alt+Ctrl+O
지정 형식...	Alt+Shift+Ctrl+O
고급 개체로 열기...	
최근 파일 열기(T)	▶
닫기(C)	Ctrl+W
모두 닫기	Alt+Ctrl+W
기타 항목 닫기	Alt+Ctrl+P
닫은 후 Bridge로 이동...	Shift+Ctrl+W
저장(S)	Ctrl+S
다른 이름으로 저장(A)...	Shift+Ctrl+S
사본 저장...	Alt+Ctrl+S

02 〈클라우드 문서에 저장〉을 클릭합니다.

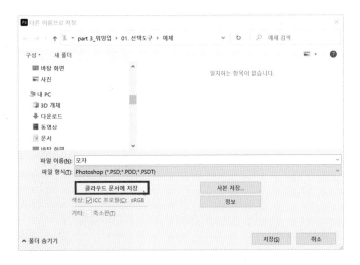

03 파일명 입력 후 클라우드에 저장하거나 〈내 컴퓨터에서〉를 클릭하면 다시 컴퓨터에 파일을 저장할 수 있습니다.

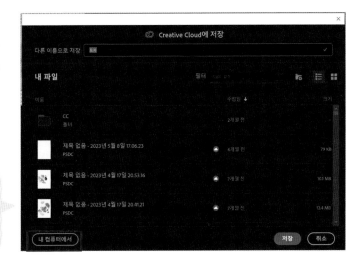

어도비 크리에이티브 클라우드에는 PSD/PSB 파일 등의 원본 파일만 저장이 가능합니다.

04 클라우드 파일을 열기 위해 **[파일]**-**[열기]** 메뉴를 클릭하고 〈클라우드 문서 열기〉를 클릭합니다.

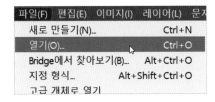

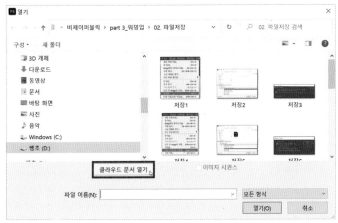

05 파일을 찾아서 열거나 〈내 컴퓨터에서〉를 클릭하면 다시 컴퓨터에 저장된 파일을 열 수 있습니다.

어도비 크리에이티브 클라우드 데스크톱의 파일 탭에서도 클라우드 파일을 열 수 있습니다.

이미지 파일 사본 저장

SECTION **3**

포토샵 프로그램 없이도 누구나 볼 수 있는 이미지 파일로 저장합니다.

01 사본 저장할 파일이 열린 상태에서 [파일]–[사본 저장] 메뉴를 클릭하거나 Ctrl + Alt + S 를 누릅니다.

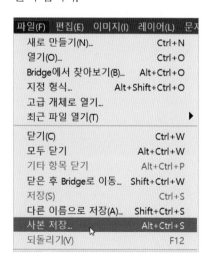

02 파일명 입력 및 위치 지정 후 파일 형식을 펼치면 많은 종류의 파일 형식을 선택할 수 있습니다. 그중 가장 많이 사용되는 이미지 파일 형식인 [JPEG]로 저장합니다.

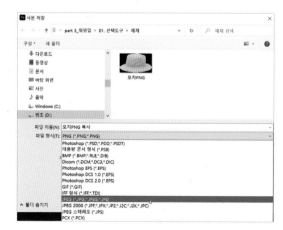

03 JPEG 옵션 창에서 다음과 같이 품질을 [12/
최고]로 설정하거나 [**작은 파일/큰 파일**]의 슬라이
더를 가장 오른쪽으로 이동하여 〈확인〉을 클릭합
니다. 이미지 파일의 용량을 줄일 때는 품질을 낮
춰 저장합니다.

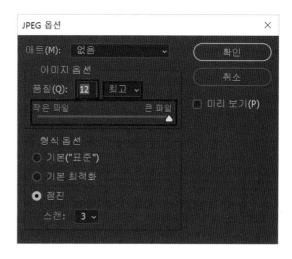

포토샵 작업 시 많이 사용되는 파일 형식

· **PSD** : 수정이 가능한 포토샵 원본 파일 – 화면용/인쇄용
· **PNG** : 투명도가 적용되는 이미지 파일 – 화면용
· **JPG** : 투명도가 적용되지 않는 이미지 파일 – 화면용/인쇄용
· **GIF** : 애니메이션(움짤)이 적용되는 이미지 파일 – 화면용

빠른 내보내기
간단한 파일 설정 후 빠르게 이미지 파일로 내보내기 합니다.

01 파일이 열린 상태에서 [**파일**]–[**내보내기**]–
[**PNG으(로) 내보내기**] 메뉴를 클릭합니다.

02 파일명 입력 및 저장 위치 지정 후 빠르게
PNG 파일을 저장할 수 있습니다.

03 [파일]-[내보내기]-[내보내기 형식] 메뉴를 클릭하거나 Ctrl + Shift + Alt + W 를 누릅니다.

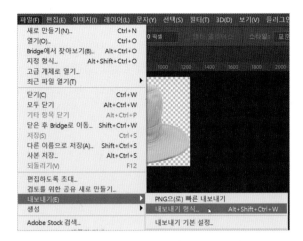

04 간단한 파일 설정 후 〈내보내기〉를 클릭하여 파일명을 입력하고 저장합니다.

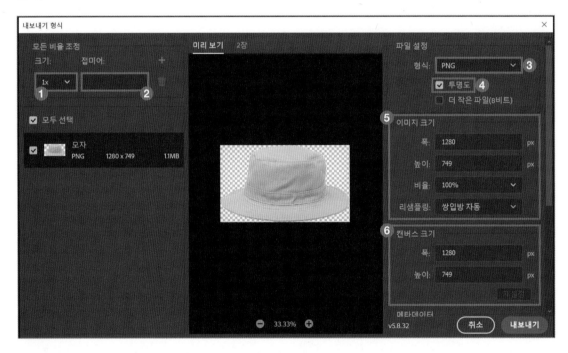

① **저장 배율** : 실제 크기 대비 저장 크기의 배율을 선택합니다.

② **접미어** : 파일명 뒤에 추가할 글자를 입력합니다. 파일명은 〈내보내기〉 클릭 후 지정합니다.

③ **파일 형식** : PNG/JPG/GIF 중 파일 형식을 선택합니다.

④ **투명도** : 이미지의 투명도를 반영합니다.

⑤ **이미지 크기** : 이미지 크기 및 비율 등을 지정합니다.

⑥ **캔버스 크기** : 캔버스 크기를 지정합니다. 현재보다 큰 수치를 입력하면 캔버스가 연장되어 여백이 생기고, 작은 수치를 입력하면 캔버스가 잘립니다.

LESSON 03

이미지 변형

이미지 크기 조정, 이미지 자르기, 수직/수평 조정 등 이미지 기본 변형법을 알아봅니다.

SECTION 1

이미지 크기 조정

이미지의 크기를 확대/축소합니다.

01 Ctrl + O 를 눌러 꽃밭.jpg 파일을 열고, [이미지]-[이미지 크기] 메뉴를 클릭하거나 Ctrl + Alt + I 를 누릅니다.

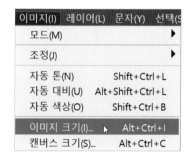

02 폭과 높이 중 하나를 현재보다 더 작게 입력해 비율에 맞게 자동으로 전체 크기를 축소하고, 〈확인〉을 클릭합니다.

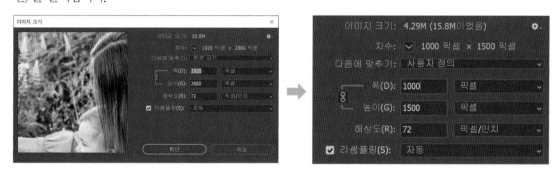

03 작업 화면 좌측 하단의 파일 정보에서 변경된 이미지 크기를 확인할 수 있습니다.

100% 　　1000 픽셀 x 1500 픽셀 (72 ppi) 　〉〈

SECTION 2 이미지 자르기
이미지를 자유 비율/고정 비율로 자릅니다.

01 `Ctrl` + `O`를 눌러 **꽃밭.jpg** 파일을 열고 도구바의 **[자르기 도구]**를 선택하거나 `C`를 누른 후, 잘라 낼 부분과 남길 부분을 미리 보며 사각 틀의 테두리를 안쪽으로 드래그 합니다.

> 원본 밝기로 보이는 부분은 자르기 후 남겨질 영역, 어둡게 보이는 부분은 잘려 나갈 영역입니다.

02 이미지의 밝게 보이는 부분을 더블 클릭하거나 `Enter`를 눌러 이미지를 자릅니다.

03 상단 옵션바의 [비율]에서 오른쪽 두 입력 칸에 가로 : 세로 비율을 각각 입력하면 비율에 맞게 [자르기]가 실행됩니다.

크기 지정하여 이미지 자르기

[자르기 도구] 실행 시 상단 옵션바의 [비율]을 [W×H×해상도]로 설정하여 이미지의 가로×세로 크기 및 해상도를 지정하거나 1:1, 2:3 등 여러 비율로 자를 수 있습니다.

⌨ 시간 절약 필수 단축키

- ⊂ | 자르기 도구를 실행합니다.
- 자르기 도구 실행 중 Shift 누른 채 자르기 영역 이동 | 자르기 영역을 수직/수평/45° 방향으로 이동합니다.
- 사각형 도구로 영역 지정 후 Alt + I + P | 선택 영역만 남기고 잘라냅니다.

SECTION 3

이미지 수직·수평 맞추기

기울어진 이미지의 수직·수평을 맞춥니다.

01 Ctrl + O 를 눌러 빌딩.jpg 파일을 열고 C 를 눌러 [자르기 도구]를 실행합니다. 상단 옵션바의 [칠-생성형 확장]으로 설정합니다.

> 확장 영역을 배경색으로 적용할 때는 [칠-배경(기본값)]으로 설정합니다.

02 캔버스 바깥쪽에 마우스 커서를 옮기면 둥근 모양의 양방향 화살표가 활성화됩니다. 이때 위·아래로 드래그를 했을 때 활성화되는 안내선을 보며 수직/수평을 맞춘 후 밝게 보이는 영역을 더블 클릭하거나 Enter 를 누릅니다.

03 생성형 확장 명령어를 입력하지 않고 [생성]을 눌러 대기 메시지 창의 팁을 읽어보며 잠시 대기합니다.

04 확장된 여백을 생성형 채우기 AI 기능으로 자연스럽게 채워짐과 동시에, 수직/수평이 맞춰집니다.

포토샵 최신 버전에 탑재된 생성형 확장 기능은 이미지 확장 시 생기는 빈 여백에 자연스럽게 이어지는 이미지를 생성해주는 AI 기능입니다. 명령어를 입력하거나, 입력하지 않고도 생성할 수 있습니다.

⚠ **주의** 각 구독 플랜별로 제공되는 생성형 AI 크레딧의 총 개수가 다르고, 생성형 AI를 사용할 때마다 크레딧이 차감됩니다. 크레딧은 어도비 계정에서 확인할 수 있습니다.

LESSON 04

문자 입력 및 편집

문자를 입력하고 속성을 편집합니다.

SECTION 1

수평 문자 도구

수평 방향으로 문자를 입력하고 편집합니다.

01 Ctrl + N을 눌러 자유로운 사양으로 새 파일을 만듭니다. 도구바의 [수평 문자 도구]를 선택하거나 T를 누르면 마우스 커서가 문자 입력 전용으로 바뀝니다.

02 문자를 입력할 곳을 클릭해 글자를 입력하고 문장 중간에 Enter를 눌러 줄바꿈 합니다.

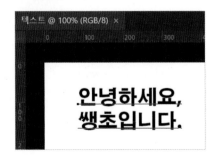

03 문자 편집을 하기 위해 **[창]–[문자]** 메뉴를 체크하거나 문자 입력 중 `Ctrl` + `T`를 눌러 문자 속성을 편집할 수 있는 **[문자/단락]** 창을 실행합니다.

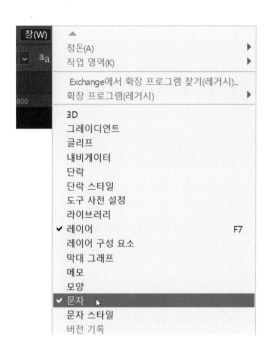

04 입력한 글자 중 속성을 편집할 글자를 드래그하여 블록 처리 후 **[문자/단락]** 창에서 편집할 수 있습니다.

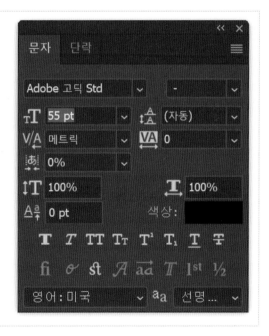

폰트가 누락되면 레이어에 ⚠ 표시가 뜹니다. 문자 창에서 누락된 폰트명을 확인 후, 해당 폰트를 설치 및 활성화(Adobe Fonts, 산돌 구름다리, 눈누 등)하여야 합니다.

 실전 꿀팁

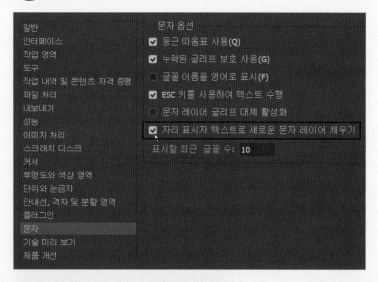

Lorem Ipsum

문자 입력 시 임의의 문자가 자동 입력되도록 설정하기 위해서는 Ctrl + K 를 눌러 환경 설정에서 [문자]-[자리 표시자 텍스트로 새로운 문자 레이어 채우기]에 체크합니다.

문자 속성을 편집하는 4가지 방법

1. 문자/단락 창 [문자]

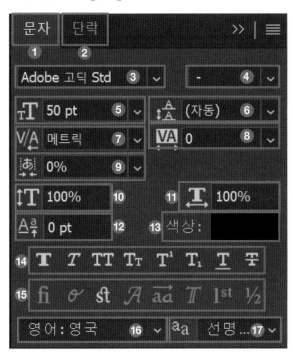

① **문자 탭** : 문자의 속성을 설정합니다

② **단락 탭** : 문자의 정렬을 설정합니다.

③ **폰트** : 문자의 모양을 선택합니다. 컴퓨터에 폰트를 설치/활성화하면 목록에 추가됩니다.

④ **스타일** : 기울기나 굵기 등의 속성을 선택합니다. 폰트에 따라 선택이 불가능할 수 있습니다.

⑤ **크기** : 크기를 선택하거나 직접 입력합니다.

⑥ **행간** : 줄 간격을 선택하거나 직접 입력합니다.

⑦ **두 문자 자간** : 간격을 조절할 두 문자 사이에 입력 커서를 클릭하고 자간을 선택하거나 직접 입력합니다.

⑧ **선택 문자 자간** : 여러 문자를 드래그하여 블록 처리 후 자간을 선택하거나 직접 입력하면 블록의 뒷글자까지 자간이 조절됩니다.

⑨ **선택 문자 비율 자간** : 여러 문자를 드래그하여 블록 처리 후 자간을 선택하거나 직접 입력하면 블록의 앞·뒷글자까지 자간이 조절됩니다.

⑩ **세로 비율** : 문자의 높이를 조정합니다.

⑪ **가로 비율** : 문자의 폭을 조정합니다.

⑫ **기준선 이동** : +/- 수치값을 입력하여 문자의 높낮이를 조절합니다.

⑬ **색상** : 문자 색을 지정합니다.

⑭ **변형** : 굵게, 기울기, 모두 대문자로, 위첨자, 밑줄 등으로 변형합니다.

⑮ **오픈 타입** : 합자(합음자), 분수와 같은 특수 문자나 기호 등을 활성화합니다.

⑯ **언어** : 입력 문자의 언어를 선택합니다. 한글은 [영어:영국]으로 선택합니다.

⑰ **앤티 앨리어싱** : 문자 외곽선을 선명하게/강하게 등으로 선택합니다.

 실전 꿀팁

문자 입력 중 정렬을 변경하면 문자의 위치가 자동으로 이동됩니다. 문자 바깥쪽 주변으로 마우스 커서를 옮겨 이동 도구가 되었을 때 원하는 위치로 이동할 수 있습니다.

안녕하세요,
쌩초입니다.

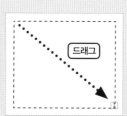

특정 영역 안에 문자를 입력할 때에는 영역을 드래그한 후 입력합니다.

시간 절약 필수 단축키

- 문자 사이에 입력 커서 클릭 후 `Alt` + `←`/`→` | 자간을 조정합니다.
- 문자 블록 처리 후 `Alt` + `↑`/`↓`/`←`/`→` | 자간/행간을 조정합니다.
- 문자 블록 처리 후 `Ctrl` + `Shift` + `⟨`/`⟩` | 문자의 크기를 조정합니다.
- 문자 블록 처리 후 `Ctrl` + `Shift` + `B` | 문자를 진하게 합니다.
- `Ctrl` + `Shift` + `L` | 문자를 왼쪽으로 정렬합니다.
- `Ctrl` + `Shift` + `R` | 문자를 오른쪽으로 정렬합니다.
- `Ctrl` + `Shift` + `C` | 문자를 가운데 정렬합니다.
- 문자 입력 중 `Ctrl` + `Enter` / **숫자 키의** `Enter` | 문자의 속성 편집 사항을 적용합니다.
- 문자 입력 중 `Ctrl` + `A` | 전체 문자를 선택합니다.
- 문자 입력 중 `Ctrl` + [문자 클릭&드래그] | 문자를 이동합니다.

2. 문자 도구 상단 옵션바

문자 도구 실행 시 상단의 옵션바에서도 뒤틀어진 텍스트(문자 왜곡)를 포함한 문자 속성을 조정할 수 있습니다.

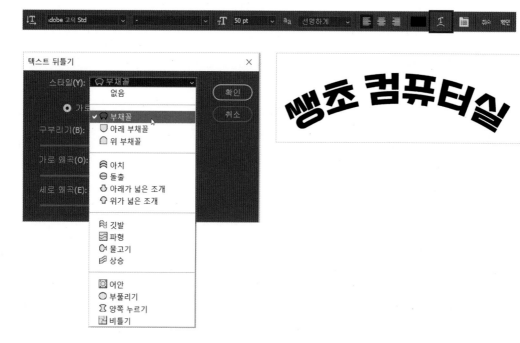

3. 속성 창

①, ② **더보기(추가 옵션)** : 문자의 편집 속성을 확장/축소합니다.

③ **문자 옵션** : 모두 대문자로, 위첨자 등의 옵션을 설정합니다.

속성 창이 보이지 않는다면 [창]-[속성] 메뉴에 체크해 주세요.

4. 상황별 작업 표시줄

문자 입력 시 [상황별 작업 표시줄]에서 간단히 문자의 속성을 변경할 수 있으며 왼쪽 세로줄을 드래그하여 원하는 위치로 이동하거나 오른쪽 [더보기: 추가 옵션]를 클릭하여 작업 표시줄의 속성을 변경할 수 있습니다.

[창]-[상황별 작업 표시줄] 메뉴에 체크하면 상황에 맞는 속성을 조정할 수 있는 작업 표시줄이 활성화됩니다.

SECTION 2 · 수직 문자 도구

세로 방향으로 문자를 입력하고 편집합니다.

01 문자를 입력할 파일을 Ctrl + N 을 눌러 자유로운 사양으로 만듭니다. 도구바의 [수평 문자 도구]를 길게 클릭하거나 우클릭하여 [세로 문자 도구]를 클릭합니다.

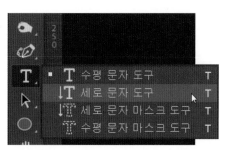

02 문자를 입력할 곳을 한 번 클릭 후 문자를 입력하면 세로로 입력되고, 입력 중 Enter 를 누르면 왼쪽으로 줄바꿈 됩니다.

SECTION 3 · 글자에 이미지를 쏙! 문자 마스크 도구

입력한 문자의 모양대로 이미지를 편집합니다.

01 Ctrl + O 를 눌러 **꽃다발.jpg** 파일을 불러오거나 파일이 있는 폴더를 열어 파일을 포토샵 창 가장 상단으로 드래그하여 엽니다. 도구바의 [**문자 도구**]를 길게 클릭하거나 우클릭 후 [**수평 문자 마스크 도구**]를 클릭합니다. 문자를 입력할 곳을 클릭하여 문자를 입력합니다. 문자 영역은 원본 색상으로, 배경은 빨간색으로 표시됩니다.

02 문자 크기와 위치를 조정하고 Ctrl + Enter 나 숫자키의 Enter 를 눌러 적용하면 선택 영역으로 전환됩니다.

03 [상황별 작업 표시줄]이나 레이어 창 하단의 레이어 마스크 아이콘을 클릭합니다.

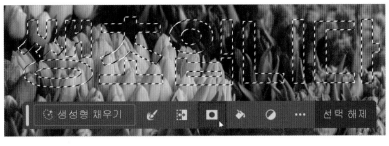

04 문자 영역에 레이어 마스크가 적용되어, 문자 영역을 제외한 배경은 모두 투명하게 제거됩니다. 도구바의 [이동 도구]를 클릭하여 문자를 이동하거나 변형할 수 있습니다.

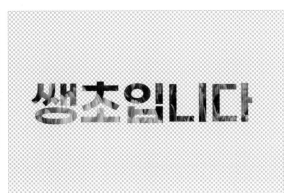

05 문자의 위치는 고정한 채 이미지의 위치만을 이동할 때는 레이어와 레이어 마스크 사이의 연결 아이콘을 클릭하여 연결을 해제하고, **[이동 도구]**로 문자에 포함된 이미지만 이동할 수 있습니다.

SECTION 4

저작권 무료 폰트 사용하기

상업적 사용이 가능한 무료 폰트를 다운로드 및 설치하여 사용합니다.

---

01 눈누 홈페이지 noonnu.cc에 접속하고 **[모든 폰트]**를 클릭합니다.

02 예시 문구, 폰트 형태 등을 설정합니다.

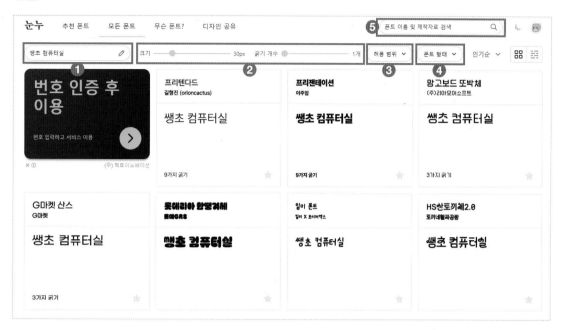

① **예시 문구 적기** : 폰트를 적용할 문구를 입력하여 미리보기 합니다.

② **크기, 굵기 개수** : 폰트를 적용할 문구의 크기를 설정하여 미리보기 하고 하나의 폰트에 포함된 굵기의 개수를 설정합니다.

③ **허용 범위** : 저작권 허용 범위를 설정(미선택/중복 선택)합니다.

④ **폰트 형태** : 고딕, 손글씨 등 폰트 스타일을 설정(미선택/중복 선택)합니다.

⑤ **폰트 검색** : 폰트명을 입력하여 검색합니다.

> 폰트(Font)는 글자의 모양을 의미하며 글꼴/서체라고도 합니다.

03 다운로드 및 설치할 폰트를 클릭하여 라이선스(저작권 허용 범위)를 확인하고 〈다운로드 페이지로 이동〉을 클릭합니다.

라이선스 요약표

카테고리	사용 범위	허용여부
인쇄	브로슈어, 포스터, 책, 잡지 및 출판용 인쇄물 등	O
웹사이트	웹페이지, 광고 배너, 메일, E-브로슈어 등	O
영상	영상물 자막, 영화 오프닝/엔딩 크레딧, UCC 등	O
포장지	판매용 상품의 패키지	△
임베딩	웹사이트 및 프로그램 서버 내 폰트 탑재, E-book 제작	O
BI/CI	회사명, 브랜드명, 상품명, 로고, 마크, 슬로건, 캐치프레이즈	O
OFL	폰트 파일의 수정 · 복제 · 배포 가능, 단, 폰트 파일의 유료 판매는 금지	X

※ 위 사용범위는 참고용으로, 정확한 사용범위는 이용 전 폰트 제작사에 확인바랍니다.
사용범위는 폰트 제작사의 규정에 따라 달라질 수 있습니다.
제작사명은 상단 폰트 이름 밑에 있습니다.

04 해당 폰트를 제공하는 페이지로 이동되며 라이선스를 다시 한번 정확히 확인 후, 폰트 다운로드 버튼을 찾아 클릭합니다. 폰트마다 다운로드 페이지가 다르게 표시됩니다.

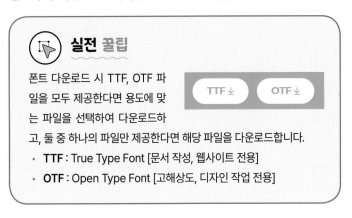

실전 꿀팁

폰트 다운로드 시 TTF, OTF 파일을 모두 제공한다면 용도에 맞는 파일을 선택하여 다운로드하고, 둘 중 하나의 파일만 제공한다면 해당 파일을 다운로드합니다.
- **TTF** : True Type Font [문서 작성, 웹사이트 전용]
- **OTF** : Open Type Font [고해상도, 디자인 작업 전용]

05 다운로드한 폰트 파일을 더블 클릭하거나 우클릭하여 설치합니다. 설치 후 해당 파일은 삭제하여도 무관합니다.

06 포토샵에서 문자 입력 시 폰트 목록에 설치 폰트가 업데이트됩니다. 폰트명을 입력하여 폰트를 검색하여 지정할 수 있습니다. 포토샵 외 모든 문서 프로그램에서도 설치 폰트를 사용할 수 있습니다.

한글 폰트 설치 없이 사용하기

무료 한글 폰트를 설치 없이 편리하게 사용할 수 있습니다.

01   산돌구름 홈페이지 **sandollcloud.com**의 ❶ **[다운로드]**를 클릭하고 ❷ Windows OS/Mac OS 중 자신의 OS에 맞는 설치 파일을 다운로드합니다. ❸ 다운로드한 설치 파일을 더블 클릭하여 실행합니다.

02   순서대로 설치를 진행합니다.

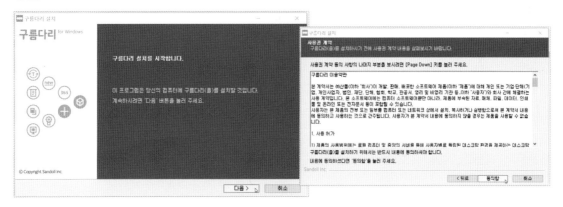

03 [구름다리 실행하기]에 체크가 되어 있는 상태에서 〈마침〉을 클릭하면 구름다리가 실행되고, 회원가입 및 로그인합니다.

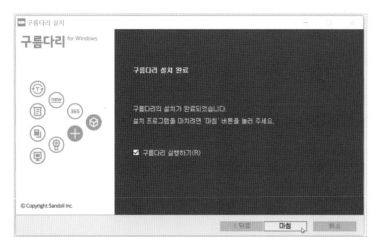

04 화면 우측 하단의 ❶ 〈숨겨진 아이콘 표시〉 화살표를 클릭하고 ❷ 산돌 구름다리 아이콘을 클릭합니다. ❸ 산돌 구름다리 팝업 트레이 창에서 〈내 폰트 관리〉를 클릭합니다.

05 산돌구름 홈페이지의 [내 폰트 관리] 페이지로 접속합니다. 폰트 중 하나를 클릭하여 라이선스 확인 후 ⑤ 활성/비활성화합니다.

① **검색어 입력 또는 이미지 검색** : 폰트명, 폰트 이미지 등으로 검색합니다.

② **폰트명 검색** : 폰트명으로 검색합니다.

③ **미리보기 설정** : 폰트 미리보기의 문구와 크기를 설정합니다.

④ **OTF/TTF** : 디자인 전용 OTF 파일과 문서 전용 TTF 파일 중 선택하거나 모두 선택할 수 있습니다.

⑤ **활성/비활성** : 사용할 폰트를 활성화하거나 사용하지 않는 폰트를 비활성화합니다.

산돌 구름다리를 사용하면 폰트를 별도로 설치하지 않고도 편리하게 활성화하여 여러 폰트 설치 시 컴퓨터가 느려지는 등의 문제를 방지하고 컴퓨터의 저장 용량을 확보할 수 있습니다. 또, 폰트 미사용 시에는 체크 해제로 간편히 비활성화할 수 있습니다. 다른 폰트 클라우드 프로그램으로는 RixFont 클라우드가 있습니다. 폰트를 사용할 때는 폰트별 저작권 허용 범위를 필수로 확인해야 합니다.

영문 폰트 설치 없이 사용하기

무료 영문 폰트를 설치 없이 편리하게 사용할 수 있습니다.

01 크리에이티브 클라우드 데스크톱 좌측 메뉴 중 [글꼴 관리]나 우측 상단 [글꼴] 아이콘을 클릭합니다.

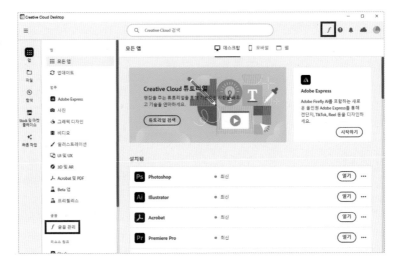

02 현재 설치 및 활성화된 폰트를 관리하고 새 폰트를 추가할 수 있습니다. ❸ 〈추가 글꼴 검색〉을 클릭합니다.

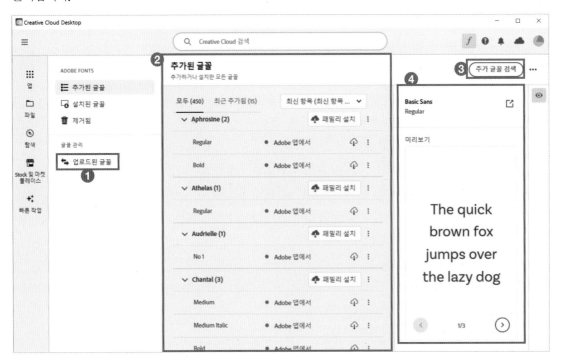

① **업로드된 글꼴** : 설치된 폰트 파일을 업로드합니다.

② **추가된 글꼴** : 어도비 폰트에서 추가 및 활성화된 폰트 목록입니다.

③ **추가 글꼴 검색** : 새로 추가할 폰트를 검색합니다.

④ **미리보기** : 폰트를 미리보기 합니다.

03 어도비 폰트 fonts.Adobe.com/fonts 페이지에 접속하여 어도비 계정으로 로그인한 뒤, 페이지를 즐겨찾기 해놓으면 보다 편리하게 사용할 수 있습니다.

① **검색** : 폰트명, 폰트 이미지 등으로 검색합니다.

② **검색 필터** : 언어, 스타일, 속성 등을 지정하여 검색합니다.

③ **미리보기 설정** : 폰트 미리보기의 문구와 크기를 설정합니다.

④ **폰트 미리보기** : 설정한 문구와 크기로 폰트를 미리보기 합니다.

04 필터, 샘플 텍스트, 텍스트 크기 등을 설정하여 검색합니다. 사용할 폰트의 미리보기 이미지를 클릭하고 라이선싱 정보를 확인합니다.

라이선싱 정보

Adobe Fonts 라이브러리의 모든 글꼴은 개인 및 상업적 용도로 자유롭게 사용할 수 있어요.

Adobe Fonts의 모든 것과 마찬가지로, 이들 글꼴을 다음 용도로 사용할 수 있습니다.

디자인 프로젝트
로고 포함 이미지 또는 벡터 아트 워크에 글꼴 사용

웹 사이트 퍼블리싱
웹 프로젝트를 만들고, 필요한 글꼴을 웹사이트에 추가

PDF
PDF에 글꼴 포함 및 인쇄

동영상 및 방송
글꼴을 사용하여 내부 또는 상업 용 영상 콘텐츠에 추가

기타 등등…
자세한 내용은 Adobe Fonts 라 이선싱
FAQ 에서 확인할 수 있습니다.

05 폰트 패밀리에는 1개 혹은 여러 개의 폰트가 포함되어 있습니다. 미리보기로 확인 후 〈글꼴 추가〉를 클릭합니다.

실전 꿀팁

폰트 미리보기 클릭 후 스크롤을 조금 내리면 비슷한 폰트를 확인할 수 있습니다.

다음과 유사한 글꼴: Chinchilla Regular

Chauncy Pro Bold   제거

Champagne Sorbet

GoodDog New Regular   제거

Champagne Sorbet

06 크리에이티브 클라우드 데스크톱의 글꼴 관리에 폰트가 추가되고 폰트를 사용할 수 있습니다. 폰트명 오른쪽의 ❶ [더보기]를 눌러 비활성화할 수 있고, 언제든 ❷ [제거됨]에서 다시 추가할 수 있습니다.

SECTION 7

내 맘대로 커스텀하는 가변 폰트

속성을 섬세하게 커스텀할 수 있는 가변 폰트를 설치하고 사용합니다.

01 '나눔스퀘어 네오' campaign.naver.com/nanumsquare_neo 홈페이지에 접속하고 정보 및 라이선스를 확인합니다. 하단의 〈나눔스퀘어 네오 다운받기〉를 클릭합니다.

02 압축 파일을 풀고 [Variable] 폰트 파일을 우클릭 후 설치합니다. OTF, TTF 파일도 필요시 설치합니다.

03 포토샵에서 Ctrl + N을 눌러 만든 임의의 새 파일에 T를 눌러 문구를 입력합니다.

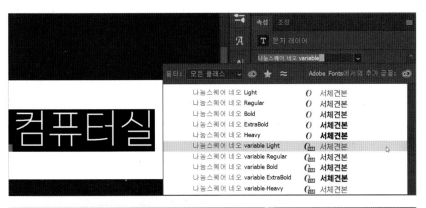

04 Ctrl + A를 눌러 모든 문자를 선택하고 폰트를 [나눔스퀘어 네오 variable]로 지정합니다. 두께를 조정할 문구만 블록 처리하여 속성 창에서 두께를 섬세하게 조정합니다.

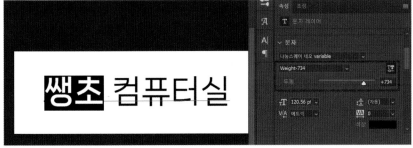

 실전 꿀팁

가변 폰트(Variable Fonts/VF)는 기본 속성 외에도 두께나 여러 속성을 섬세하게 조정할 수 있는 폰트로, 한글 폰트에서는 나눔스퀘어 네오, 해피니스 산스, 기후위기, DS 엉뚱상상 등이 있습니다. 이 외에도 점차 많은 한글 가변 폰트가 제공되고 있는 추세입니다.

어도비 폰트 페이지에서 [글꼴 기술]-[가변 글꼴]을 클릭하면 영문 가변 폰트를 사용할 수 있습니다.

SECTION 8
디자인을 알아서 센스 있게, 디자인 폰트
입력만 해도 색상과 디자인을 입혀주는 폰트를 설치하고 사용합니다.

01 프리픽 홈페이지 **freepik.com**에서 [More]-[Fonts] 메뉴를 클릭합니다.

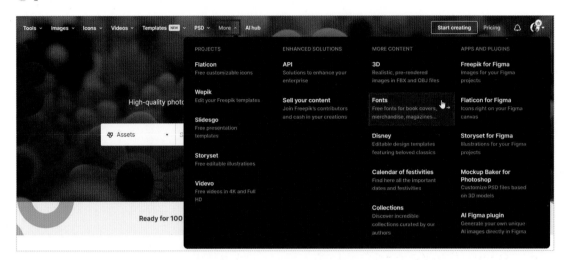

02 필터에서 폰트의 분류를 선택하거나 예시 문구를 입력하고 미리보기 이미지를 확인합니다.

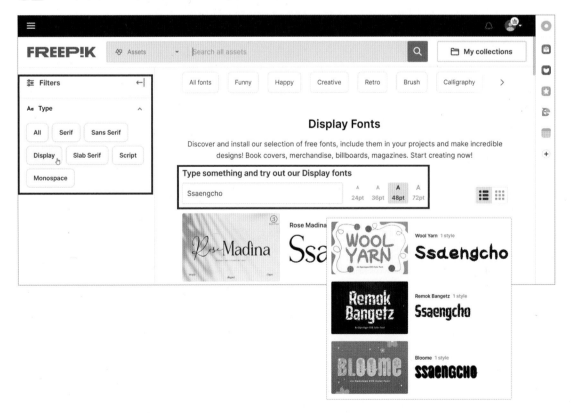

03 다운로드할 폰트를 선택하여 〈Download〉를 클릭합니다.

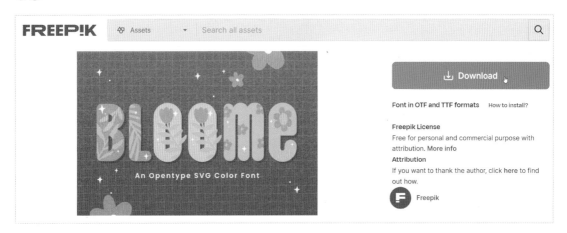

04 다운로드한 압축 파일을 더블 클릭하거나 우클릭하여 압축을 풀고, 포함되어 있는 라이선스 파일을 확인합니다. 폰트 파일을 우클릭하여 설치합니다. 설치 후 해당 파일은 삭제해도 무관합니다.

05 포토샵에서 Ctrl + N 을 눌러 만든 임의의 새 파일에 T 를 눌러 문구를 입력하고, 설치한 디자인 폰트로 설정합니다. 문구를 입력만 해도 디자인이 자동 적용됩니다.

⚠️ **주의** 폰트를 상업적으로 사용할 때는 폰트의 라이선스를 꼭 확인하여야 합니다.

LESSON 05

이미지로 폰트 찾기 & AI 문자 인식

이미지 속 폰트를 검색하거나 문구를 자동 입력합니다.

SECTION 1

이미지로 한글 폰트 찾기

폰트명을 모를 때 이미지로 한글 폰트를 검색할 수 있습니다.

01 산돌구름 홈페이지 **sandollcloud.com**에서 상단 검색창의 카메라 아이콘을 클릭합니다.

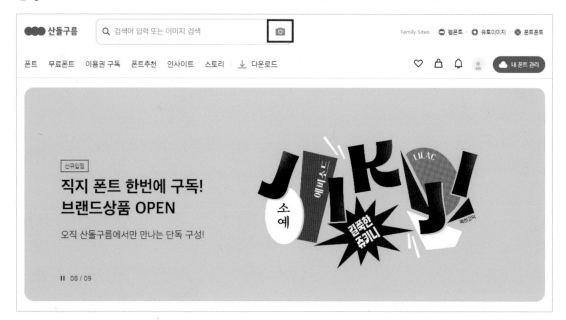

02 ❶ 이미지를 드래그 또는 파일을 업로드하거나 ❷ 이미지의 URL 링크를 복사, 붙여넣기 후 〈검색〉을 클릭합니다.

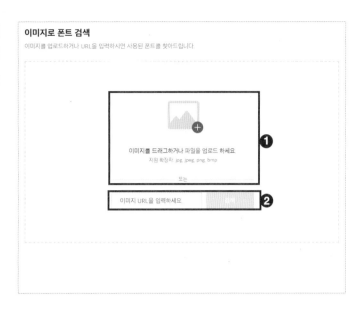

03 검색할 폰트 영역을 선택합니다.

04 이미지 파일에 사용된 폰트와 같거나 최대한 비슷한 폰트를 찾을 수 있습니다. 찾은 폰트는 저작권을 확인 후 사용합니다.

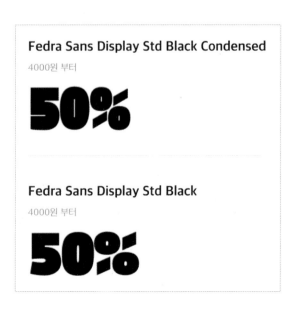

SECTION 2

이미지로 영문 폰트 찾기

폰트명을 모를 때 이미지로 영문 폰트를 검색할 수 있습니다.

01 크리에이티브 클라우드 데스크톱에서 ❶ [글꼴 관리]의 ❷ 〈추가 글꼴 검색〉을 클릭합니다.

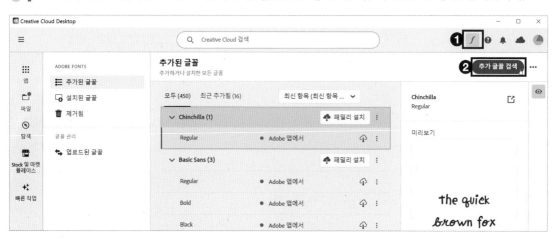

02 어도비 계정 로그인 후 우측 상단 검색창의 ❶ 카메라 아이콘을 클릭하고, 검색할 영문 폰트가 포함된 ❷ 이미지를 선택하여 ❸ 〈열기〉를 클릭합니다.

03 자동 인식된 문자 중 검색하려는 문자를 선택하고 〈다음 단계〉를 클릭합니다.

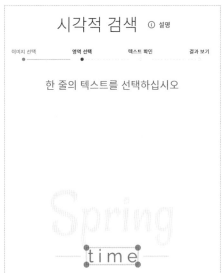

04 문자에 오타가 없는지 확인 후, ❶ 오타가 있다면 재입력합니다. ❷ 〈다음 단계〉를 클릭합니다.

05 비슷한 여러 영문 폰트가 검색되면 〈글꼴 추가〉를 클릭하여 해당 폰트를 사용할 수 있습니다.

이미지의 문자 추출/번역

이미지를 스캔하여 문자를 추출하거나 번역합니다.

OCR은 광학 문자 인식(Optical Character Recognition)의 줄임말로, 이미지를 스캔하여 문자를 자동으로 인식하는 것을 의미합니다. 대표적인 쓰임새로는 본인 인증을 위한 신분증 인식, 온라인상에 신용카드 등록 등이 있습니다.

01 모바일 카카오톡 친구 목록의 검색 아이콘을 클릭합니다.

02 검색창에서 'askup'을 검색 후 AskUp 채널을 추가합니다

03 메시지 입력 칸 왼쪽의 [+]-[앨범]을 클릭하여 문자가 포함된 이미지를 선택합니다.

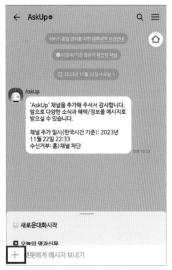

04 이미지 전송과 동시에 문자를 인식하여 자동 입력됩니다. 문자를 복사 후 포토샵, 워드 프로그램 등에 붙여넣기 하여 사용할 수 있습니다.

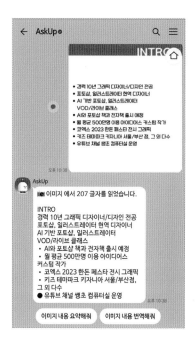

05 외국어가 포함된 이미지를 업로드하여 번역을 명령하면 번역이 이루어집니다.

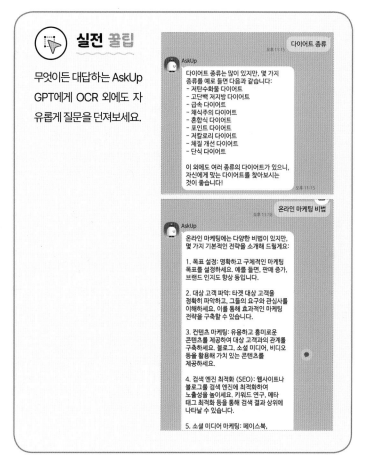

실전 꿀팁

무엇이든 대답하는 AskUp GPT에게 OCR 외에도 자유롭게 질문을 던져보세요.

LESSON
06

문자에 옷 입히기

문자에 레이어 스타일 효과를 적용하고 섬네일을 디자인합니다.

SECTION 1
여러 가지 효과를 넣는 레이어 스타일

테두리, 그림자 등 다양한 효과를 추가합니다.

01 Ctrl + N 을 눌러 문자를 입력할 새 파일을 자유로운 사양으로 만듭니다.

02 T를 눌러 작업 창에 클릭 후, 문구를 입력합니다. 색상은 검은색을 제외하고 자유롭게 설정합니다.

03 Ctrl을 누른 채 크기를 변형하거나 위치를 이동할 수 있습니다. Ctrl + Enter 혹은 숫자키의 Enter를 눌러 편집한 문자 속성을 적용합니다.

04 문자를 이동/복사하기 위해 도구바의 [이동 도구]를 클릭하거나 V를 누릅니다. 상단 옵션바에서 [자동 선택]-[레이어(개체 클릭 시 레이어 자동 선택)], [변형 컨트롤 표시(개체 클릭 시 변형 컨트롤 박스 표시)]에 체크합니다.

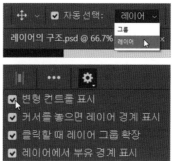

05 문자를 복사하기 위해 Alt를 누른 채 문자를 복사할 위치로 드래그하여 이동시키면 해당 위치에 복사됩니다.

 시간 절약 필수 단축키

- **이동 도구로 Alt + 개체 드래그** | 개체를 드래그하는 위치로 복사합니다.
- **이동 도구로 개체 이동 중 Shift** | 개체의 이동 방향을 수직/수평/45°로 고정합니다.
- **이동 도구로 Alt + Shift + 개체 드래그** | 개체의 복사 방향을 수직/수평/45°로 고정합니다.

06 [이동 도구]가 선택된 상태에서 두 문자를 모두 포함하여 드래그합니다.

07 두 문자가 중복 선택된 것을 레이어 창에서도 확인할 수 있습니다.

08 중복 선택한 문자들을 Alt 를 누른 채 복사할 위치로 드래그하여 복사 후, 같은 과정을 한 번 더 반복하여 총 6개의 문자를 만듭니다.

09 캔버스에서 가장 첫 번째 문자를 클릭합니다. 레이어 창에서 자동 선택된 레이어 하단의 [레이어 스타일] 아이콘을 클릭하고 [혼합 옵션]을 클릭합니다.

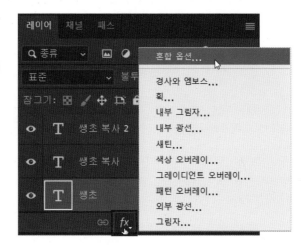

10   레이어 스타일 창을 이동하여 입력한 문자가 가려지지 않도록 합니다. ❶ [**경사와 엠보스**]를 클릭하여 ❷ 속성을 자유롭게 편집 후 〈확인〉을 클릭합니다.

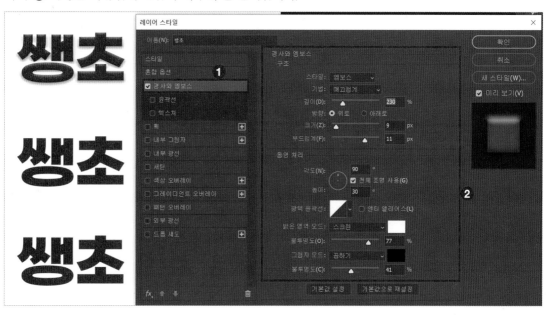

⚠ **주의**   레이어 스타일 선택 시, 체크 박스에만 체크를 하면 속성 편집을 할 수 없습니다. 스타일의 전체 칸을 클릭해야만 자동으로 체크가 되고 속성도 편집할 수 있게 됩니다.

11   레이어 스타일을 추가한 레이어에는 레이어 스타일 아이콘이 추가되고 레이어 하단에 적용된 효과 목록이 표시되어 눈 아이콘을 클릭하면 활성/비활성화할 수 있습니다. 또한, 효과 이름 부분을 더블 클릭하여 해당 효과의 속성을 수정할 수 있습니다.

작업 캔버스 바깥쪽 여백을 클릭하면 변형 컨트롤 표시 박스를 잠시 안 보이게 할 수 있습니다.

12 두 번째 문자를 클릭 후, 레이어 오른쪽 여백을 더블 클릭하여 레이어 스타일을 빠르게 실행합니다.

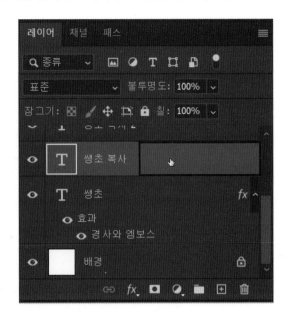

13 획을 선택하여 속성을 자유롭게 편집합니다. 색상을 클릭합니다.

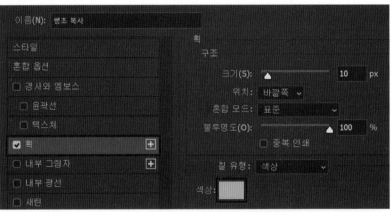

문자에 획을 추가할 때는 위치
를 바깥쪽으로 설정해야 문자의
두께가 얇아지지 않습니다.

14 색상 피커 창 역시 문자가 가려지지 않게 이동하여 ❶ 색상과 ❷ 톤을 선택합니다.

❶ **색상** : 색상을 선택합니다.

❷ **톤** : 색상의 톤을 선택합니다.

　　* RGB 모드 기준으로 검은색은 가장 하단을 클릭하고 흰색은 가장 좌측 상단을 클릭합니다.

❸ **새 색상/현재 색상** : 새로 지정한 색상과 현재의 색상을 표시합니다.

❹ **색상 비율** : 색상 비율을 정확한 수치를 입력하여 조정할 수 있습니다.

❺ **색상 코드** : 통용되는 색상 코드값을 입력합니다.

15 레이어 스타일 창의 〈확인〉을 클릭하면 추가된 레이어 스타일을 레이어 창에서 확인할 수 있습니다. **12**번을 참고해 세 번째 문자에 해당하는 레이어의 오른쪽 여백을 더블 클릭하여 레이어 스타일을 실행합니다.

16 내부 그림자를 자유롭게 편집합니다.

17 그림자의 위치에 해당하는 '거리'와 빛의 각도에 해당하는 '각도'는 작업 캔버스의 해당 문자 위에서 마우스 커서를 드래그하는 것으로도 조정이 가능합니다. 조정 후 〈확인〉을 클릭합니다.

18 12번을 참고해 ⊕[이동 도구]로 캔버스에서 네 번째 문자를 클릭하거나 네 번째 문자에 해당하는 레이어의 오른쪽 여백을 더블 클릭하여 레이어 스타일을 실행합니다. [그레이디언트 오버레이]-[그레이디언트 색상]을 클릭합니다.

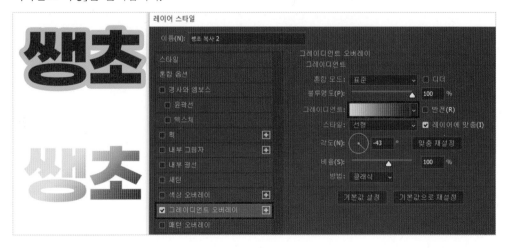

19 그레이디언트 색상 계열 중 하나를 선택하여 펼침 화살표를 클릭하고 색상을 선택합니다.

20 색상 정지점을 좌/우로 이동하여 해당 색상의 영역을 확장/축소할 수 있고, 색상 중간점을 이동하여 그레이디언트 색상의 경계점을 이동할 수 있습니다.

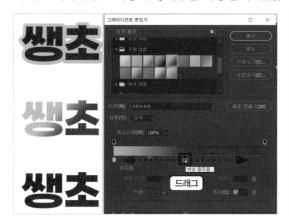
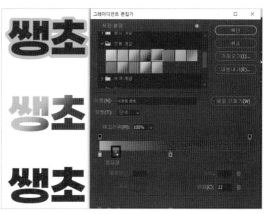

21 그레이디언트 각각의 색상을 변경할 때는 ❶ 색상 정지점을 더블 클릭하거나 ❷ **[색상]**을 클릭합
니다. 색상을 지정한 후, 〈확인〉을 클릭하고 그레
이디언트 편집기에서도 〈확인〉을 클릭합니다.

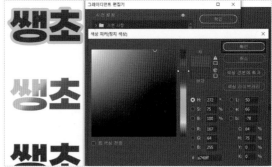

22 그레이디언트 색상 경계선 이동은 작업 캔버스의 해당 문자에서 마우스를 드래그하는 것으로도
조정이 가능합니다. 〈확인〉을 클릭하여 적용합니다.

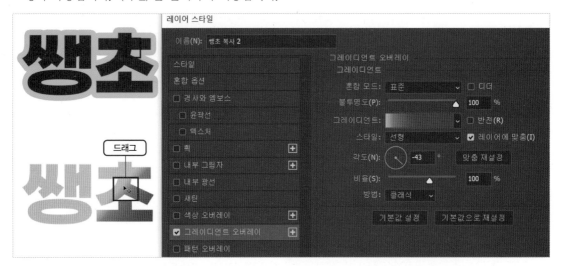

23 12번을 참고하여 다섯 번째 문자의 **[레이어 스타일]–[외부 광선]** 속성을 자유롭게 편집합니다.

24 캔버스의 바탕 색상이 옅거나 흰색일 경우, 혼합 모드는 표준으로 설정해야 광선 효과가 잘 보입니다. 광선 색상과 바탕 색상을 자연스럽게 혼합할 때는 혼합 모드를 표준 외 다른 모드로 선택합니다.

25 광선 효과가 눈에 잘 보이도록 불투명도를 너무 낮지 않게 조정합니다. 색상 칸을 클릭하여 색상을 지정한 후, 〈확인〉을 클릭합니다.

 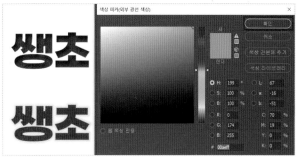

26 12번을 참고하여 여섯 번째 문자의 [레이어 스타일]-[드롭 섀도] 속성을 자유롭게 편집합니다.

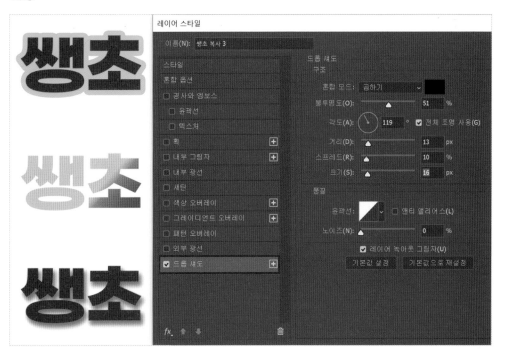

27 드롭 섀도의 '각도'와 '거리'는 작업 캔버스의 해당 문자에서 마우스를 드래그하는 것으로도 조정이 가능합니다. 〈확인〉을 클릭하여 적용합니다.

기본적으로 경사와 엠보스, 내부 그림자, 드롭 섀도 등과 같이 빛의 각도를 지정하는 레이어 스타일의 모든 효과는 각도가 일괄 적용됩니다. 효과별로 각도를 각각 지정할 때는 전체 조명 사용의 체크를 해제합니다.

28 Ctrl + S 를 눌러 PSD 파일로 중간 저장합니다.

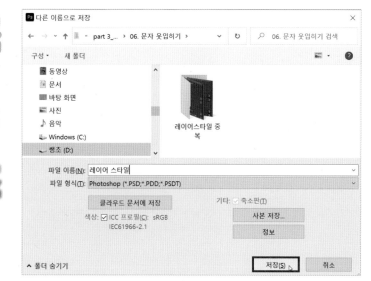

레이어 스타일 중복 적용

레이어 스타일을 여러 번 중복 적용합니다.

01 [Ctrl] + [O]를 눌러 레이어 스타일.psd 파일을 열거나 파일이 있는 폴더를 열고 파일을 더블 클릭하여 엽니다.

02 획 효과를 추가한 레이어의 '획' 글자를 더블 클릭하여 레이어 스타일의 획 속성 창을 실행합니다.

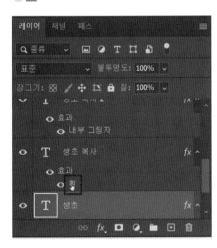

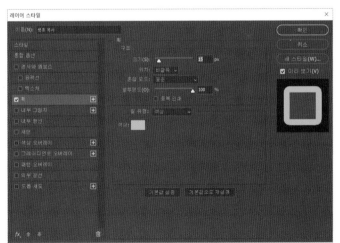

03 획 글자 오른쪽의 [+]를 클릭하고 새로 추가된 하위 목록의 [획]을 클릭합니다. 크기를 더 크게, 색상을 다른 색상으로 설정하면 이중 획이 만들어집니다.

[+] 버튼이 있는 레이어 스타일은 모두 중복으로 효과를 추가할 수 있습니다.

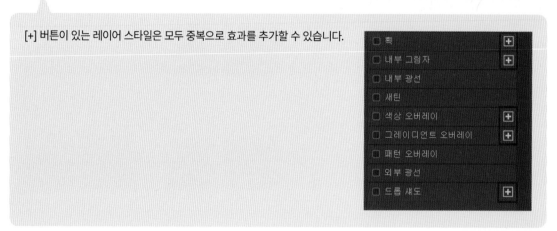

04 Ctrl + S 를 눌러 덮어쓰기 저장을 합니다.

레이어 스타일 삭제/이동/복사

레이어 스타일의 효과를 삭제하거나 다른 레이어로 이동/복사합니다.

01 Ctrl + O 를 눌러 레이어 스타일.psd 파일을 불러오거나 파일이 있는 폴더를 열고 파일을 더블 클릭하여 엽니다. V 를 눌러 [이동 도구]를 실행하고, 경사와 엠보스 효과가 추가된 첫 번째 문자를 클릭해서 레이어 스타일 아이콘을 휴지통으로 드래그하면 효과가 삭제됩니다.

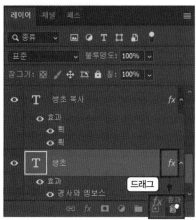

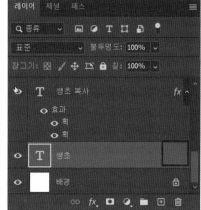

02 레이어 스타일 아이콘을 레이어 스타일이 없는 레이어에 드래그하면 레이어 스타일이 이동됩니다.

03 레이어 스타일 아이콘을 레이어 스타일이 없는 다른 레이어에 Alt 를 누른 채 드래그하면 레이어 스타일이 복사됩니다.

레이어 불투명도 조정과 칠 조정의 차이

원본
불투명도 : 100% / 칠 : 100%

불투명도 조정
불투명도 : 24% / 칠 : 100%

개체와 효과의 불투명도를 모두 조정합
니다.

칠 조정
불투명도 : 100% / 칠 : 0%

효과의 불투명도는 조정하지 않고 개체
의 불투명도만 조정합니다.

클릭을 부르는

섬네일 디자인

AFTER

정말 간단한 방법으로 인스타그램이나 블로그 등 온라인에서 사용하는 섬네일을 디자인합니다. 섬네일은 작은 크기로 보여지므로 한눈에 문자가 잘 읽히는 '가독성'이 매우 중요합니다. 따라서 문자에 여러 강조 효과를 추가하여 눈에 띄는 광고 이미지를 제작합니다.

BEFORE

이런 걸 배워요!

- ✅ 문자를 입력하고 자유롭게 편집합니다.
- ✅ 그레이디언트, 테두리, 그림자 효과 등의 레이어 스타일 효과를 적용합니다.
- ✅ 스포이드 도구의 색상 추출 기능으로 디자인 요소의 색상을 통일합니다.

📄 실습 파일 피자.jpg
📄 완성 파일 SNS 섬네일.psd

STEP 1 레이어 스타일로 눈에 띄는 제목 디자인하기

클릭을 부르는 썸네일 제작을 위해 제목을 눈에 띄게 디자인합니다.

01 Ctrl + N을 눌러 인스타그램 게시물에 적합한 1080px 정사각형, 72ppi, RGB 색상으로 지정하고, 아트보드는 체크를 해제하여 새 파일을 만듭니다.

02 새 캔버스에 배경 이미지를 가져오기 위해 **피자.jpg** 파일이 들어있는 폴더에서 파일을 캔버스에 드래그합니다.

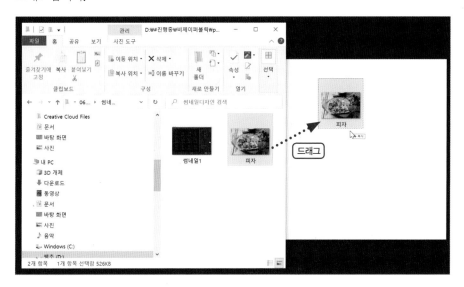

03 이미지 파일을 캔버스에 흰 여백이 남지 않도록 확대합니다. 문자를 입력할 배경을 고려하여 위치
와 크기를 조정하고 Enter 를 눌러 적용합니다.

04 T 를 누르고 이미지의 여백 부분을 클릭하여 제목을 입력합니다. Ctrl + A 를 눌러 전체 문자
를 선택 후, Ctrl + T 를 눌러 문자 창을 활성화합니다.

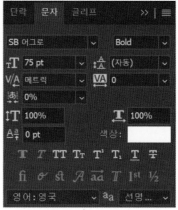

05 작게 봐도 잘 보이도록 두꺼운 두께의 폰트로 지정하고, 도구바의 [이동 도구]를 클릭하여 문자가 잘 보이는 크기와 위치로 조정합니다.

06 문자에 강조 효과를 추가하기 위해 제목 레이어의 오른쪽 여백을 더블 클릭하여 레이어 스타일을 실행합니다.

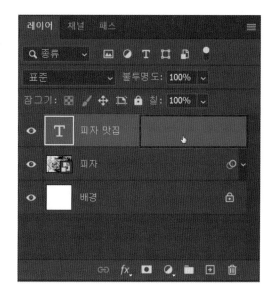

07 스타일 목록에서 **[그레이디언트 오버레이]**를 선택하고 **[그레이디언트 색상]**을 클릭합니다.

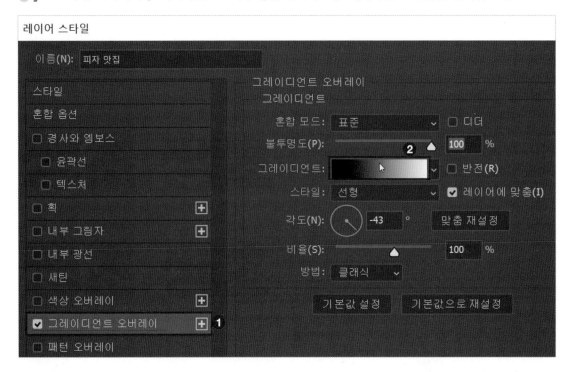

08 배경 이미지와 어울리는 색상 계열의 ❶ 펼침 화살표를 클릭하고 ❷ 진하지 않은 색상을 선택하여 〈확인〉을 클릭합니다.

09 스타일 목록의 [획]을 선택하고 ❶ 적절한 크기(테두리 두께)로 조정하고 ❷ 문자의 두께가 얇아지지 않도록 위치는 바깥쪽으로, ❸ 색상은 검은색으로 지정하여 문자가 더 잘 보이도록 합니다.

 실전 꿀팁

문자가 눈에 띄는 색상으로 지정되어 있을 때는 획 색상은 흰색이나 검은색 등의 단순하고 눈에 띄지 않는 색상으로 지정해야 문자가 더 돋보입니다. 진한 색상의 문자에는 흰색 획, 연한 색상의 문자에는 검은색 획을 적용해야 문자가 돋보입니다.

10 획을 이중으로 추가하기 위해 스타일 목록의 [획] 오른쪽에 있는 [+] 버튼을 클릭하고 새로 추가된 하위 획을 선택합니다. 획의 크기는 기존보다 더 크게, 색상은 흰색으로 지정하여 이중 획을 적용합니다.

11 스타일 목록의 ❶ [드롭 섀도]를 선택합니다. 선명한 그림자 효과를 추가하기 위해 ❷ 혼합 모드는 표준, 색상은 검은색, 불투명도 100%, 스프레드 100%, 각도와 거리는 적절하게 조정하고 〈확인〉을 클릭합니다.

 STEP 2 효과를 복사하여 손쉽게 부제목 디자인하기
통일된 디자인의 부제목을 디자인합니다.

12 T를 눌러 제목 주변을 클릭하여 부제목을 입력합니다. 제목을 돋보이게 하기 위해 부제목의 폰트는 제목과 다른 폰트로 지정하고, 색상도 흰색으로 지정합니다.

*사용 폰트 : 코트라 희망체 [산돌 구름다리 / 눈누] 라이선스 확인 필수

13 부제목 문구 중, 다른 색상으로 강조할 문구를 드래그하여 ❶ 블록 처리하고 문자 창의 ❷ 색상을 클릭합니다. 색상 피커 창이 실행된 상태에서 마우스 커서를 캔버스로 옮기면 색상 추출을 할 수 있는 스포이드 모양 커서로 바뀝니다. 이때, ❸ 제목 색상 중 한 영역을 클릭하여 색상을 추출하고 〈확인〉을 클릭합니다.

14 다른 강조 문구도 **13**번과 동일한 방법으로 색상을 변경합니다.

15 제목과 부제목의 효과를 통일하기 위해 <kbd>Alt</kbd>를 누른 채 제목의 레이어 스타일 아이콘을 부제목 레이어로 드래그하여 효과를 복사합니다.

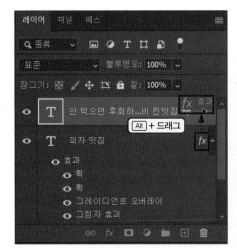 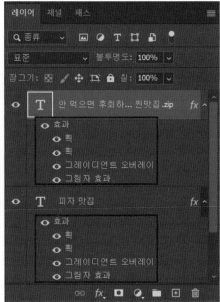

16 부제목의 ❶ 그레이디언트 오버레이 효과는 눈 아이콘(가시성)을 비활성화하고, 획 효과의 세부 조정을 위해 ❷ 상위 획 글자를 더블 클릭합니다.

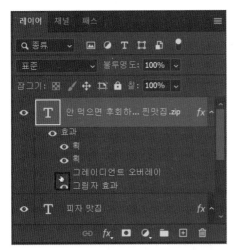 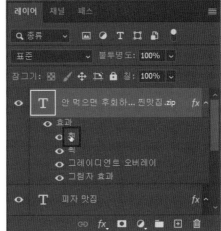

17 선택된 상위 획의 ❶ 크기를 기존보다 작게, ❷ 하위 획의 ❸ 크기도 기존보다 작게 지정합니다.

18 ❶ 드롭 섀도의 ❷ 거리와 ❸ 크기의 수치를 기존보다 작게 지정하고 〈확인〉을 클릭합니다.

19 필요시 문구를 더 입력하여 완성 후, [Ctrl] + [S]를 눌러 수정 가능한 원본 PSD 파일과 [Ctrl] + [Alt] + [S]를 눌러 온라인 업로드용 JPG/PNG 파일을 사본 저장합니다.

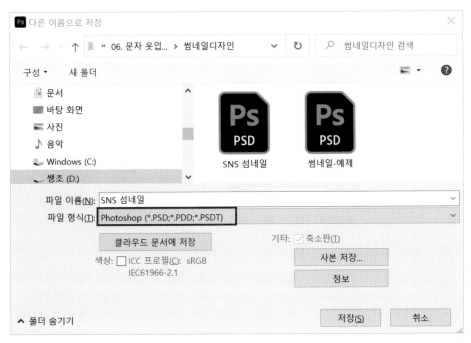

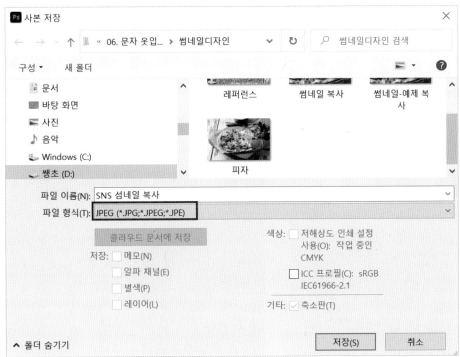

LESSON 07

가장 쉬운 이미지 보정 방법

이미지의 밝기와 색상을 보정하고 자동 필터를 적용합니다.

STEP 1 가장 쉬운 밝기 보정, 곡선

가장 간편하고 쉬운 방법의 밝기 보정법입니다.

---

01 `Ctrl` + `O`를 눌러 보정 전.jpg 파일을 불러오거나 파일이 있는 폴더를 열어 파일을 포토샵 창 가장 상단으로 드래그하여 엽니다.

02 레이어 창 하단의 [조정 레이어]-[곡선]을 클릭합니다.

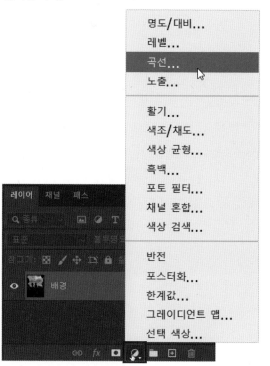

03 이미지의 중간 톤을 밝게 하기 위해 대각선 직선의 중간 지점을 클릭함과 동시에 위쪽으로 드래그하여 곡선으로 만듭니다.

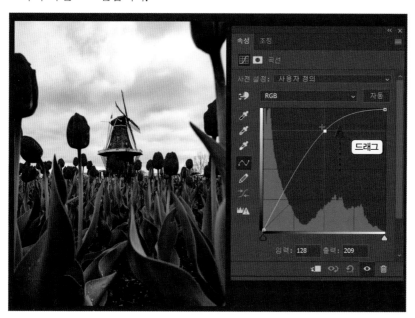

04 이미지의 어두운 톤도 밝게 하기 위해 왼쪽 아래의 점을 위쪽으로 드래그하여 이동합니다.

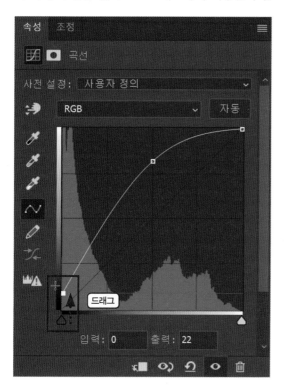

> ### 실전 꿀팁
>
> 곡선 조정 시 왼쪽의 조정점을 위/오른쪽으로 이동하여 어두운 톤을 조정하고, 오른쪽의 조정점을 왼쪽/아래로 이동하여 밝은 톤을 조정합니다. 직선의 중간 지점을 클릭하고 위/아래로 이동하면 중간 톤을 조정합니다. RGB 색상 이미지와 CMYK 색상 이미지는 곡선 조정을 서로 반대 방향으로 조정합니다.
>
>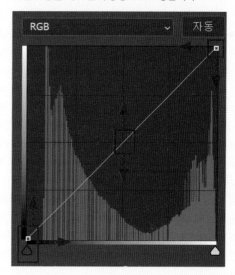

가장 쉬운 색상 보정, 색상 균형
이미지의 색상을 균형 있게 보정합니다.

05 레이어 창 하단의 [조정 레이어]–[색상 균형]을 클릭하고 속성 창에서 추가하거나 감소시킬 색상을 조정하여 균형을 맞춥니다.

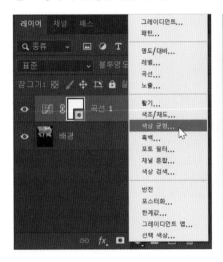

 실전 꿀팁

색상 균형 조정 시 [톤]에서 어두운 영역/중간 영역/밝은 영역을
각각 선택하여 조정할 수 있습니다.

색상을 자유자재로, 색조/채도

이미지의 색조와 채도를 조정합니다.

06 레이어 창 하단의 **[조정 레이어]–[색조/채도]**를 선택하고 속성 창에서 채도를 조정하여 색상을 선명하게 합니다. 색조와 명도는 필요시 조정합니다.

① **색상 선택** : 이미지상에서 특정 색상을 클릭하여 해당 색상만 조정합니다.

② **색상 계열** : 마스터(모든 색상), 빨강 계열, 노랑 계열 등을 선택해 조정합니다.

③ **색조** : 이미지의 색조를 완전히 다른 색조로 바꿉니다.

④ **채도** : 이미지의 채도를 조정합니다. 낮을수록 흑백에 가깝게, 높을수록 선명한 색상으로 조정됩니다.

⑤ **명도** : 이미지의 명도를 조정합니다. 낮을수록 검은색에 가깝게, 높을수록 흰색에 가깝게 조정됩니다.

07 색상 계열을 선택하는 ❶ [마스터]를 클릭하여 조정하려는 색상 계열을 선택하고 ❷ 색조를 조정하면 다른 색상으로 바꿀 수 있으며 ❸ 채도를 조정하면 선택한 색상의 채도(선명도)를 조정할 수 있습니다.

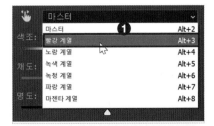

08 색조, 채도, 명도 조정을 통해 색상을 보정해 봅니다.

레이어 창에 추가된 조정 레이어는 클릭하여 언제든 재수정이 가능합니다.

내 맘대로 하늘 바꾸기, 하늘 대체
STEP 4

풍경 사진의 하늘을 다른 하늘로 대체합니다.

09 하늘이 포함된 이미지 레이어를 클릭 후 [**편집**]–[**하늘 대체**]
메뉴를 클릭합니다.

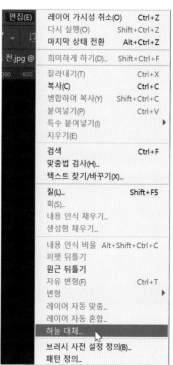

10 하늘 대체 조정 창이 작업 중인 이미
지를 가리지 않도록 이동하면 이미지의 하늘
이 다른 하늘로 대체된 것을 볼 수 있습니다.

11 펼침 화살표를 클릭하고 다양한 하늘을 선택하여 대체할 수 있습니다.

12 출력 위치를 새 레이어로 선택 후 〈확인〉을 클릭합니다.

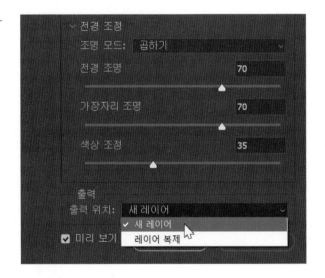

13 수정 가능한 하늘 교체 그룹이 생성되었습니다. 앞서 적용했던 조정 레이어의 영향을 받아 부자연스러울 경우, 하늘 교체 그룹을 조정 레이어들보다 위로 드래그하여 이동합니다.

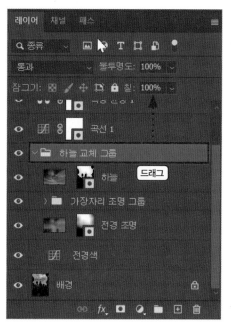 

14 어두웠던 풍경 사진을 밝고 선명하게 보정하고, 색조를 변경한 모습입니다.

LESSON 05
수백 가지 감성 필터,
카메라 로우 필터
감성적인 분위기의 다양한 자동 필터를 적용합니다.

카메라 로우 자동 필터 적용하기

01 Ctrl + O 를 눌러 조정레이어-전.jpg 파일을 불러오거나 파일이 있는 폴더를 열어 파일을 포토샵 창 가장 상단으로 드래그하여 가져옵니다. 원본 보존을 위해 Ctrl + J 를 눌러 레이어를 복사합니다.

02 [필터]-[Camera Raw 필터] 메뉴를 클릭합니다.

필터(T) 3D(D) 보기(V) 플러그인 창(W	
마지막 필터(F)	Alt+Ctrl+F
고급 필터용으로 변환(S)	
Neural Filters...	
필터 갤러리(G)...	
응용 광각(A)...	Alt+Shift+Ctrl+A
Camera Raw 필터(C)...	Shift+Ctrl+A
렌즈 교정(R)...	Shift+Ctrl+R
픽셀 유동화(L)...	Shift+Ctrl+X
소실점(V)...	Alt+Ctrl+V

03 전/후 보기 아이콘을 클릭하면 보정 전/후를 좌·우 또는 상·하로 배열하여 한눈에 비교해 보며 필터를 적용할 수 있습니다.

카메라 로우 필터는 RGB 색상 모드의 파일에서 더 많은 편집이 가능합니다.

이미지(I)	레이어(L)	문자(Y)	선택(S)	필터(T)	3D(D)

모드(M) ▶
- 비트맵(B)
- 회색 음영(G)
- 이중톤(D)
- 인덱스 색상(I)...
- ✔ RGB 색상(R)
- CMYK 색상(C)
- Lab 색상(L)
- 다중 채널(M)

조정(J) ▶

자동 톤(N)　　Shift+Ctrl+L
자동 대비(U)　Alt+Shift+Ctrl+L
자동 색상(O)　Shift+Ctrl+B

이미지 크기(I)...　Alt+Ctrl+I
캔버스 크기(S)...　Alt+Ctrl+C
이미지 회전(G)　▶
자르기(P)
재단(R)...
모두 나타내기(V)

복제(D)...

- ✔ 8비트/채널(A)
- 16비트/채널(N)
- 32비트/채널(H)

색상표(T)...

04 오른쪽 도구바의 ❶ [사전 설정]을 클릭하면 각각의 필터명을 클릭하지 않고도 ❷ 마우스 커서를 이동하며 실시간 미리보기가 가능합니다. [적응형 : 피사체] 필터는 피사체를 인식하여 보정하고, [적응형 : 하늘] 필터는 하늘을 인식하여 보정합니다.

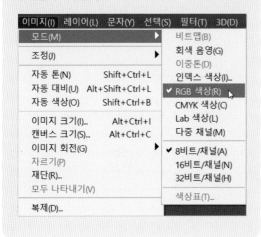

05 필터 목록 왼쪽의 별 아이콘을 클릭하면 해당 필터가 즐겨찾기에 추가되어 목록 상단에서 쉽게 찾을 수 있습니다.

06 적용할 필터를 클릭하고 〈확인〉을 클릭하면 카메라 로우 자동 필터가 적용됩니다.

좌 - 원본
우 - 계절 : 봄 SP03

좌 - 시네마틱 : CN03
우 - 피사체 : 여행II TR17

실전 꿀팁

카메라 로우 필터를 세부 조정 후, 창 오른쪽의 [[...]더 많은 이미지 설정]에서 나만의 필터를 저장하고 불러와 여러 사진에 일괄적인 필터를 적용할 수 있습니다.

PART

03

HELLO,
AI

콘텐츠 제작에 포토샵과 AI를 함께 사용할 경우, 더욱 강력한 시너지를 발휘합니다.
그중에서도 무료로 사용 가능한 것들이 많습니다. 이를 활용하면, 디자이너는
마치 자신만의 화가, 카피라이터, 비서를 둔 것처럼 느낄 수 있습니다. 이들 도구는
디자인 작업을 보조하고, 생산성을 향상시키며, 작업을 더욱 효율적으로 만듭니다.
AI는 반복적이고 기계적인 작업을 대신 수행하여 더 중요하고 창의적인
작업에 집중할 수 있게 도와줍니다. 이런 방식으로 AI는 디자이너의
일상을 편리하게 만들고, 디자인의 품질과 완성도를 높이는 데 기여합니다.
이렇게, AI는 디자이너에게 새로운 가능성과 기회를 제공하는 동시에
그들의 업무 환경과 삶의 질을 향상시키는 중요한 역할을 수행합니다.

위 내용은 AI를 활용하여 작성하였습니다.

LESSON
01

저작권 NO 이미지 생성

저작권 걱정 없이 자유롭게 사용 가능한 AI 이미지를 생성합니다.

SECTION 1

플레이그라운드 AI 무료 이미지 생성

상업적 이용도 가능한 무료 AI 이미지를 빠르게 생성합니다.

01 플레이그라운드 AI 홈페이지 **playgroundai.com**에 접속 후, 〈Get Started〉를 클릭합니다. 구글 계정으로 로그인합니다.

02 필터, 프롬프트, 이미지 크기 등을 설정하여 이미지를 생성할 수 있습니다.

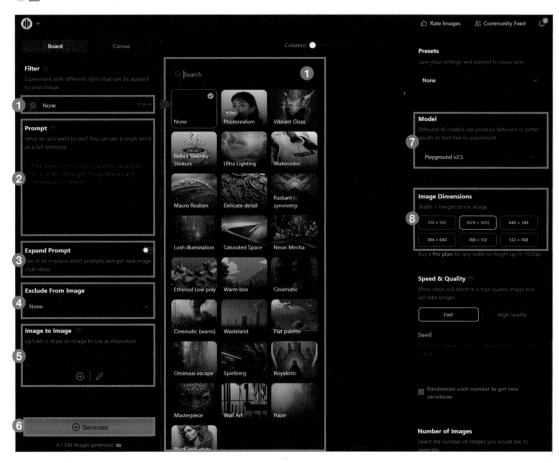

1. **Filter** : 실사, 수채화, 블랙&화이트 등 필터를 선택할 수 있습니다.

2. **Prompt** : 생성하려는 이미지를 묘사합니다.

3. **Expand Prompt** : 작성한 프롬프트를 보다 창의적으로 수정 및 보완하여 생성합니다.

4. **Exclude From Image** : 이미지 생성 시 제외할 요소를 설정합니다.

5. **Image to Image** : 참조 이미지 업로드하거나 스케치하여 이미지를 생성합니다.

6. **Generate** : 이미지를 생성합니다.

7. **Model** : 이미지 생성 모델을 선택합니다.

8. **Image Dimensions** : 이미지의 픽셀 크기를 선택합니다. 생성 모델에 따라 생성할 수 있는 이미지의 크기가 다릅니다.

03 다른 이미지를 참조해 쉽게 이미지를 생성하기 위해 좌측 상단의 [플레이그라운드AI 로고–Community Feed]를 클릭합니다. ❶ 검색창에 생성하려는 이미지를 검색하거나 ❷ 테마를 선택합니다.

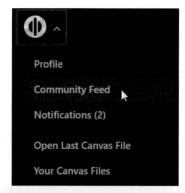

04 마음에 드는 이미지를 클릭하고 〈Use settings〉를 클릭합니다.

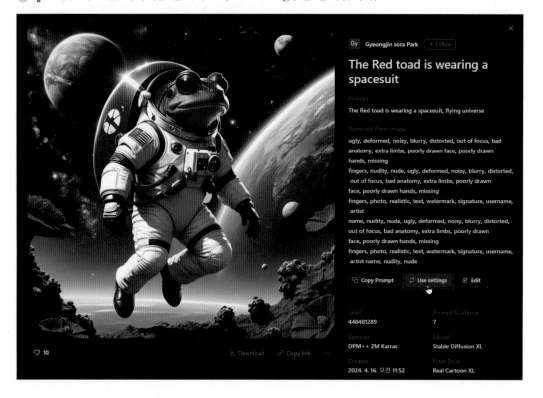

하나의 이미지를 클릭하고 페이지를 아래로 내리면 관련 이미지를 볼 수 있습니다.

05 선택한 이미지의 프롬프트를 포함한 모든 설정값이 동일하게 설정되어 있습니다. 프롬프트와 설정을 수정하거나 수정하지 않고 〈Generate〉를 클릭합니다.

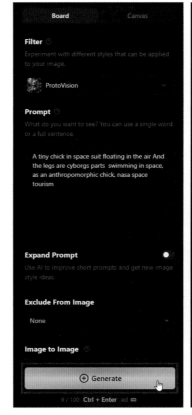

06 생성된 이미지 우측 상단의 확대 버튼을 클릭하면 전체 이미지를 확인 할 수 있고 이미지를 우클릭하여 [이미지 저장]을 클릭하면 이미지를 저장할 수 있습니다.

07 이미지 좌측 상단의 [+] Create variations 아이콘을 클릭해 응용 이미지를 추가 생성할 수 있습니다. 오른쪽의 〈Actions〉를 클릭하면 여러 메뉴를 실행할 수 있고, 그중 변형을 최소화하여 고화질 이미지로 만들어 주는 [Upscale by 4x-Subtle] 메뉴를 클릭합니다.

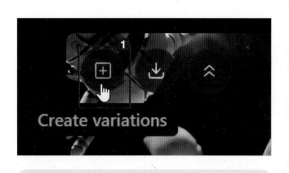

[Upscale by 4x-Creative]를 클릭하면 이미지를 창의적으로 변형해 업스케일링 합니다.

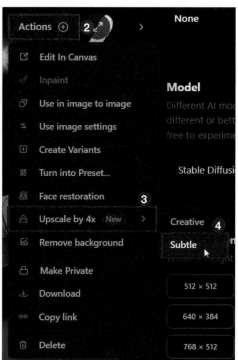

08 이미지 위의 세로선을 좌 ⇔ 우로 클릭&드래그하여 업스케일링 전·후를 비교해 본 후, 좌측 상단의 다운로드 아이콘을 클릭하여 이미지를 다운로드합니다.

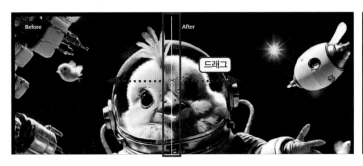

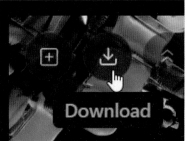

 실전 꿀팁

[Actions-Edit In Canvas]를 클릭하면 개체 제거, 인페인트(일부 수정) 등 다양한 편집을 할 수 있습니다.

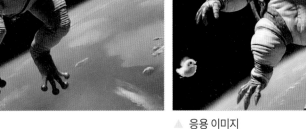

▲ 원본 이미지 　　　　　　　　　　　　　▲ 응용 이미지

SECTION 2

미드저니 AI 고품질 이미지 생성

상업적 이미지 생성 시 가장 많이 사용하는 미드저니(Midjourney)를 이용하여
고품질 AI 이미지를 생성합니다.

01 미드저니 AI 홈페이지 **midjourney.com**에 접속 후, 〈Join the Beta〉를 클릭합니다.

02 순서대로 별명 입력, 로봇 가입 방지 인증, 생년월일 입력 후 〈완료〉를 클릭합니다.

03 이메일 주소와 비밀번호를 입력 후 〈계정 등록하기〉를 클릭하면 해당 이메일로 확인 링크가 수신됩니다. 수신된 이메일의 〈Verify Email〉을 클릭하면 인증 및 가입이 완료됩니다. 〈Discord로 계속하기〉를 클릭합니다.

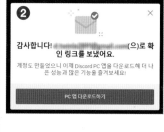

04 왼쪽의 미드저니 아이콘을 클릭하고 [newbies-숫자]가 적혀 있는 룸 중 하나를 클릭합니다.

05 하단 메시지 입력창에 '/sub'를 입력하면 메시지 입력창 상단에 자동 입력되는 [/subscribe]를 클릭합니다. 순서대로 [Manage Account]−[사이트 방문하기]를 클릭합니다.

06 페이지의 화면을 우클릭하여 [번역]을 클릭하면 설명을 한글로 볼 수 있고, 연 구독/월 구독 요금제 중 선택하여 구독할 수 있습니다.

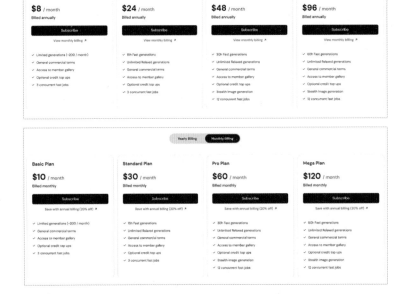

미드저니는 디지털 아트 공모전에서 대상을 차지할 정도로 고품질 이미지를 쉽고 간단하게 생성해 낼 뿐만 아니라, 상업적 이용도 가능하기 때문에 유료임에도 불구하고 가장 많은 사람들이 사용하는 이미지 생성 AI입니다. 하단 입력 칸에 /info를 입력하면 사용 가능한 총 시간 중 몇 시간을 사용했는지 확인할 수 있습니다.

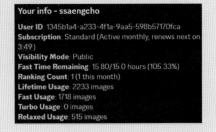

07 구독 후 하단 메시지 입력창에 '/ima'를 입력하면 자동 입력되는 [/imagine-prompt]를 클릭하고 [prompt] 칸에 생성하고자 하는 이미지에 대한 설명을 영문으로 입력합니다. 영문 입력은 네이버 파파고나 구글 등에서 번역 후 복사·붙여넣기 하면 수월합니다.

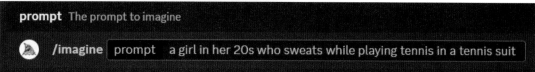

 실전 꿀팁

- 미드저니에서 100장 이상의 이미지를 생성하면 디스코드에 접속하지 않고 미드저니 홈페이지에서도 이미지 생성이 가능합니다.
- 이미지를 설명하는 프롬프트는 하나의 문장 형태가 되지 않아도 무관하고 쉼표(,)로 여러 특징을 나열하여도 됩니다.

08 이미지가 생성되는 현황을 실시간으로 확인할 수 있습니다.

보드에는 내가 생성하는 이미지뿐만 아니라, 다른 사람들이 생성하는 이미지도 함께 표시됩니다. 만약 빠르게 생성되는 다른 사람들의 이미지 때문에 내 이미지를 찾기 어렵다면 우측 상단 [받은 편지함] 아이콘을 클릭하여 내 이미지 생성 현황만 실시간으로 확인할 수 있고, <이동하기>를 클릭하면 생성된 내 이미지로 바로 이동합니다.

09 생성된 이미지를 클릭하고 <브라우저로 열기>를 클릭하면 큰 크기로 확인할 수 있습니다.

10 ⑤ 🔄 새로고침 버튼을 클릭하면 동일한 명령어로 새로운 이미지를 생성하고, 하나의 이미지를 선택하여 업스케일 및 베리에이션을 할 수 있습니다.

① U1 : 1번 이미지 업스케일

② U2 : 2번 이미지 업스케일

③ U3 : 3번 이미지 업스케일

④ U4 : 4번 이미지 업스케일

⑤ 새로고침 : 동일 명령어의 새 이미지 생성

⑥ V1 : 1번 이미지 베리에이션

⑦ V2 : 2번 이미지 베리에이션

⑧ V3 : 3번 이미지 베리에이션

⑨ V4 : 4번 이미지 베리에이션

- **업스케일(Upscale)** : 해상도를 손상시키지 않고 이미지의 크기를 확대합니다.
- **베리에이션(Variation)** : 비슷한 새 이미지를 생성합니다.

11 하나의 이미지를 베리에이션 하여 여러 변형된 이미지를 생성하고 최종 이미지를 업스케일링합니다. 완성된 이미지를 클릭합니다.

① Upscale(Subtle) : 이미지의 형태를 최대한 유지한 채 확대합니다.

② Upscale(Creative) : 이미지를 변형하여 확대합니다.

③ Vary(Sublte) : 이미지를 변형 강도를 낮게 변형합니다.

④ Vary(Strong) : 이미지를 변형 강도를 높게 변형합니다.

⑤ **Vary(Region)** : 이미지의 일부 영역만 수정하여 변형합니다.

⑥ **Zoom Out 2x** : 이미지의 2배 영역까지 사방으로 배경을 확장 생성합니다.

⑦ **Zoom Out 1.5x** : 이미지의 1.5배 영역까지 사방으로 배경을 확장 생성합니다.

⑧ **Custom Zoom** : 이미지의 몇 배로 배경을 확장 생성할지 지정하고 확장 생성할 배경에 대한 프롬프트를 입력할 수 있습니다.

⑨ **확장 생성 방향** : 이미지를 특정 방향으로 확장 생성합니다.

12 [브라우저로 열기]–[이미지 우클릭]–[이미지를 다른 이름으로 저장]하여 이미지를 사용합니다.

이미지 생성 AI는 저작권 및 요금제가 변동될 수 있으므로 사용 전 꼭 정확한 확인이 필요합니다.

◀ 베리에이션 & 업스케일

▷ 얼굴 영역에 Vary(Region) 적용

 실전 꿀팁

미드저니 앱을 다운로드하면 바탕화면에 추가된 디스코드 (Discord) 아이콘을 통해 편리하게 미드저니를 사용할 수 있습니다.

미드저니 효과적인 프롬프트 작성법

/imagine			
prompt oil painting,	two sports cars,	back view, high angle,	mountains on both sides, straight road
스타일	피사체	구도·앵글	배경·추가 정보

> 무조건적인 순서는 아니므로 상황에 따라 유동적으로 입력합니다.

프롬프트 예시

- **스타일** : cinematic photo, illustration, anime, watercolor, oil painting, color pencil drawing, webtoon
- **구도·앵글** : front view, side view, medium side view, profile view, back view, long shot, extreme wide shot, extreme long distance, wide angle, fish eyes, high angle, drone shot, Aerial shot, low angle, from below, close-up, out focusing
- **배경·추가 정보** : 색상, 장소, 시간대, 날씨, 조명

사람/캐릭터/동물 이미지 프롬프트

- **전신** : full body, full shot *프롬프트에 머리와 발을 묘사하면 시너지가 좋습니다.
- **상반신** : medium shot, half body shot, chest shot
- **얼굴 중점** : selfie, portrait, facial close-up, head shot
- **다양한 자세/표정** : multi pose, multi facial expression

실사

cinematic photo of living room interiors, ivory colored sofa, vivid colored sofa cushions, cute teddy bear, wood table, books, sunny windows

영화 같은 거실 인테리어 사진, 아이보리 색상 소파, 비비드 색상 소파 쿠션, 귀여운 테디베어, 나무 테이블, 책, 햇살이 내리쬐는 창문

cinematic sunset photo, colorful parachutes, magnificent mountains and fields background

영화 같은 일몰 사진, 화려한 낙하산, 웅장한 산과 들 배경

애니메이션

a little boy looking at fish in a pond, a mysterious garden, a tree, flowers and butterflies --niji 5

연못에서 물고기를 보는 어린 소년, 신비한 정원, 나무, 꽃과 나비

수채화

watercolor painting, a puppy and a cat dancing in sunglasses, bright background

수채화, 선글라스를 끼고 춤추는 강아지와 고양이, 밝은 배경

로고

shoes, logo, minimalistic, simple

신발, 로고, 미니멀리즘, 심플한

 실전 꿀팁

이 외에도 팝아트 스타일은 [pop art], 일러스트 스타일은 [flat graphic], 만화 캐릭터는 [cartoon character]와 같이 이미지 스타일을 분명히 하여 프롬프트에 추가하는 것이 좋습니다.

SECTION 3

미드저니 세부 설정

세부 설정을 통해 원하는 이미지에 더 가깝게 생성합니다.

미드저니 기본 설정

이미지 생선 전, 프롬프트 창에 /sett를 입력하면 자동 입력되는 [/settings]를 클릭하거나 Enter를 눌러 세부 설정을 할 수 있습니다.

❶ **생성 모델** : 이미지 생성 모델 및 버전을 선택합니다.

❷ **Raw Mode** : 창의성을 줄이고 프롬프트에 충실한 이미지를 생성합니다.

❸ **Stylize** : 예술성과 창의성의 강도를 선택합니다. 높을수록 프롬프트 충실도가 낮아질 수 있습니다.

❹ **Personalizaion** : 개인이 선호하는 스타일로 맞춤형 이미지를 생성합니다. 이미지 선호도 조사 후 설정 가능합니다.

❺ **Public mode** : 모든 사람들이 볼 수 있도록 미드저니 커뮤니티 피드에 생성 이미지가 공개됩니다.

❻ **Remix mode** : 이미지 Variation(비슷하게 생성) 시 프롬프트를 수정할 수 있습니다.

❼ **Variation Mode** : 이미지 Variation(비슷하게 생성) 시 변형 강도를 선택합니다.

❽ **생성 속도** : 이미지 생성 속도를 선택합니다. Standard 이상의 요금제 사용 시 Relax mode에서 이미지를 무제한 생성할 수 있습니다. Turbo mode에서 이미지 생성 시, 가능한 이미지 생성 개수가 더 빠르게 소진됩니다.

❾ **Reset Settings** : 기본값으로 설정합니다.

Niji Model은 애니메이션 이미지 생성 전용 모델입니다.

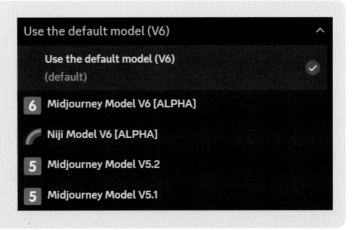

미드저니 파라미터(특성) 설정

종횡비(가로:세로 비율), 예술성, 패턴 등의 특성 파라미터를 프롬프트 뒤에 입력합니다.

- **종횡비(aspect ratio)** : --ar 가로:세로 비율　예 --ar 3:4
- **예술성(stylize)** : --s 0~1000　예 --s 150
- **생성 제외** : --no 생성하지 않을 이미지　예 --no person
- **패턴 생성** : --tile
  * 프롬프트에 seamless pattern을 포함하면 더 효과적입니다.

- **개인 맞춤형 이미지** : --p
- **무작위 스타일** : --sref random

예 anime character, cute white dog, seamless pattern
　　--ar 3:4 --s 150 --no person --tile

참조 이미지 링크 활용하기

01 로켓.jpg 파일을 미드저니 창으로 드래그하고 Enter 를 눌러 이미지를 첨부합니다.

02 입력 칸에 [/imagine prompt]를 활성화하고 업로드한 이미지를 프롬프트 칸에 클릭·드래그 하거나 이미지를 우클릭하고 [**링크 복사하기**]로 복사한 링크를 프롬프트 칸에 Ctrl + V 를 눌러 붙여넣기 하면 이미지의 링크가 입력됩니다. Space Bar 를 눌러 한 칸 띄고 생성할 이미지를 묘사한 뒤, Enter 를 누릅니다.

▲ 참조 이미지   ▲ 응용 이미지

SECTION 4

미드저니 일관적인 캐릭터 생성하기

동화책, 웹툰, 이모티콘에 활용할 수 있는 일관적인 캐릭터를 생성합니다.

01   애니메이션 캐릭터 생성에 최적화된 설정을 하기 위해 입력 칸에 [/settings]를 입력하고 Enter 를 누릅니다. ❶ 생성 모델을 ❷ Niji Model로 변경합니다.

02 입력 칸에 [/imagine prompt]를 활성화하고 생성하고 싶은 캐릭터를 자세히 묘사합니다. 생성된 시안 중 하나를 [Upscale] 합니다.

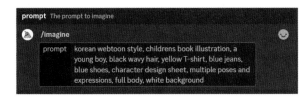

배경을 제거해 사용할 캐릭터 생성은 [white back ground] 프롬프트를 포함하면 좋습니다.

03 입력 칸에 [/imagine prompt]를 활성화하여, 새로운 프롬프트를 입력하거나 기존 프롬프트에서 일부 수정한 후 Space Bar 를 눌러 한 칸 띄고 캐릭터 레퍼런스 파라미터인 [--cref]를 입력합니다. Space Bar 로 한 칸 띄고 업스케일링 한 이미지를 [--cref] 뒤에 드래그하면 이미지의 링크가 자동 입력됩니다. Enter 를 눌러 이미지를 생성합니다.

실전 꿀팁

[--cref] 파라미터 뒤에 Space Bar 로 한 칸 띄고 [--cw 0~100]을 입력 하면 원본 캐릭터의 참조 강도를 조정 할 수 있습니다. 수치가 낮을수록 캐릭 터의 주변 상황을 고려한 헤어 및 의 상이 생성되고 수치가 높을수록 원본 캐릭터의 특성을 최대한 유지합니다.

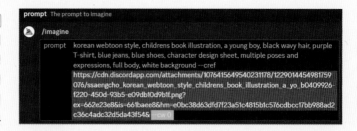

▲ 레퍼런스 캐릭터

▲ --cw 20

▲ --cw 100

04 마음에 드는 시안을 베리에이션 하 거나 업스케일링해 완성합니다.

스타일을 참조해 이미지 생성하기

원하는 스타일의 이미지 화풍을 참조해 새 이미지를 생성합니다.

01 미드저니 홈페이지 **midjourney.com**에 접속해 우측 상단의 검색창에 특정 이미지 스타일을 검색합니다. 예제에서는 색연필화를 검색하기 위해 **[color pencil drawing]**를 입력했습니다. 마음에 드는 이미지를 선택한 뒤, 우클릭하여 **[이미지 주소 복사]**를 클릭합니다.

02 [/settings]를 입력해 생성 모델을 미드저니 모델로 설정합니다. [/image prompt]를 활성화하고 생성하려는 이미지를 묘사합니다. Space Bar 를 눌러 한 칸 띄고 스타일 레퍼런스 파라미터인 [--sref]를 입력합니다. Space Bar 를 눌러 한 칸 띄고 Ctrl + V 를 눌러 복사한 이미지 링크를 붙여넣기 합니다.

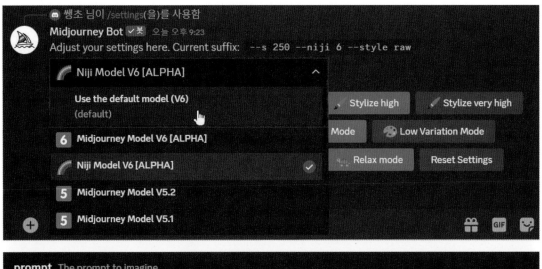

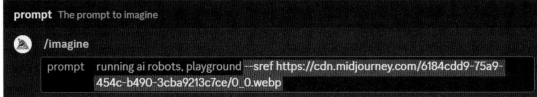

03 프롬프트에 color pencil drawing 문구를 넣지 않아도 레퍼런스 스타일에 따라 색연필화가 완성되었습니다.

레퍼런스 스타일과 유사성이 낮은 이미지가 생성되었다면, 레퍼런스 스타일(color pencil drawing/water color 등)도 프롬프트에 포함하거나 스타일 레퍼런스 이미지를 다른 것으로 변경해 보세요.

⚠️ **주의**

특정 작가의 스타일이나 인물/캐릭터 등을 허가 없이 레퍼런스 이미지로 활용하거나 상업적 이용 시 저작권에 위배될 수 있습니다.

LESSON 02

포토샵 AI 생성형 채우기

포토샵에서 개체를 제거/변경하거나 저작권 걱정 없는 이미지를
생성합니다.

STEP 1

자연스러운 개체 제거 AI

불필요한 개체를 간편하게 제거합니다.

01 Ctrl + O를 눌러 **생성형채우기 원본.jpg** 파일을
불러오거나 파일이 있는 폴더를 열어 파일을 포토샵 창
가장 상단으로 드래그하여 불러오고 원본 보존을 위해
Ctrl + J를 눌러 레이어를 복사합니다.

02 [올가미 도구]를 이용하여 제거할 영역을 선택하고
[상황별 작업 표시줄]의 [생성형 채우기]를 클릭합니다. 명
령어를 입력하지 않고 [생성]을 클릭합니다.

03 생성 대기 창의 팁을 읽어보며 잠시 기다리면 개체가 제거됩니다.

04 속성 창의 [**변경**] 항목에서 여러 시안 중 하나를 선택할 수 있고, 이는 [**생성형 채우기**] 레이어를 선택하여 언제든 변경 가능합니다.

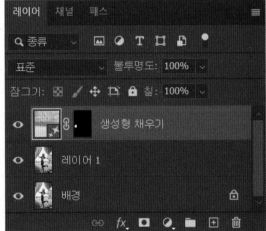

05 02~04번과 동일한 방법으로 다른 개체도 제거합니다.

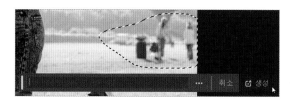

 원본 이미지

▲ AI 개체 제거

자연스러운 배경 확장 생성 AI

이미지를 줌 아웃 한 것과 같이 배경을 생성하여 확장합니다.

06 도구바의 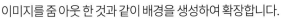[자르기 도구]를 클릭하거나 C를 눌러 상단 옵션바의 [칠]−[생성형 확장]으로 설정하고 Alt 를 누른 채 양옆으로 캔버스를 확장합니다.

자르기 도구의 상단 옵션바에서 비율 칸은 모두 지워져 있어야 자유롭게 캔버스 조정이 가능합니다.

07 확장된 배경 영역은 [색상] 창의 [배경색]으로 잠시 지정되고, 실제 적용 시에는 원본 이미지와 연결되는 새로운 배경을 생성할 것이므로 어떤 색상으로 보여도 무관합니다. 영역 안쪽을 더블 클릭하거나 Enter 를 누릅니다.

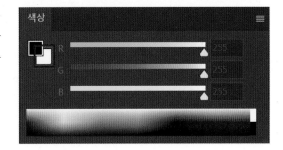

실전 꿀팁

생성하려는 배경을 명령어 입력 칸에 입력하여 생성할 수 있고, 이는 선택 사항입니다.

어떤 작업을 하시겠습니까? (선택 사항)   ···   │   취소   🖒 생성

08 이미지가 확장된 영역에 자연스럽게 배경이 생성되고, **[속성]**–**[변경]**에서 생성 이미지를 선택하거나 추후 변경할 수 있습니다.

생성 이미지가 마음에 들지 않는다면, [상황별 작업 표시줄]이나 [속성] 창의 <생성> 버튼을 한 번 더 클릭하여 새 이미지를 추가 생성할 수 있습니다.

▲ 원본 이미지

▲ 이미지 AI 확장

STEP 3 무엇이든 생성하고 변형하는 AI
개체를 새롭게 생성하거나 변형합니다.

09 [레이어 1]을 선택하고 도구바의 [빠른 선택 도구]를 클릭합니다.

10 변형할 영역을 클릭 및 드래그로 선택합니다. 영역을 제외할 때는 Alt 를 누른 채 클릭 및 드래그합니다.

11 [상황별 작업 표시줄]의 [생성형 채우기] 버튼을 클릭하고 변형하려는 개체를 명령어 입력 후 [생성]을 클릭하거나 [Enter] 를 누릅니다. [속성]–[변경]에서 생성 이미지를 선택할 수 있습니다.

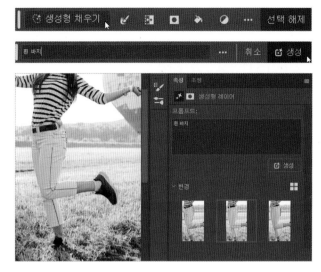

 실전 꿀팁

생성 이미지의 일부를 수정할 때도 해당 레이어를 선택하고 [올가미 도구], [빠른 선택 도구] 등의 선택 도구로 수정할 영역을 선택 후 [생성형 채우기]로 수정할 수 있습니다.

12 새 이미지를 생성할 영역이 포함된 레이어를 선택합니다.

새 이미지를
생성할 영역

13 [올가미 도구]로 생성할 개체의 크기에 맞게 영역을 지정합니다. [상황별 작업 표시줄]의 [생성형 채우기]를 클릭하고 명령어를 입력 후 [생성] 버튼을 클릭합니다.

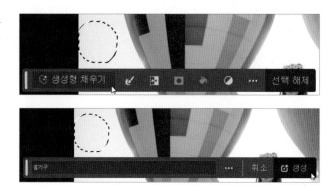

14 개체가 생성되었습니다. 필요시 12~
13번과 동일한 방법으로 개체를 더 생성합니다.

▲ 원본 이미지

▲ 생성형 AI 제거·확장·생성·변형

LESSON 03

개체 제거·이동·복제

포토샵 AI 기능으로 개체를 손쉽게 제거하고 이동 및 복제합니다.

STEP 1

클릭 한 번에 지우는 제거 도구

생성 크레딧을 사용하지 않고도 AI를 이용해 개체를 제거할 수 있습니다.

01 Ctrl + O 를 눌러 제거이동복제 원본.jpg 파일을 불러오거나 파일이 있는 폴더를 열어 파일을 포토샵 창 가장 상단으로 드래그하여 가져옵니다. 원본 보존을 위해 Ctrl + J 를 눌러 레이어를 복사합니다. 도구바의 [제거 도구]를 클릭합니다.

02 브러시 커서 크기를 대괄호(ⅠＩ, Ｉ]로 조정하며, 제거할 개체를 칠하면 개체가 제거됩니다.

03 제거할 부분이 남아 있다면 모두 제거될 때까지 여러 번 칠하여 깔끔하게 제거합니다.

제거 도구 활용 예시

▲ 원본 이미지

▲ 제거 도구 적용

• 한꺼번에 많은 양을 제거하기보다는 조금씩 제거해 나가는 것이 좋습니다.

실전 꿀팁

제거할 영역을 [선택 도구]로 선택하고 우클릭 후 [선택 영역 삭제 및 채우기]를 통해서도 자연스럽게 제거할 수 있습니다.

개체가 순간 이동하는 내용 인식 이동 도구

개체를 원하는 위치로 자연스럽게 이동합니다.

04 [내용 인식 이동 도구]를 클릭하고 이동할 개체 주변을 [올가미 도구]와 같은 방식으로 선택합니다.

05 드래그하여 위치를 이동하고 [상황별 작업 표시줄]의 [완료] 버튼을 클릭하거나 Enter 를 누릅니다.

06 [상황별 작업 표시줄]의 [선택 해제]를 클릭하거나 Ctrl + D 를 눌러 선택을 해제합니다.

07 개체가 있던 자리에 개체의 흔적이 남았다면 01~03번을 참고하여 [제거 도구]로 말끔하게 제거합니다.

도장 찍듯 복제하는 복제 도장 도구

개체를 도장으로 찍어낸 것과 같이 복제합니다.

08 도구바의 ⬛[복제 도장 도구]를 클릭하고 복제할 영역을 [Alt]를 누른 채 클릭합니다.

브러시 도구, 복제 도장 도구 등 브러시 기반의 작업 중 상단 옵션바의 브러시 설정 창에서 브러시의 경도(테두리를 부드럽게/선명하게)를 조정하여 사용하면 더 섬세하고 자연스럽게 작업할 수 있습니다. 브러시 경도는 작업 화면을 우클릭해서도 조정할 수 있습니다.

09 브러시 크기를 대괄호([[ ], [ ]])로 조정하여 [Alt]를 누르지 않은 채 붙여넣기 할 영역을 클릭하거나 드래그하면 붙여넣기 됩니다. 이때, 위치를 잘 맞춰 적용해야 자연스럽습니다.

10 위치를 잘 맞춰 클릭 및 드래그하면 붙여넣기 영역을 점차 확장할 수 있습니다. 필요시 [Alt]를 이용해 새 영역을 복제·붙여넣기 합니다.

11 Alt 를 누른 채 새 영역을 복제하고 붙여넣기 할 영역에 Alt 를 누르지 않은 채 클릭과 동시에 드래그하면 새 영역이 복제·붙여넣기 됩니다.

▲ 원본 이미지

▲ 개체 제거·이동·복제

 실전 꿀팁

패치 도구로 간편하게 영역을 복제할 수 있습니다.

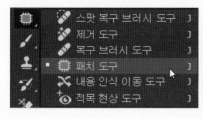

LESSON 04

인물 얼굴·몸매 보정 AI

자동 AI 기능 및 수동 기능으로 손쉽게 인물을 보정합니다.

STEP 1

표정과 나이까지 바꾸는 뉴럴 필터

피부를 매끄럽게 보정하고 얼굴 나이, 머리숱 등의 스마트 인물 사진 기능을 활용합니다.

01 [Ctrl] + [O]를 눌러 **인물보정 전.jpg** 파일을 열거나 파일이 있는 폴더를 열어 파일을 포토샵 창 가장 상단으로 드래그하여 가져옵니다. 원본 보존을 위해 [Ctrl] + [J]를 눌러 레이어를 복사합니다. **[필터]-[뉴럴 필터]** 메뉴를 클릭합니다.

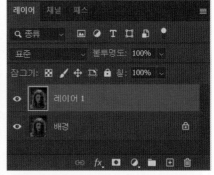

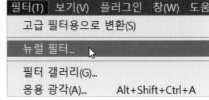

02 인물이 인식되면 얼굴 주변에 사각형으로 표시됩니다. **[인물]–[피부를 매끄럽게]** 활성화 버튼을 클릭합니다.

뉴럴 필터를 처음 사용할 때는 필터를 다운로드 후 사용할 수 있습니다.

03 **[흐림 효과]**에서 피부의 잡티를 보정하고 **[평활도]**에 서 얼굴의 명암을 조정합니다.

 실전 꿀팁

뉴럴 필터 창 좌측 하단의 [원본 표시] 버튼으로 원본과 보정본을 비교하며 과하지 않고 자연스러운 피 부 보정을 진행합니다. 잘 제거되지 않는 크고 진한 잡티는 [제거 도구] 등을 사용하여 별도로 제거해야 자연스럽습니다.

04 [스마트 인물 사진]을 활성화하고 [행복], [얼굴 나이], [화남], [조명 방향] 등 다양한 효과를 적용해 봅니다. 하단의 [출력]-[새로운 레이어 마스크 처리]로 선택 후 〈확인〉 버튼을 클릭합니다.

05 새로운 레이어의 마스크 축소판을 클릭하고 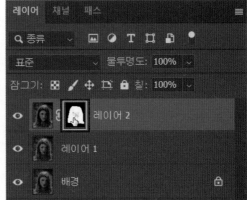[브러시 도구] 단축키인 B를 누릅니다.

레이어 마스크 축소판의 흰색 영역은 해당 레이어의 보여지는 부분, 검은색 영역은 지워져서 보이지 않는 부분입니다. 레이어 마스크 축소판을 선택 후, 도구바의  브러시 도구를 이용하여 이미지에 검은색으로 칠하여 지우거나, 흰색으로 칠하여 복구할 수 있습니다.

06 도구바 하단의 전경색은 검은색으로, 배경색은 흰색으로 설정합니다. 전경색⇔배경색을 전환하는 화살표를 클릭하면 색을 전환할 수 있습니다. 원본 이미지와 보정 이미지의 경계선이 부자연스러운 부분을 브러시로 문질러 자연스럽게 수정합니다.

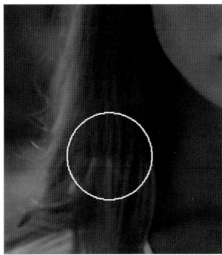
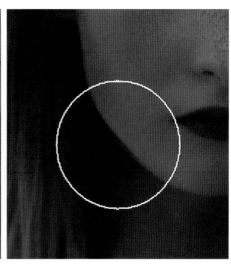

 시간 절약 필수 단축키

X | 전경색⇔배경색을 전환합니다.

 실전 꿀팁

[브러시 도구], [복제 도장 도구] 등 브러시 기반의 작업 중 상단 옵션바의 브러시 설정 창에서 브러시의 경도(가장자리를 부드럽게/선명하게)를 조정하여 사용하면 더 섬세하고 자연스러운 작업이 가능합니다. 브러시 경도는 작업 화면을 우클릭해서도 조정할 수 있습니다.

▲ 원본 이미지

▲ 뉴럴 필터 적용

STEP 2

인물의 세부 영역을 인식하는 카메라 로우 필터
인물의 세부 영역을 인식하여 보정합니다.

07 뉴럴 필터를 적용한 레이어를 우클릭하여 [아래 레이어와 병합]을 클릭합니다.

레이어 마스크가 적용되어 있으면 레이어 마스크의 흰 부분에만 효과가 적용되기 때문에 원본 레이어와 병합하여야 온전히 모든 영역에 효과가 적용됩니다.

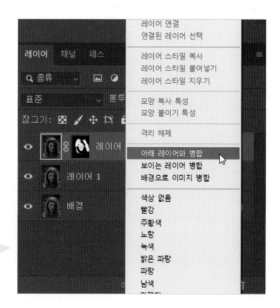

시간 절약 필수 단축키

- Ctrl + E ㅣ 현재 레이어와 아래 레이어를 병합하거나 선택 레이어들을 모두 병합합니다.
- Ctrl + Shift + E ㅣ 보이는 레이어들을 모두 배경 레이어로 병합합니다.
- Ctrl + Shift + Alt + E ㅣ 보이는 레이어들을 모두 병합하여 하나의 새 레이어를 생성합니다.
- **하나의 레이어 클릭 후** Ctrl **누른 채 다른 레이어 클릭** ㅣ 레이어를 중복 선택합니다.
- **하나의 레이어 클릭 후** Shift **누른 채 다른 레이어 클릭** ㅣ 선택한 두 레이어와 그 사이의 레이어들까지 중복 선택합니다.

08 [**필터**]–[**Camera Raw 필터**] 메뉴를 클릭하거나 Ctrl + Shift + A 를 누릅니다.

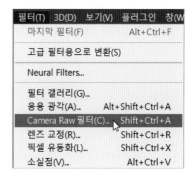

09 카메라 로우 필터 창 우측 상단의 [**마스킹**] 도구를 클릭하고, 인물을 인식하는 동안 잠시 대기합니다.

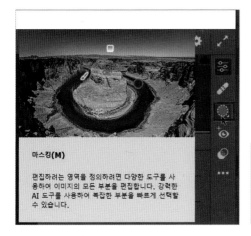 

10 [인물]에서 ❶ 보정할 인물을 클릭하고 보정할 영역을 선택할 수 있습니다. ❷ [얼굴 피부]에 체크하고 ❸ 〈만들기〉를 클릭합니다.

 실전 꿀팁

단체 인물 사진에 [Camera Raw 필터]를 적용할 때는 특정 인물을 선택하여 보정할 수 있습니다.

11 원본과 비교하며 보정하기 위해 [전/후 보기 간 순환]을 클릭합니다.

12 [곡선]의 대각선 중앙 부분을 클릭한 채 위로 올리면 피부 톤이 밝아지고, 아래로 내리면 어두워집니다. [곡선]에서 얼굴의 전체적인 톤을 조정한 후 [밝게]의 [밝은 영역]을 더 밝게, [어두운 영역]을 더어둡게 조정하면 얼굴의 명암이 선명해지는 컨투어링 효과가 적용됩니다.

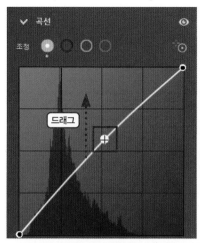 

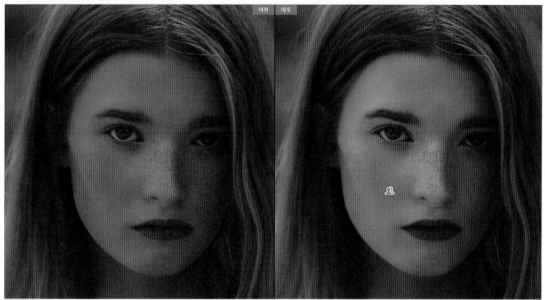

 실전 꿀팁

[Camera Raw 필터]의 화면 확대 및 축소는 Alt + [마우스 중앙 휠]로 조정합니다.
인물 보정은 화면을 크게 확대하여 섬세하게 보정하고, 다시 화면을 축소하여 전체적인 모습을 확인하는 작업을 반복해야 자연스럽습니다.

13 [효과]의 [텍스처(질감)]와 [명료도(선명함)]를 낮춰 피부를 매끄럽게 보정하고 [그레인(티끌)]을 조금 추가하면 자연스러운 피부 결을 만들 수 있습니다.

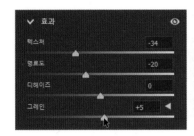 

⚠ **주의**   [텍스처]와 [명료도]를 조정하여 모든 잡티를 지우려고 하면 선명도가 떨어지고 피부가 뿌옇게 보일 수 있습니다. [Camera Raw 필터]에서는 적당히 보정한 뒤, 남은 잡티는 제거 도구를 이용해야 자연스럽습니다.

실전 꿀팁

[효과]의 [텍스처]와 [명료도]를 낮춰 피부의 대비가 줄고 음영이 희미해졌다면 [밝게]-[대비]를 조정해 보세요.

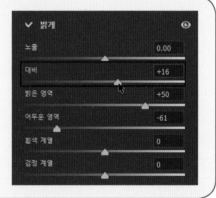

---

14 인물의 다른 영역을 보정하기 위해 [새 마스크 만들기]-[사람 선택]을 클릭합니다.

15 [눈썹]과 [머리카락]에 체크하고 〈만들기〉를 클릭합니다.

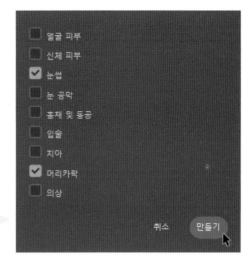

> 필요시 [신체 피부]도 체크한 뒤 〈만들기〉 버튼을 클릭하여 보정합니다.

16 [포인트 색상]-[스포이드]를 클릭하고 머리카락의 중간 톤을 클릭합니다.

17 색상 피커를 클릭&드래그하여 머리카락의 색상을 변경합니다.

스포이드를 다시 한번 클릭하고 머리카락의 밝은 톤을 클릭하여 밝은 톤의 색상을 변경하거나 어두운 톤을 클릭하여 어두운 톤의 색상을 변경할 수 있습니다.

생성된 색상 견본을 삭제할 때는 색상 견본을 우클릭하여 삭제합니다.

18 머릿결이 좋지 않은 경우에는 [효과]의 [텍스처]와 [명료도]를 낮춰 부드러워 보이도록 합니다.

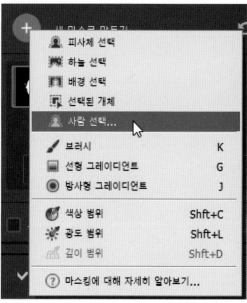

19 인물의 다른 영역을 보정하기 위해 [새 마스크 만들기]-[사람 선택]을 클릭합니다.

20 [입술]에 체크하고 〈만들기〉 버튼을 클릭합니다. [색상]의 색상 칸을 클릭합니다.

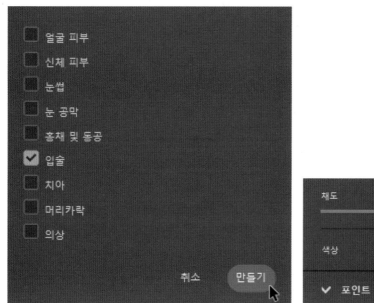

21 색상 선택에서 스포이드를 드래그하며 입술 색상을 변경합니다. 스포이드를 위로 옮기면 채도가 높고 선명한 색상이, 아래로 옮기면 채도가 낮고 자연스러운 색상이 반영됩니다.

22 [효과]–[텍스처], [명료도]
를 낮게 조정하면 건조하거나 주
름이 많은 입술을 매끄럽게 보정
할 수 있습니다. 〈확인〉을 클릭
합니다. 파일 손실 방지를 위해
Ctrl + S 를 눌러 PSD 파일을
중간 저장합니다.

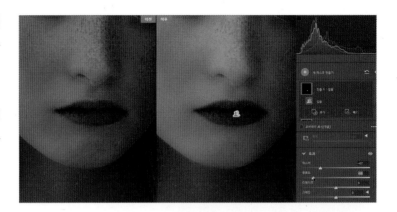

 실전 꿀팁

동일한 방식으로 눈 공막을 밝게 하여 맑고 선명한 눈으로 보정하거나,
홍채 및 동공의 색상을 변경하여 컬러렌즈 효과를 적용할 수 있습니다.
또한, 치아를 희고 깨끗하게, 의상의 색상을 변경하는 등의 효과도 적
용할 수 있습니다.

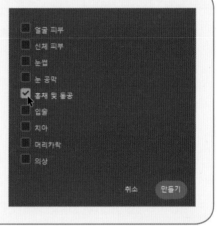

▲ 원본 이미지

▲ Camera Raw 필터 적용

잡티를 말끔하게 지우는 제거 도구

AI 제거 도구를 이용하여 피부의 잡티와 주름을 깨끗하게 보정합니다.

23 도구바의 [제거 도구]를 클릭하고 대괄호([ ], [ ])를 눌러 브러시 크기를 조정한 뒤 잡티나 주름이 있는 영역을 클릭하거나 드래그하여 칠하면 잡티가 제거됩니다. 깨끗하게 제거되지 않은 경우에는 여러 번 덧칠하여 제거할 수 있습니다.

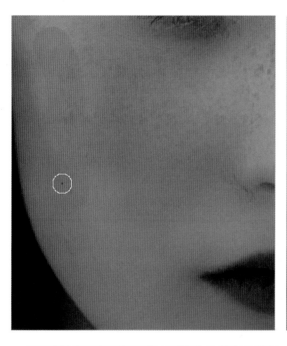

> ⚠ **주의** 한 번에 넓은 영역을 제거하는 것보다 조금씩 제거해 나가는 것이 좋습니다. 제거가 부자연스럽게 되었을 때는 Ctrl + Z 를 눌러 작업 되돌리기로 복원한 후 이어서 진행합니다.

24 잡티가 진하고 크기가 커 [제거 도구]로 제거하기 어려운 영역은 도구바의 [올가미 도구]를 클릭하고 상단 옵션바의 [페더]에 '0' 이상의 수치를 입력해 선택할 영역의 테두리를 부드럽게 설정합니다.

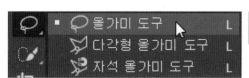

25 잡티를 보정할 영역을 [올가미 도구]로 선택하고 [필터]-[노이즈]-[먼지와 스크래치] 메뉴를 클릭합니다.

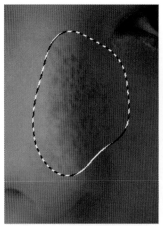

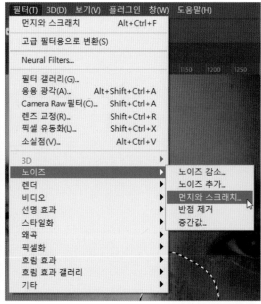

26 이미지를 미리보기 하며 [반경]과 [한계값]을 조정합니다.

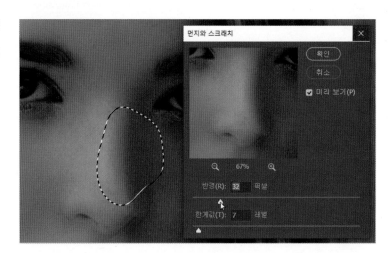

27 [상황별 작업 표시줄]의 [선택 해제]를 클릭하거나 Ctrl +D를 누릅니다.

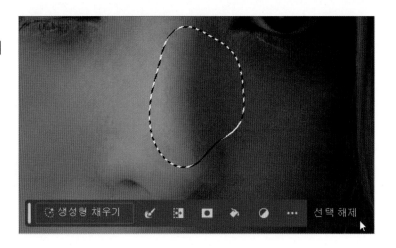

[제거 도구]나 [잡티 및 스크래치]는 눈·
코·입 윤곽과 같이 선명해야 하는 영역에
사용하면 경계가 흐려지고 뭉개질 수 있
으므로 피부 영역에만 사용합니다.

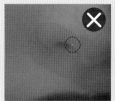  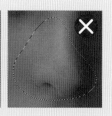

▲ 원본 이미지

▲ 제거 도구 및 먼지와 스크래치 적용

인물 보정 최상위 포식자, 픽셀 유동화

얼굴형, 눈·코·입 등을 인식하여 세밀하게 보정합니다.

28 Camera Raw 필터
및 잡티 제거를 적용한 레
이어의 원본 보존을 위해
Ctrl + J를 눌러 복사합니
다. [필터]-[픽셀 유동화] 메
뉴를 클릭합니다.

29 왼쪽 도구바의 **[얼굴 도구]**를 클릭하면 얼굴이 인식되어 얼굴 주변에 흰 선이 표시됩니다.

 실전 꿀팁

단체 인물 사진에 [픽셀 유동화]를 적용할 때는 특정 얼굴을 선택할 수 있습니다.

30 얼굴 윤곽의 흰 점이나 선을 클릭&드래그하여 얼굴형을 보정합니다.

31 코 주변의 흰 점을 클릭 및 드래그하면 코의 가로·세로 길이를 보정할 수 있고, 코 중앙 부분을 클릭 및 드래그하면 코의 위치를 이동할 수 있습니다.

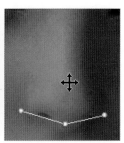

32 입 양쪽의 곡선 주변을 클릭&드래그하면 미소 짓는 입을 만들 수 있고, 입 중앙 부분을 클릭&드래그하면 입의 위치가 이동됨과 동시에 코의 길이도 수정됩니다. 입술 위·아랫부분을 드래그하여 입술의 두께를 수정할 수 있습니다.

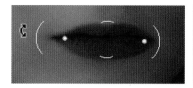 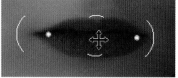 

33 눈을 보정하기 전, 오른쪽 [눈] 설정 창의 [연결] 버튼을 모두 클릭하여 양쪽 눈이 동일하게 보정되도록 설정합니다. 한쪽 눈 주변의 흰 점을 클릭 및 드래그하면 양쪽 눈을 동시에 보정할 수 있습니다.

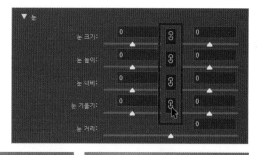

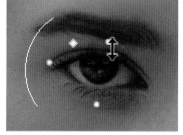 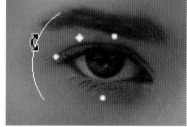 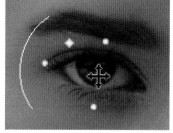

 실전 꿀팁

양쪽 눈을 서로 다르게 보정할 때는 [연결]을 해제합니다. [연결] 버튼이 클릭되어 있을 때, [연결] 버튼을 다시 한번 클릭하면 연결이 해제됩니다.

34 왼쪽 도구바의 가장 상단에 있는 [뒤틀기 도구]를 클릭하거나 단축키 W 를 누르면 원형 브러시 형태로 마우스 커서가 바뀌고, 대괄호([ ], [ ]) 를 눌러 브러시 크기를 조정하며 클릭 및 드래그를 통해 추가 보정을 할 수 있습니다. 모든 보정이 끝나면 〈확인〉 버튼을 클릭합니다.

  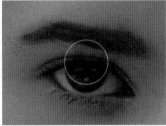 

 실전 꿀팁

[메시 저장] 및 [메시 불러오기]를 통해 동일 인물의 여러 사진을 동일하게 보정 할 수 있습니다.

▲ 원본 이미지

▲ 얼굴 보정 후

배경이 휘지 않는 몸매 보정
배경을 고정하고 다리를 길게 하거나 몸매를 보정합니다.

01 `Ctrl` + `O`를 눌러 몸매보정 전.jpg 파일을 열거나 파일이 있는 폴더를 열어 파일을 포토샵 창 가장 상단으로 드래그하여 가져옵니다. 원본 보존을 위해 `Ctrl` + `J`를 눌러 레이어를 복사합니다. 도구바의 **[사각형 선택 윤곽 도구]**를 클릭합니다.

02 다리를 포함하여 캔버스의 좌·우·하단 여백을 남김없이 선택하기 위해 인물의 골반을 기준으로 캔버스 좌측 여백을 클릭, 캔버스 우측 하단 여백으로 드래그하여 골반~발끝이 모두 포함되도록 선택합니다.

03 캔버스를 우클릭하고 **[자유 변형]**을 클릭합니다. `Shift` (가로·세로 비율 고정 해제)를 누른 채 사각틀의 하단을 아래쪽으로 드래그하여 확장하면 선택 영역이 아래로 늘어나면서 다리가 길어집니다.

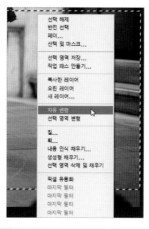

`Ctrl` + 드래그

 시간 절약 필수 단축키　선택 도구로 영역 선택 후 `Ctrl` + `T` | 자유 변형

04 선택 영역 안쪽을 더블 클릭하거나 Enter 를 눌러 변형을 적용하고, [상황별 작업 표시줄]의 [선택 해제]를 클릭하거나 Ctrl + D 를 눌러 선택을 해제합니다.

단순한 크기 변형은 이동 도구 단축키 V 를 눌러도 가능하며, Ctrl + T 를 눌러 자유 변형 상태에서 이미지를 우클릭하면 가로로 뒤집기, 왜곡 등을 할 수 있습니다.

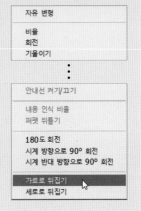

05 [필터]-[픽셀 유동화] 메뉴를 클릭하고 왼쪽 도구바의 [뒤틀기 도구]를 클릭하거나 W 를 누릅니다.

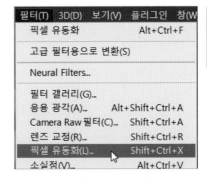

06 대괄호([,])를 눌러 보정할 부위에 맞게 브러시 크기를 조절하며 몸매 윤곽을 드래그하여 보정합니다.

[픽셀 유동화]의 [뒤틀기 도구] 사용 시 너무 작은 크기의 브러시로 인물 보정을 하면 울퉁불퉁해질 가능성이 크고 시간도 오래 소요되기 때문에 큰 크기의 브러시로 최대한 자연스럽게 보정합니다. 이 때, 화면을 Alt + [마우스 중앙 휠]로 확대하여 섬세하게 보정하고 화면을 축소하여 전체적인 균형을 확인하는 것을 반복하여 야 섬세한 몸매 보정이 가능합니다.

07 배경을 고정하여 왜곡되지 않도록 하기 위해 도구바의 [마스크 고정 도구]로 고정할 부분을 칠하여 마스킹 처리합니다.

08 마스킹 영역을 지우거나 수정할 때는 도구바의 [마스크 고정 해제 도구]를 클릭하여 수정할 영역을 칠합니다.

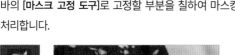

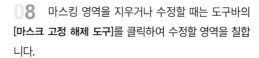

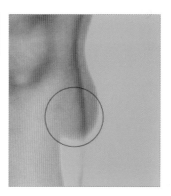

09 도구바의 [뒤틀기 도구]를 클릭하고 브러시 크기를 너무 작지 않게 하여 몸매 보정을 합니다.

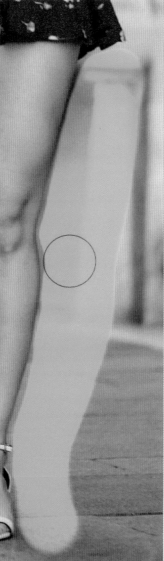

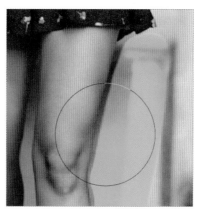

10 몸매 보정 후 모든 마스크를 해제할 때는 오른쪽 메뉴 중 **[마스크 옵션]-[없음]** 버튼을 클릭합니다. <확인>을 클릭하여 몸매 보정을 완료합니다.

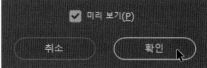

▲ 원본 이미지

▲ 몸매 보정 후

LESSON 05

놀라운 AI 집합체, 뉴럴 필터

간편하고 유용한 AI가 모두 모인 뉴럴 필터를 활용합니다.

SECTION 1

사진을 그림으로 : 스타일 변환

한 번의 클릭으로 사진을 여러 스타일의 그림으로 그려냅니다.

---

01 Ctrl + O를 눌러 **스타일 변환 원본.jpg** 파일을 열거나 파일이 있는 폴더를 열어 파일을 포토샵 창 가장 상단으로 드래그하여 가져옵니다. 원본 보존을 위해 Ctrl + J를 눌러 레이어를 복사합니다.

02 [필터]-[뉴럴 필터] 메뉴를 클릭하고 [크리에이티브]-[스타일 변환]을 다운로드 후 활성화합니다.

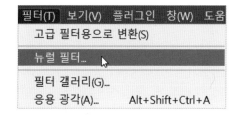

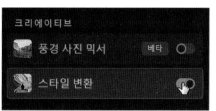

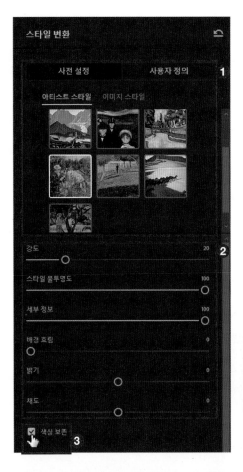

03 ❶ 스타일 중 하나를 클릭하여 ❷ [강도], [불투명도] 등 세부 속성을 조정합니다. 이미지의 원본 색상을 유지하려면 ❸ [색상 보존]에 체크합니다. ❹ [출력]−[현재 레이어]로 선택하고 ❺ 〈확인〉 버튼을 눌러 완료합니다.

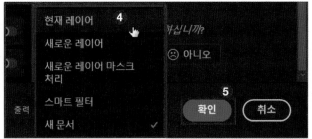

▲ 원본 이미지

▲ 스타일 변환 예시 1

▲ 스타일 변환 예시 2

SECTION 2 아웃포커싱 감성 사진 : 깊이 흐림

깊이감과 거리감이 느껴지는 입체적인 아웃포커싱 사진으로 변환합니다.

01 Ctrl + O 를 눌러 **깊이흐림 원본.jpg** 파일을 열거나 파일이 있는 폴더를 열어 파일을 포토샵 창 가장 상단으로 드래그하여 가져옵니다. 원본 보존을 위해 Ctrl + J 를 눌러 레이어를 복사합니다.

02 [필터]-[뉴럴 필터] 메뉴를 클릭하고 [포토그래피]-[깊이 흐림]을 다운로드 후, 활성화 버튼을 클릭합니다.

03 ❶ [피사체 초점]에 체크하면 피사체를 자동 인식하여 초점을 맞추고, ❷ [피사체 초점]에 체크를 해제하고 ❸ [초점 편집 미리보기 창]에서 피사체를 직접 클릭하여 지정할 수 있습니다. ❹ 초점 거리 및 범위도 조정할 수 있습니다.

04 [흐림 강도], [안개], [입자] 등 흐린 영역을 세부 조정하거나 [온도], [색조] 등 사진의 전체적인 밝기와 색감을 보정할 수 있습니다. ❶ [출력]−[현재 레이어]를 선택하고 ❷ 〈확인〉을 클릭해 완료합니다.

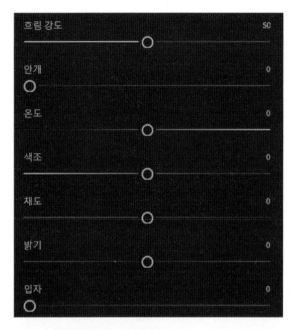

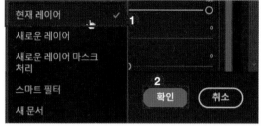

▲ 원본 이미지

▲ 깊이 흐림 적용

이미지 고해상도 확대 : 강력한 확대/축소

작은 이미지를 크게 업스케일링 하여도 해상도가 저하되지 않습니다.

01 [Ctrl] + [O]를 눌러 임의 파일을 열거나 파일이 있는 폴더를 열어 파일을 포토샵 창 가장 상단으로 드래그하여 가져옵니다. 원본 보존을 위해 [Ctrl] + [J]를 눌러 레이어를 복사합니다.

02 [필터]-[뉴럴 필터] 메뉴를 클릭하고 [포토그래피]-[강력한 확대/축소]를 다운로드 후, 활성화합니다.

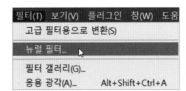

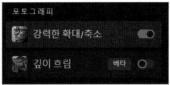

03 확대/축소 이미지의 ❶ [+] 돋보기 아이콘을 한 번 클릭하면 ❷ 확대/축소 이미지가 (1x)에서 (2x)로 바뀌며 2배로 확대, 한 번 더 클릭하면 3배로 확대하는 등 돋보기 클릭 횟수에 따라 이미지가 확대됩니다. [−] 돋보기 아이콘을 클릭하면 축소됩니다.

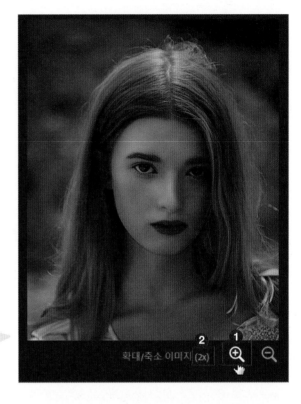

뉴럴 필터 창 왼쪽의 캔버스 원본 이미지를 확대해 보면 해상도가 저하되지 않은 채 확대된 것을 확인할 수 있습니다.

04 미리보기를 확인하며 세부 조정 후 [출력]-[새 문서]를 선택하고 〈확인〉을 눌러 완료합니다.

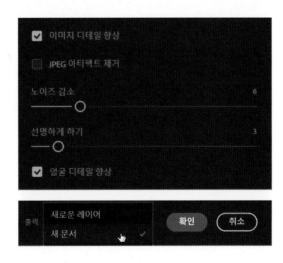

05 [새 문서]로 출력하였기 때문에 새로운 파일이 추가로 열립니다. 언뜻 보기에는 큰 차이가 없어 보이지만, 각 파일 좌측 하단에 표시되는 픽셀 크기가 서로 다른 것을 확인할 수 있습니다.

06 각 파일의 화면을 확대해 보면 크기를 확대한 이미지가 오히려 더 선명하고 깨끗한 것을 확인할 수 있습니다.

LESSON 06

챗GPT & 미드저니를 활용한 브랜딩

챗GPT를 이용한 브랜딩, 미드저니를 이용해 로고를 제작합니다.

SECTION 1

챗GPT 시작하기

가장 대중적인 챗봇형 AI인 챗GPT의 기본 사용법을 알아봅니다.

01 챗GPT 홈페이지 openai.com/index/chatgpt에 접속 후, 〈Try ChatGPT〉를 클릭합니다.

02 회원 가입 및 로그인 합니다.

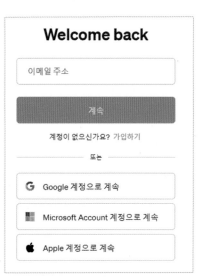

03 메시지 입력 칸에 궁금한 정보를 질문합니다.

TikTok용 콘텐츠 캘린더 | 지리 상식 좀 기르게 | 로마 제국 토막 상식 | 좋아하는 장르의 소설 쓰기

🔗 온라인 마케팅의 종류

ChatGPT는 실수를 할 수 있습니다. 중요한 정보를 확인하세요.

온라인 마케팅은 다양한 전략과 채널을 통해 제품이나 서비스를 홍보하고, 소비자와 소통하며, 매출을 증대시키기 위한 방법을 포함합니다. 주요 온라인 마케팅 종류는 다음과 같습니다.

1. 검색 엔진 최적화(SEO, Search Engine Optimization):
   - 웹사이트의 콘텐츠와 구조를 개선하여 검색 엔진 결과 페이지에서 높은 순위를 차지하도록 하는 전략입니다.
   - 키워드 연구, 온페이지 최적화, 링크 빌딩 등이 포함됩니다.

2. 검색 엔진 마케팅(SEM, Search Engine Marketing):
   - 검색 엔진 결과 페이지에서 유료 광고를 통해 웹사이트의 가시성을 높이는 전략입니다.
   - 대표적인 형태는 구글 애드워즈(Google AdWords)와 같은 페이 퍼 클릭(PPC, Pay Per Click) 광고입니다.

3. 소셜 미디어 마케팅(SMM, Social Media Marketing):
   - 페이스북, 인스타그램, 트위터, 링크드인 등의 소셜 미디어 플랫폼을 활용하여 브랜드 인지도를 높이고 고객과 소통하는 전략입니다.
   - 유료 광고 캠페인, 콘텐츠 마케팅, 인플루언서 마케팅 등이 포함됩니다.

4. 콘텐츠 마케팅(Content Marketing):
   - 블로그 포스트, 비디오, 인포그래픽, 전자책 등의 유용하고 가치 있는 콘텐츠를 제작하여 타겟 오디언스와의 관계를 구축하고 유지하는 전략입니다.
   - SEO와 연계하여 유기적인 트래픽을 증가시키는 데 기여할 수 있습니다.

6. 디스플레이 광고(Display Advertising):
   - 웹사이트, 소셜 미디어, 앱 등의 온라인 플랫폼에 배너 광고, 비디오 광고 등을 게재하는 전략입니다.
   - 리타겟팅 광고를 통해 이전 방문자들에게 재방문을 유도할 수 있습니다.

7. 제휴 마케팅(Affiliate Marketing):
   - 제휴사(파트너)가 자신의 플랫폼에서 제품이나 서비스를 홍보하고, 발생한 판매나 트래픽에 대해 수수료를 받는 성과 기반 마케팅 전략입니다.
   - 블로그, 유튜브 채널, 소셜 미디어 인플루언서들이 주로 참여합니다.

8. 모바일 마케팅(Mobile Marketing):
   - 스마트폰, 태블릿 등 모바일 기기를 대상으로 한 마케팅 전략입니다.
   - 모바일 앱 광고, SMS 마케팅, 모바일 전용 웹사이트 등이 포함됩니다.

9. 비디오 마케팅(Video Marketing):
   - 유튜브, 비메오, 틱톡 등 비디오 플랫폼을 활용하여 제품이나 서비스를 홍보하는 전략입니다.
   - 제품 리뷰, 튜토리얼, 브이로그 등의 형식으로 콘텐츠를 제작합니다.

10. 인플루언서 마케팅(Influencer Marketing):
    - 많은 팔로워를 보유한 인플루언서를 통해 제품이나 서비스를 홍보하는 전략입니다.
    - 인플루언서의 신뢰도와 영향력을 활용하여 브랜드 인지도를 높입니다.

---

04 대화를 이어 나가며 자세한 정보를 얻을 수 있습니다.

10번 인플루언서 마케팅의 비용

인플루언서 마케팅의 비용은 여러 요인에 따라 크게 달라질 수 있습니다. 주요 요소들은 다음과 같습니다.

1. 인플루언서의 팔로워 수:
   - 팔로워 수가 많은 인플루언서는 더 많은 비용을 청구할 가능성이 높습니다. 일반적으로 인플루언서는 마이크로(1,000-10,000명), 매크로(10,000-1,000,000명), 그리고 메가 인플루언서(1,000,000명 이상)로 분류됩니다.

2. 인플루언서의 참여율:
   - 인플루언서의 게시물에 대한 좋아요, 댓글, 공유 등의 참여율이 높을수록 비용이 증가할 수 있습니다. 높은 참여율은 더 많은 사람들이 콘텐츠를 적극적으로 소비하고 있음을 나타냅니다.

3. 콘텐츠 유형:
   - 단순한 게시물, 스토리, 동영상, 라이브 스트림 등 콘텐츠의 형태에 따라 비용이 달라집니다. 예를 들어, 동영상 콘텐츠는 제작 비용이 더 많이 들기 때문에 일반 게시물보다 더 높은 비용이 발생할 수 있습니다.

6. 인플루언서의 업계 및 전문성:
   - 특정 업계나 전문성을 가진 인플루언서는 더 높은 비용을 청구할 수 있습니다. 예를 들어, 특정 분야에 대한 깊은 지식과 신뢰를 가진 인플루언서는 해당 분야의 제품이나 서비스 홍보에 더 효과적일 수 있습니다.

대략적인 비용 범위는 다음과 같습니다.

- 마이크로 인플루언서(1,000-10,000명 팔로워): 게시물당 $50-$500
- 매크로 인플루언서(10,000-1,000,000명 팔로워): 게시물당 $500-$10,000
- 메가 인플루언서(1,000,000명 이상 팔로워): 게시물당 $10,000 이상

이는 일반적인 기준이며, 실제 비용은 인플루언서와의 협상에 따라 달라질 수 있습니다. 또한, 브랜드와 인플루언서 간의 직접 협상 외에도 인플루언서 마케팅 에이전시를 통한 계약이 있을 수 있으며, 이 경우 에이전시 수수료가 추가로 발생할 수 있습니다.

실전 꿀팁

좌측 상단의 ChatGPT 버전을 클릭하면 최신 정보와 이미지/문서/영상 분석 및 DALL-E 이미지 생성 기능이 포함된 버전으로 업그레이드할 수 있습니다.

플랜 업그레이드 ⊠

Free
월 USD $0

나의 현재 플랜

- ✓ 글쓰기, 문제 해결 등에 대한 도움
- ✓ GPT-3.5에 액세스
- ✓ GPT-4o에 제한적 액세스
- ✓ 고급 데이터 분석, 파일 업로드, 비전, 웹 검색, 맞춤형 GPT에 대한 제한적 액세스

기존 플랜이 있으신가요? **결제 도움말**을 참고하세요

✦ Plus
월 USD $20

Plus로 업그레이드

- ✓ 새 기능에 대한 얼리 액세스
- ✓ GPT-4, GPT-4o, GPT-3.5에 액세스
- ✓ Up to 5x more messages for GPT-4o
- ✓ 고급 데이터 분석, 파일 업로드, 비전, 웹 검색에 액세스
- ✓ DALL-E 이미지 생성
- ✓ 맞춤형 GPT 생성 및 사용

Limits apply

⚇ Team
1인당 월 USD $25*

Team으로 업그레이드

Plus의 모든 기능, 그리고

- ✓ GPT-4, GPT-4o, 그리고 DALL-E 이미지 생성, 고급 데이터 분석, 웹 검색 등과 같은 도구의 사용 한도 증가
- ✓ 워크스페이스에서 GPT를 생성하고 공유하세요
- ✓ 워크스페이스 관리를 위한 관리자 콘솔
- ✓ Team의 데이터는 기본 설정상 훈련에서 제외됩니다. 자세히 알아보기

* 가격은 매년 청구되며 최소 사용자는 2명입니다.

SECTION 2 챗GPT로 브랜딩하기

챗GPT를 이용하여 특별한 의미를 담은 브랜딩을 합니다.

01 새 채팅을 클릭하고 브랜드명을 지어달라고 명령합니다.

> 디저트 카페 이름 지어줘

> 디저트 카페 이름을 짓기 위해 다음과 같은 몇 가지 제안을 드릴게요:
>
> 1. 스위트 모먼츠 (Sweet Moments)
> 2. 달콤한 시간 (Sweet Time)
> 3. 디저트 드림 (Dessert Dream)
> 4. 하늘 아래 디저트 (Desserts Under Heaven)
> 5. 슈가 앤 스파이스 (Sugar & Spice)
> 6. 스위트 하모니 (Sweet Harmony)
> 7. 달콤한 하루 (Sweet Day)
> 8. 디저트 유토피아 (Dessert Utopia)
> 9. 스윗 에스프레소 (Sweet Espresso)
> 10. 행복한 한입 (Happy Bite)

02 추가 명령을 통해 답변을 보완하고 하나의 브랜드명을 선택합니다. 브랜드명에 담긴 의미를 질문하고 답변을 받습니다.

> 브랜딩을 하기 위해 10번에 담긴 의미를 감성적으로 설명해줘

> "행복한 한입 (Happy Bite)"이라는 이름은 단순한 디저트를 넘어선 특별한 경험을 의미합니다. 이 이름은 각 디저트 한 조각마다 느껴지는 작은 행복과 기쁨을 담고 있습니다.
>
> **감성적 설명:**
>
> "행복한 한입"은 단순한 디저트 카페가 아니라, 일상 속 작은 행복을 발견할 수 있는 공간입니다. 이 곳에서의 디저트 한 조각은 마치 짧은 순간의 마법처럼 당신의 입안을 달콤함과 기쁨으로 가득 채워줍니다. 고된 하루의 피로를 풀어주는 달콤한 한 입, 친구와의 웃음을 더해주는 즐거운 한 입, 사랑하는 사람과의 따뜻한 추억을 만들어가는 소중한 한 입.
>
> 우리 카페에서 제공하는 디저트는 단순한 음식이 아니라, 마음의 위로와 행복을 전해주는 작은 선물입니다. "행복한 한입"에서 매일매일의 특별한 순간을 만들어보세요. 당신의 일상에 스며드는 달콤한 행복을 만나보실 수 있습니다.
>
> 이름에 담긴 의미처럼, 한 입 한 입이 당신에게 행복을 선사하기를 바랍니다. "행복한 한입"에서의 경험은 당신의 미소와 따뜻한 기억으로 남을 것입니다.
>
> 🗐 ⟳ 🖓 ✧ ⌄

미드저니로 로고 만들기

미드저니를 이용하여 로고를 제작합니다.

01 미드저니 AI 홈페이지 **midjourney.com**에 접속하여 〈Sign In〉을 클릭한 후, 〈승인〉을 클릭합니다.

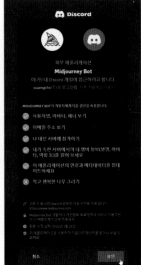

02 [Community]−[Discord로 계속하기]를 클릭합니다.

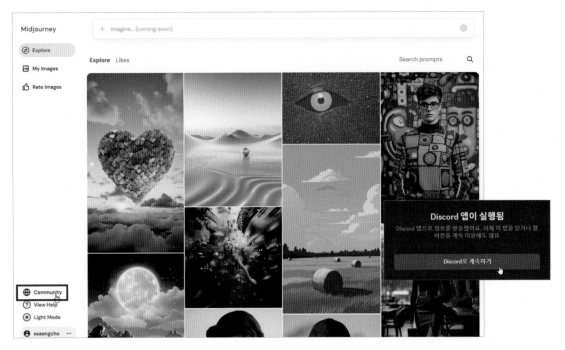

03 [newbies-숫자]가 적혀 있는 룸 중 하나를 클릭한 후, 하단 메시지 입력창에 '/ima'를 입력하면 자동 입력되는 [/imagine-prompt]를 클릭합니다. [prompt] 칸에 '생성하고 싶은 이미지, logo, minimalistic, simple'을 입력하고 Enter 를 누릅니다.

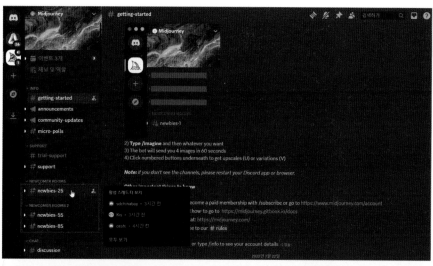

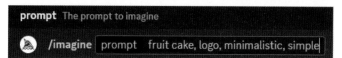

04 우측 상단 ❶ [받은 편지함] 아이콘을 클릭하여 내 이미지 생성 현황만 실시간으로 확인할 수 있고, 이미지가 생성되면 ❷ [이동하기]를 클릭하여 생성된 내 이미지로 바로 이동합니다.

05  〈새로고침〉 버튼을 클릭하면 동일한 명령어로 새로운 이미지를 생성합니다. 하나의 이미지를 최종 선택하여 베리에이션(비슷하게 생성) 및 업스케일(선택한 이미지 확대)을 할 수 있습니다.

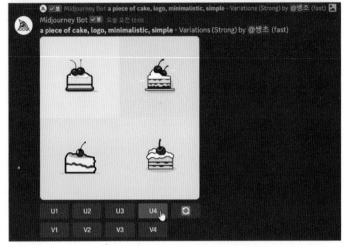

> 동일한 **프롬프트**로 이미지를 여러 번 재생성하여도 원하는 이미지가 생성되지 않는다면 **프롬프트**를 수정하여 재생성해 보세요.

06 이미지의 형태를 최대한 유지한 채 업스케일링하는 〈Uscale (Subtle)〉을 클릭하면 1024px에서 2048px로 업스케일링 됩니다. 업스케일 이미지를 우클릭해 **[이미지 저장]**을 클릭하면 이미지가 저장됩니다.

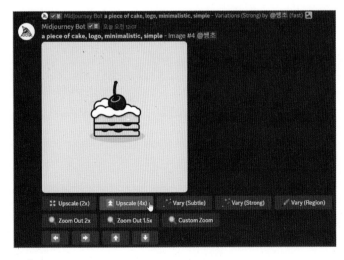

 실제 사용 가능한
로고 완성하기

AFTER

미드저니를 이용해 생성한 로고에 브랜드명을 추가하여 홈페이지, 스티커, 현수막과 같은 디자인으로 실제 사용이 가능하도록 완성합니다. 화면용 로고와 인쇄용 로고를 별도 저장하여 용도에 맞게 사용할 수 있습니다.

BEFORE

이런 걸 배워요!

✅ 로고 파일의 배경을 지워 투명하게 만듭니다.

✅ 무료 폰트로 브랜드명을 입력해 로고를 디자인합니다.

✅ 화면용 로고와 인쇄용 로고를 별도로 저장하여 사용합니다.

📁 실습 파일 미드저니 로고 원본.png
Ps 완성 파일 로고-화면용.psd / 로고-인쇄용.psd

01 Ctrl + O 를 눌러 미드저니에서 만든 로고 파일을 열거나 파일이 있는 폴더를 열어 파일을 포토샵 창 가장 상단으로 드래그하여 가져옵니다. 원본 보존을 위해 Ctrl + J 를 눌러 레이어를 복사합니다.

02 p.63을 참고하여 도구바의 [빠른 선택 도구]로 지울 배경 영역을 모두 선택합니다.

03 선택 영역을 반전하여 레이어 마스크를 만드는 단축키인 ❶ Alt 를 누른 채 [레이어 마스크]를 클릭합니다. [배경] 레이어의 ❷ 눈 아이콘을 클릭하여 가시성을 해제하면 배경이 지워진 것을 확인할 수 있습니다.

04 로고가 잘 보이도록 임시로 흰 배경을 만들어 주기 위하여 **[조정 레이어]-[단색]**을 클릭하고 흰 색으로 지정합니다.

05 단색 조정 레이어의 위치를 배경 제거 레이어보다 아래로 드래그하여 배경을 흰색으로 만듭니다.

06 V를 눌러 [이동 도구]를 실행하고 브랜드명을 입력할 영역을 만들어 주기 위해 로고를 적당한 위치로 이동합니다.

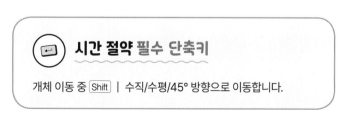

🔘 **시간 절약 필수 단축키**

개체 이동 중 Shift | 수직/수평/45° 방향으로 이동합니다.

07 T를 눌러 ▨[문자 도구]를 실행하고 로고와 어울리는 폰트로 브랜드명을 입력합니다.

> ⚠️ **주의** 로고 제작 시 사용하는 폰트는 산돌 구름다리, 어도비 폰트, 눈누 등의 무료 폰트 사이트를 통해 BI/CI와 같은 로고 제작 저작권이 무료인지 정확히 확인 후 사용하여야 합니다.

08 전체 브랜드명 및 카피 문구를 모두 입력한 후, 임시로 만들어 놓았던 단색 조정 레이어의 ◉눈 아이콘을 클릭하여 가시성을 해제하고 로고 외 모든 배경을 투명하게 처리합니다.

> 🖱️ **실전 꿀팁**
>
> 문자 입력 후 [상단 옵션바]-[문자 뒤틀기]에서 문자를 다양한 스타일로 왜곡할 수 있습니다.

09 로고를 제외한 모든 투명 배경 영역을 잘라내기 위해 **[이미지]**-**[재단]** 메뉴에서 **[기준]**-**[투명 픽셀]**, **[재단]**-**[위쪽, 왼쪽, 아래, 오른쪽]**을 모두 체크한 뒤 〈확인〉 버튼을 클릭합니다.

10 Ctrl + S 를 눌러 수정 가능한 원본 파일인 PSD 파일을 저장합니다

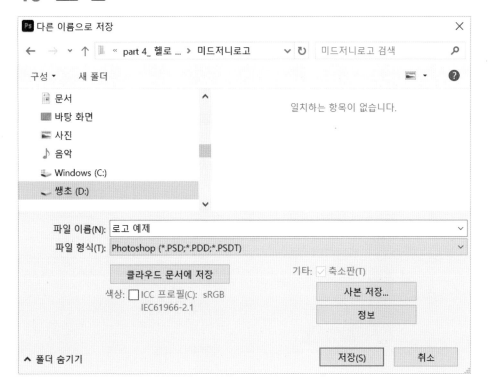

11 포토샵에서 열지 않고도 이 미지를 확인할 수 있는 파일을 저 장하기 위해 Ctrl + Alt + S를 눌러 투명 영역을 반영하는 PNG 파일로 사본 저장합니다.

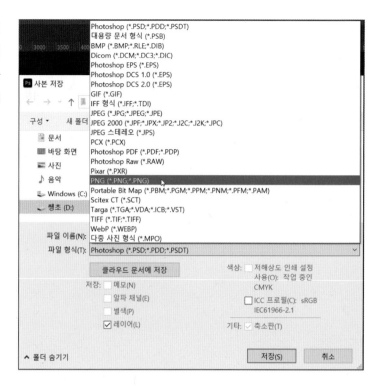

12 인쇄용 로고 파일을 저장하기 위해 [이미지]-[모드]-[CMYK 색상] 메뉴를 클릭하여 색상 모드를 전환합니다. 모든 레이어를 병합할지 묻는 메시지 창에서는 〈병합하지 않음〉을 클릭합니다.

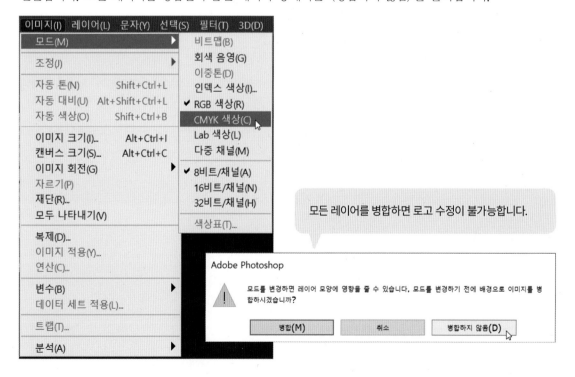

모든 레이어를 병합하면 로고 수정이 불가능합니다.

13 CMYK로 변환한다는 메시지 창에서 〈확인〉 버튼을 클릭합니다. Ctrl + Shift + S 를 눌러 파일명에 **[인쇄용]** 문구를 추가한 PSD 파일을 다른 이름으로 저장합니다. 각 파일은 용도에 맞게 사용할 수 있습니다.

실전 꿀팁

무료 아이콘 소스를 다운로드하여 로고를 제작할 수 있습니다.
더 많은 무료 아이콘과 이미지 소스 다운로드는 p.482 [실무 효율 비법]을 참고하세요.

[프리픽] kr.freepik.com / freepik.com
벡터, 사진, 아이콘, 동영상, PSD 소스를 다운로드합니다.
* 프리미엄 구독 시 상업적 사용이 가능합니다.

[구글 아이콘] fonts.google.com/icons
커스터마이징 아이콘을 다운로드합니다.

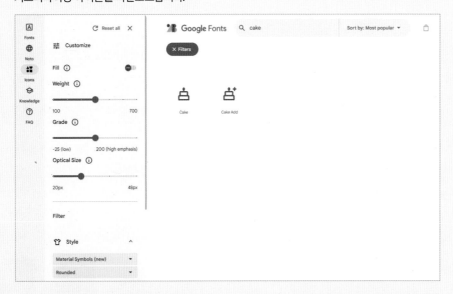

[아이콘 아이콘스] icon-icons.com
아이콘을 커스터마이징하여 다운로드합니다.

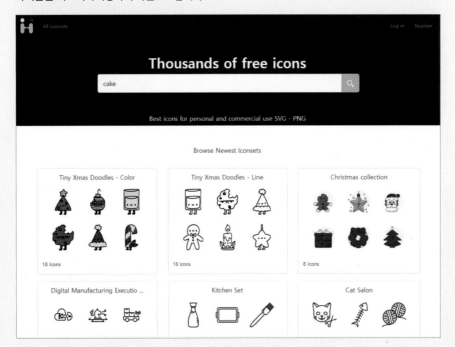

구글 아이콘과 아이콘 아이콘스는 로고 및 상업용 제품에 자유롭게 사용할 수 있다고 공지되어 있으나, 사용 전 한 번 더 정확히 확인해 보는 것이 좋습니다.

PART

04

배경 분리 및 제거

포토샵에서 가장 중요한 핵심 기능 중 하나로,
'배경 분리 및 제거'에 대해 배워보겠습니다.
이 기능은 많은 분들이 어렵게 느끼시는 부분이지만, 잘 활용하면
이미지의 개체와 배경을 분리하여 다른 배경으로 교체하거나
다른 개체와 합성하는 등 다양한 편집을 할 수 있습니다.
활용도가 매우 높은 필수 기능이며 단순한 개체부터 복잡한 개체,
인물이나 동물의 배경 제거까지 각각 다른 방법을 사용하여
더욱 간편하고 정교하게 작업을 완성할 수 있습니다.

위 내용은 AI를 활용하여 작성하였습니다.

LESSON
01

단순한 배경 제거

단순한 형태로 이루어진 개체의 배경을 제거합니다.

STEP 1

개체를 자동 인식하는 개체 선택 도구

AI 선택 도구인 개체 선택 도구를 통해 개체를 섬세하게 선택하고 배경을 제거합니다.

01 Ctrl + O 를 눌러 **가방.jpg** 파일을 열거나 파일이 있는 폴더를 열어 파일을 포토샵 창 가장 상단으로 드래그하여 가져옵니다. 원본 보존을 위해 Ctrl + J 를 눌러 레이어를 복사합니다.

02 도구바의 [**개체 선택 도구**]를 클릭하면 상단 옵션바의 [**개체 찾기 도구**] 오른쪽 화살표가 회전합니다. 회전이 멈췄을 때, 선택할 개체를 클릭하거나 개체가 포함되도록 드래그하여 개체를 선택합니다.

03 개체의 일부가 덜 선택되었을 때는 Shift (선택 영역 더하기)를 누른 채 추가 선택할 영역을 클릭하거나 드래그합니다.

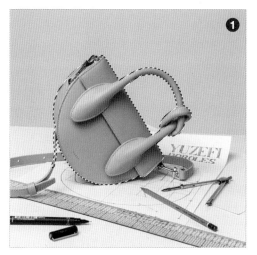

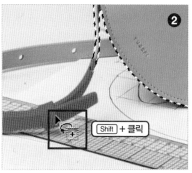

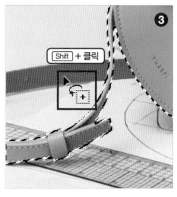

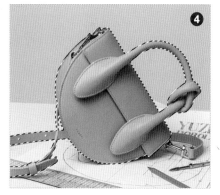

04 선택하려는 영역과 다르게 선택이 되거나 선택이 다소 어려운 영역이 있다면 해당 영역은 **[선택 및 마스크]** 기능을 통해 쉽게 선택할 수 있습니다.

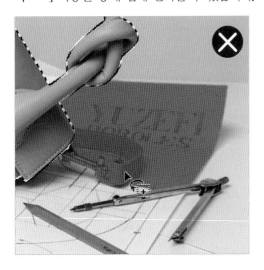

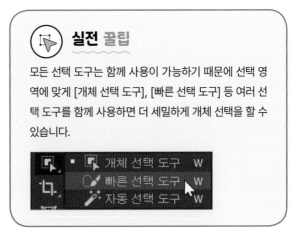

실전 꿀팁

모든 선택 도구는 함께 사용이 가능하기 때문에 선택 영역에 맞게 [개체 선택 도구], [빠른 선택 도구] 등 여러 선택 도구를 함께 사용하면 더 세밀하게 개체 선택을 할 수 있습니다.

STEP 2

선택 영역을 손쉽게 수정하는 레이어 마스크

개체 선택 후 레이어 마스크 수정으로 언제든 선택 영역을 세밀하게 수정할 수 있습니다.

05 가능한 만큼 개체를 선택 후, 상단 옵션바의 ❶ [선택 및 마스크]를 클릭합니다. [보기 모드]의 ❷ [보기]를 ❸ [오버레이]로 선택하고 Enter 를 누릅니다.

실전 꿀팁

[보기 모드]를 [오버레이]로 선택하면 개체를 배경과 분리하였을 때의 모습을 미리 확인할 수 있어 편리합니다.

06 ❶ [색상]을 개체와 확실히 구별되게 지정합니다. ❷ [불투명도]를 100%로 지정하면 배경 제거를 완료하였을 때의 모습을 미리 확인할 수 있습니다.

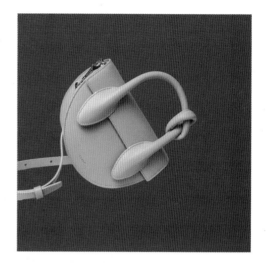

07 [불투명도]를 낮추면 선택한 개체를 배경과 분리하였을 때의 모습과 원본 이미지를 함께 확인할 수 있습니다.

[선택 및 마스크]에서 설정값을 바꾸면 수치 입력 칸이 선택되어 있어, 알림음이 지속적으로 울릴 수 있습니다. 수치 입력 칸에 블록 처리가 되어있을 때는 Enter 를 눌러 설정을 완료하면 더 이상 알림음이 울리지 않습니다.

08 선택 영역을 빠르게 수정하기 위해 도구바의 [**빠른 선택 도구**]를 클릭하고 선택 영역을 더할 때는 클릭&드래그, 선택 영역을 뺄 때는 Alt 를 누른 채 클릭&드래그합니다. 대괄호([,])를 통해 영역에 맞는 브러시 크기로 조정해 가며 선택 영역을 수정합니다.

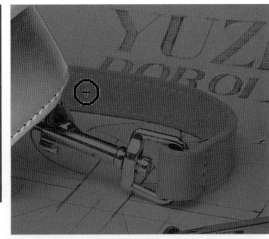

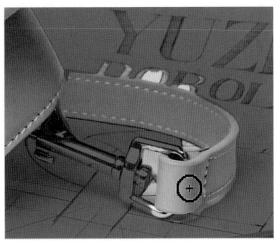
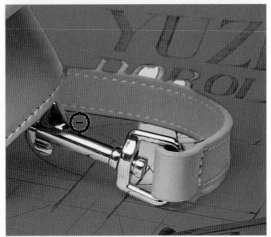

[빠른 선택 도구]로 잘 선택이 되지 않는 영역은 **09**번의 [브러시 도구]를 사용하여 수정합니다.

09 도구바의 [**브러시 도구**]를 클릭하고 선택 영역을 더할 때는 Shift 를 누른 채 클릭&드래그, 선택 영역을 뺄 때는 Alt 를 누른 채 클릭&드래그합니다. 대괄호([,])를 눌러 영역에 맞는 브러시 크기로 조정해 가며 선택 영역을 수정합니다.

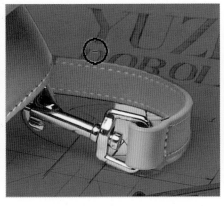
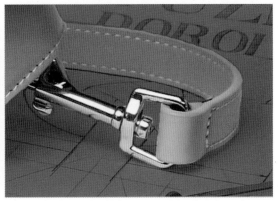

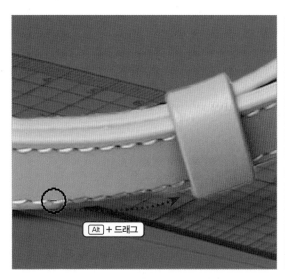

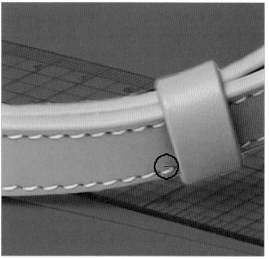

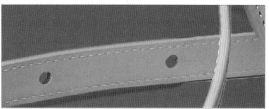

[브러시 도구]를 실행하고 상단 옵션바의 [브러시 설정]에서 [경도]를 [80~90%] 정도로 조정 후 Enter 를 눌러 사용하면 적당한 선명도로 개체를 선택할 수 있습니다. 선택하려는 영역에 따라 다르게 조정하면 더 섬세하게 선택이 가능합니다.

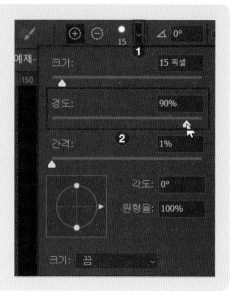

10 전체적으로 개체 주변에 배경이 윤곽선으로 보일 때는 [**전역 다듬기**]−[**가장자리 이동**]을 조정합니다.

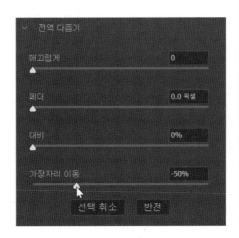

11 전체적으로 개체가 매끄럽지 않게 선택되었을 때는 [**전역 다듬기**]−[**매끄럽게**], 개체와 배경을 더 선명하게 분리할 때는 [**대비**], 개체와 배경의 경계선을 부드럽게 분리할 때는 [**페더**]를 조정합니다.

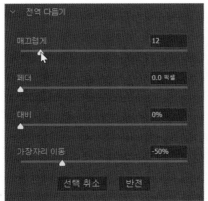

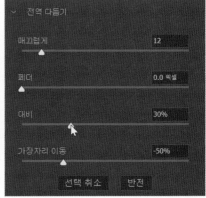

12 [보기 모드]−[불투명도−100%]로 조정하여 개체와 배경을 분리했을 때 모습을 확인합니다.

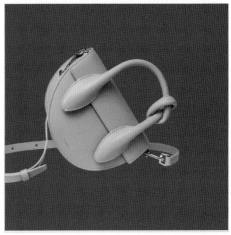

13 [출력 위치]를 [레이어 마스크]로 선택하고 〈확인〉을 클릭하여 선택 영역 수정을 완료합니다.

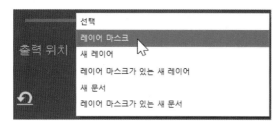 

14 복사된 레이어의 선택 영역에 ❶ 레이어 마스크 처리가 되었습니다. 배경 레이어의 ❷ 눈 아이콘을 클릭하여 가시성을 해제하면 배경이 제거된 것을 확인할 수 있습니다.

 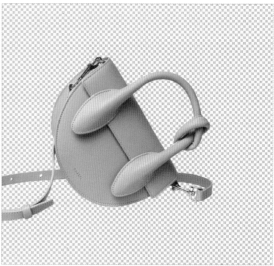

 실전 꿀팁

[레이어 마스크]를 더블 클릭하면 [선택 및 마스크]가 재실행되어 언제든 선택 영역을 수정할 수 있습니다.

실전 꿀팁

[Creative Cloud Desktop]-[앱]-[Adobe Express]-[창작 시작하기]나 [빠른 작업]에서도 어도비 익스프레스의 생성형 AI, 배경 제거, 파일 변환, 이미지 편집, 템플릿 디자인과 같은 간편한 기능을 다양하게 사용할 수 있습니다.

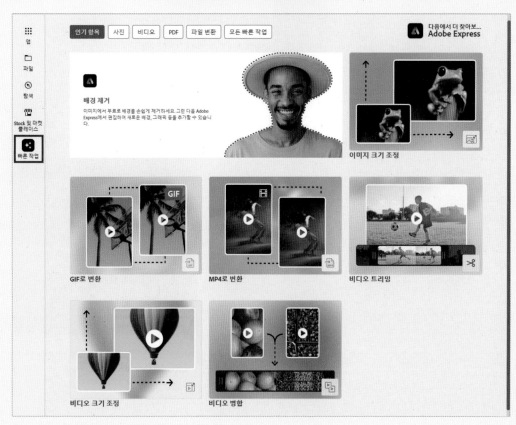

LESSON 02
채널 조정을 통한 복잡한 배경 제거

복잡한 형태로 이루어진 개체의 배경을 간편하게 제거합니다.

색상 채널의 역할

RGB 색상 모드의 화면용 이미지는 빨강·녹색·파랑 채널, CMYK 색상 모드의 인쇄용 이미지는 녹청·마젠타·노랑·검정 채널을 혼합하여 하나의 이미지를 구성합니다.

01 Ctrl + O를 눌러 **RGB.jpg** 파일을 열거나 파일이 있는 폴더를 열어 파일을 포토샵 창 가장 상단으로 드래그하여 가져옵니다. 채널 창을 클릭합니다.

채널 창이 보이지 않는다면 [창]-[채널] 메뉴를 클릭합니다.

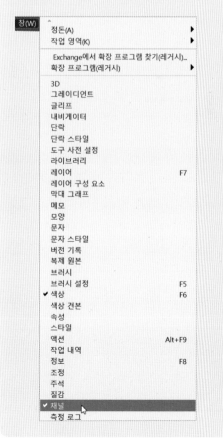

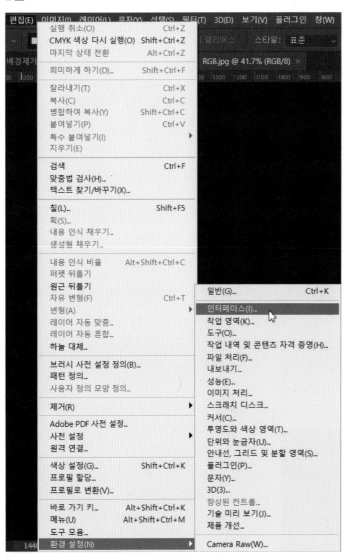

02 각 채널의 색상을 한눈에 보기 쉽게 설정을 바꾸기 위하여 **[편집]-[환경 설정]-[인터페이스]** 메뉴를 클릭합니다.

시간 절약 필수 단축키

• Ctrl + K | 환경 설정

03 하단의 **[옵션]-[색상 채널 표시]**에 체크하고 <확인>을 클릭합니다.

04 빨강, 녹색, 파랑 채널을 하나씩 클릭하면 이미지가 각 채널에 포함되는 색상으로만 나타납니다.

05 RGB 채널을 클릭하면 모든 색상이 포함된 원본 이미지로 나타납니다.

06 CMYK 채널을 알아보기 위하여 [이미지]-[모드]-[CMYK 색상] 메뉴를 클릭하고, 색상 변환 안내 메시지의 <확인>을 클릭합니다.

07 각 채널을 클릭하여 이미지의 색상 변화를 확인합니다.

▲ 녹청(Cyan)

▲ 마젠타(Magenta)

▲ 노랑(Yellow)

▲ 검정(Key Plate/Black)

채널 조정을 통한 복잡한 배경 제거

01 Ctrl + O 를 눌러 **채널 배경제거.jpg** 파일을 열거나 파일이 있는 폴더를 열어 파일을 포토샵 창 가장 상단으로 드래그하여 가져옵니다. 원본 보존을 위해 Ctrl + J 를 눌러 레이어를 복사합니다.

02 채널 색상을 흑백으로 나타내기 위하여 **[편집]-[환경 설정]-[인터페이스]** 메뉴에서 하단 **[옵션]-[색상 채널 표시]**의 체크를 해제하고 〈확인〉을 클릭합니다.

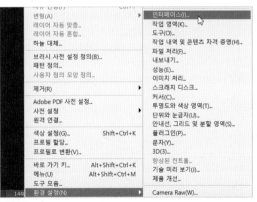

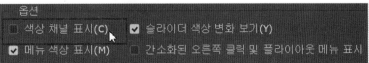

03 [채널] 탭을 클릭하고 빨강·녹색·파랑 채널을 각각 클릭해 보며 밝은 영역과 어두운 영역의 대비가 가장 강하고 명암이 단순한 채널을 찾습니다.

04 개체와 배경 간 흑백 대비가 강한 채널을 클릭하고 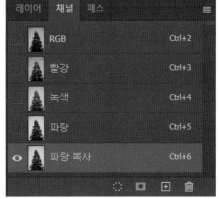[채널 추가] 아이콘에 드래그하여 채널을
복사합니다.

05 [이미지]-[조정]-[레벨] 메뉴를 클릭하고 양쪽의 조정 슬라이드를 안쪽으로 조정하여 대비를 더욱 강하게 합니다. 흰색이 제거될 영역, 검은색이 남겨질 영역인 점을 감안하며 조정하고 〈확인〉을 클릭합니다.

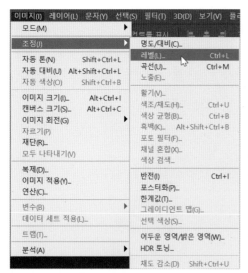
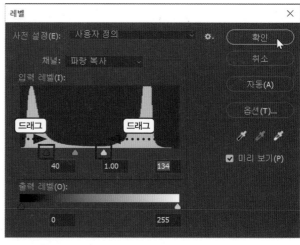

06 채널의 흰색 영역을 선택하는 ▦ 아이콘을 클릭합니다.

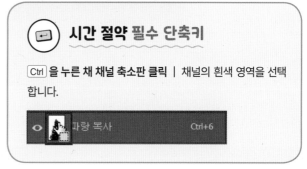

07 흰색 영역이 선택된 상태에서 **[RGB 채널]**을 클릭합니다. 복사한 채널의 가시성은 해제됩니다.

08 배경이 아닌 개체를 선택하기 위해 **[상황별 작업 표시줄]**의 **[반전 선택]**을 클릭하거나 **[선택]**–**[반전]** 메뉴를 클릭하여 선택 영역을 반전합니다.

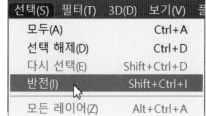

 시간 절약 필수 단축키

Ctrl + Shift + I | 선택 영역을 반전합니다.

09 [상황별 작업 표시줄]의 ❶ [마스크 만들기] 또는 [레이어] 창 하단의 ❷ [레이어 마스크]를 클릭하고, [배경] 레이어의 ❸ 가시성을 해제합니다.

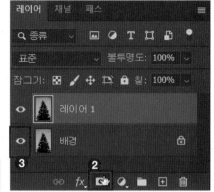

10 레이어 마스크가 생성되며 배경이 제거됩니다.

 시간 절약 필수 단축키

[Alt]를 누른 채 레이어 마스크 클릭 | 선택 영역을 반전하여 레이어 마스크를 생성합니다.

11 불필요한 여백을 잘라내기 위해 **[이미지]**–**[재단]** 메뉴에서 **[투명 픽셀]**과 **[재단]**–**[위쪽, 왼쪽, 아래, 오른쪽]**에 모두 체크한 뒤 〈확인〉을 클릭합니다.

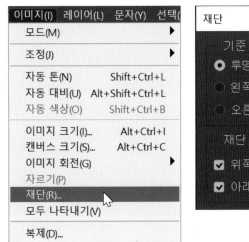
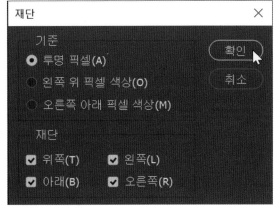

12 Ctrl + S 를 눌러 수정 가능한 원본 파일인 PSD 파일을 저장합니다.

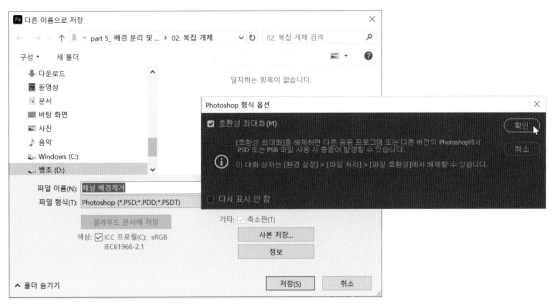

13 포토샵으로 열지 않아도 확인할 수 있는 이미지 파일을 저장하기 위해 **[파일]-[사본 저장]** 메뉴를 클릭하거나 Ctrl + Alt + S 를 눌러 투명 영역을 반영하는 파일인 PNG 파일로 사본 저장합니다.

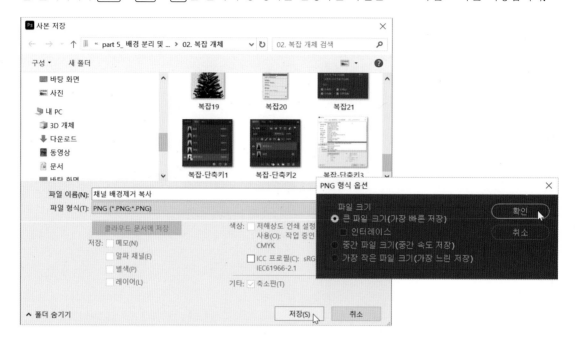

완벽 실습

생성형 AI로 쉽게 만드는
웹 포스터

AFTER

생성형 AI를 이용해 배경 및 디자인 요소를 자유롭게 생성하고 약간의 편집을 더해 간편하게 디자인합니다. 무료 디자인 소스와 무료 폰트를 조화롭게 레이아웃하여 전광판, 키오스크, SNS 등 다양한 디지털 매체에 활용할 수 있는 웹 포스터 디자인을 완성합니다.

BEFORE

이런 걸 배워요!

✔ 개체를 선택하고 배경을 분리하거나 제거합니다.

✔ 새로운 배경과 개체를 생성합니다.

✔ 무료 디자인 소스와 무료 폰트를 편집 및 레이아웃하여 완성합니다.

📁 실습 파일 파인애플 주스.jpg, 야자수잎.jpg
Ps 완성 파일 웹포스터.psd / 웹포스터-인쇄용.psd

피사체 선택 및 배경 제거

STEP 1

피사체 선택 기능으로 개체를 자동 선택하고 레이어 마스크를 편집하여
배경을 제거합니다.

01 Ctrl + O 를 를 눌러 배경을 분리할 **파인애플 주스.jpg** 파일을 열거나 파일이 있는 폴더를 열어
파일을 포토샵 창 가장 상단으로 드래그하여 가져옵니다. 원본 보존을 위해 Ctrl + J 로 레이어를 복사
합니다.

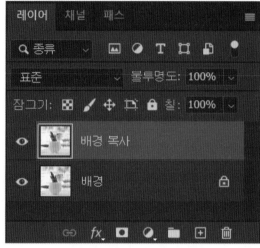

02 [상황별 작업 표시줄]이나 [속성] 창의 [피사체 선택]
을 클릭합니다.

03 [상황별 작업 표시줄]이나 [레이어] 창의 [레이어 마스크]를 클릭합니다.

04 레이어 오른쪽에 추가된 레이어 마스크 축소판을 더블 클릭하여 세밀한 레이어 마스크 편집을 위한 레이어 마스크 속성 창을 실행합니다. 상단의 [보기]를 [오버레이]로 선택 후 Enter 를 누릅니다.

05 배경과 개체가 분리되어 보이게 함과 동시에 원본 배경도 비치도록 불투명도와 색상을 조정합니다.

06 개체와 배경 영역을 세밀하게 조정하기 위해 도구바의 ❶ [브러시 도구]를 클릭합니다. 브러시의 가장자리가 거칠지 않도록 상단 옵션바의 ❷ 브러시 설정 창에서 ❸ 경도를 90% 정도로 조정하고 Enter 를 누릅니다.

07 개체 영역을 더할 때(배경을 개체로)는 아무 키도 누르지 않은 채 칠하고, 개체 영역을 뺄 때는(개체를 배경으로) Alt 를 누른 채 칠해 편집합니다.

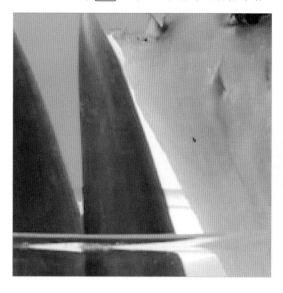 

08 개체와 배경을 구분 짓는 가장자리 경계선이 불확실하거나 말끔하지 못한 경우, [출력 설정]-[색상 정화]를 체크하거나 [전역 다듬기]의 항목들을 조정하면 경계선을 손쉽게 정돈할 수 있습니다.

09 색상 정화 미선택 시에는 [출력 위치]에서 [레이어 마스크]를, 색상 정화 선택 시에는 [레이어 마스크가 있는 새 레이어]로 선택하여 〈확인〉을 클릭합니다.

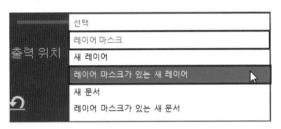

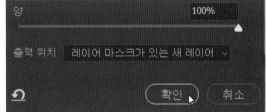

10 하위 레이어들의 가시성을 모두 해제하면 배경이 제거됩니다. Ctrl + S 를 눌러 PSD 파일을 저장합니다.

언제든 레이어 마스크를 더블 클릭하여 추가 수정이 가능합니다.

⚠ **주의**   파일 저장에 대한 별도 설명이 없어도 Ctrl + S 를 눌러 수시로 중간 저장을 해야 파일 손실을 방지
할 수 있습니다.

주목성 있는 제목 디자인

주목성 있는 제목을 디자인하고 다른 파일의 개체를 가져옵니다.

11   Ctrl + N 을 눌러 웹 포스터 디자인을 하기 위한 새 파일
을 1200×1600px, 72ppi, RGB 색상으로 만듭니다.

12 도구바의 [수평 문자 입력 도구] T 를 클릭하고 상단 옵션바의 [앤티 앨리어싱]-[선명하게], [가운데 정렬], [검은색]으로 각각 설정합니다.

13 캔버스의 상단 중앙 부분을 클릭하여 파인애플 주스가 더 먹음직스럽게 보일 수 있는 카피 문구를 입력합니다. 입력한 문자를 모두 드래그하여 선택 후, 폰트 선택 및 크기 조정을 하고 Ctrl + Enter 또는 숫자키의 Enter 를 눌러 편집 내용을 적용합니다.

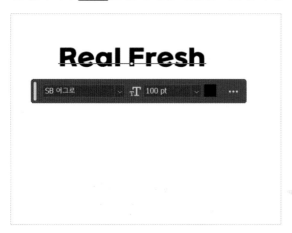

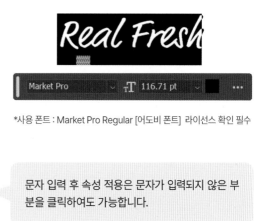

*사용 폰트 : Market Pro Regular [어도비 폰트] 라이선스 확인 필수

> 문자 입력 후 속성 적용은 문자가 입력되지 않은 부분을 클릭하여도 가능합니다.

14 같은 방법으로 [파인애플 주스&에이드]를 입력하고 [문자] 창에서 폰트 선택 및 크기와 행간 등을 조정합니다. 눈에 가장 띄어야 하는 제목인 만큼 글자를 더 크게 조정하기 위해 '&'는 상대적으로 작은 크기로 조정합니다. [문자] 창에서 [포 기울임]을 클릭하면 단조롭지 않고 역동적으로 표현됩니다. 파일 손실 방지를 위해 Ctrl + S 를 눌러 PSD 파일을 중간 저장합니다.

*사용 폰트 : 여기어때 잘난체 [산돌 구름다리 / 눈누] 라이선스 확인 필수

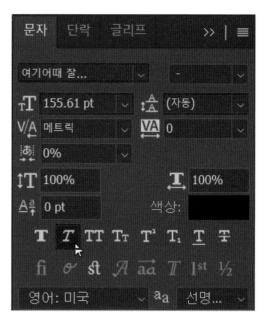

⏎ 시간 절약 필수 단축키

T | 문자 입력 도구를 실행합니다.
문자 입력 중 Ctrl + T | 문자 편집 창을 실행합니다.

15 파인애플 주스의 배경을 제거한 PSD 파일을 Ctrl+O를 눌러 가져옵니다. 캔버스 상단의 파일 정보 탭을 하단으로 드래그하여 캔버스 창을 별도로 분리합니다.

16 작업 중인 웹 포스터 파일도 같은 방법으로 파일 정보 탭을 하단으로 드래그하여 캔버스 창을 분리하고, 배경 제거 파일과 웹 포스터 파일이 모두 잘 보이도록 파일 창을 좌/우로 배치합니다.

17 도구바의 [이동 도구]로 파인애플 주스 개체를 클릭하여 웹 포스터 캔버스에 드래그합니다. 가져온 주스 개체를 가운데에 배치한 후, 배경 제거 PSD 파일은 〈X〉 버튼을 클릭하여 닫습니다.

18 웹 포스터 파일 정보 탭을 클릭하고 기존에 있던 파일 정보 탭 위치로 상단에 드래그하여 파란색 세로선이 표시될 때 클릭을 떼면 캔버스가 다시 최대화됩니다.

생성형 AI로 배경 꾸미기
생성형 AI 기능을 이용해 새로운 배경과 개체를 자연스럽게 생성합니다.

19 [레이어] 창의 [배경] 레이어를 클릭하고, 배경을 생성할 캔버스의 모든 영역을 선택하기 위해 Ctrl + A를 누릅니다. [상황별 작업 표시줄]의 [생성형 채우기]를 클릭합니다.

[상황별 작업 표시줄]은 [창]-[상황별 작업 표시줄] 메뉴를 체크하여 활성화할 수 있습니다.

20 명령어 입력 칸에 배경 이미지의 여러 특징들을 쉼표(,)로 구분하여 나열하고 [생성]을 클릭하면 3개의 시안이 생성됩니다. 하나의 시안을 선택하거나 다시 한번 [생성]할 수 있습니다.

 실전 꿀팁

명령어를 입력하지 않고 [생성]하면 이미지가 무작위로 생성됩니다.

21 계속해서 적합한 이미지가 생성되지 않는다면 명령어를 수정하여 다시 [생성]합니다. [속성] 창에서 생성된 모든 시안의 섬네일을 확인하며 선택할 수 있습니다.

[속성] 창은 [창]- [속성] 메뉴를 체크하여 활성화할 수 있습니다.

 실전 꿀팁

필요시 p.251을 참고하여 **야자수잎.jpg** 파일의 배경을 제거한 후 배경으로 활용합니다.

22 [레이어] 창에서 음료 레이어를 클릭하고 [사각형 선택 윤곽 도구]를 클릭합니다.

23 하단에 음료가 놓여진 테이블이 생성될 영역을 포함하여 캔버스의 좌·우·하단 여백을 남김없이 선택하기 위해 캔버스 좌측 여백에서부터 대각선 방향의 캔버스 우측 하단 여백까지 드래그합니다.

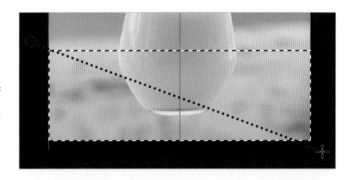

24 [상황별 작업 표시줄]의 [생성형 채우기]를 클릭하고 명령어 입력 칸에 '테이블, 흰 테이블, 나무 테이블' 등을 입력 후 [생성]합니다. **19~21**번의 과정을 동일하게 진행하여 적합한 테이블을 생성합니다.

테이블이 생성되며 음료 잔의 하단 부분도 변형됩니다. 테이블과 음료 잔이 조화로운 시안으로 선택합니다.

25  도구바의 [올가미 도구]로 파인애플을 생성할 영역을 선택합니다.

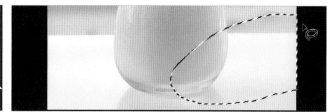

26 [상황별 작업 표시줄]-[생성형 채우기]를 클릭하여 [파인애플]을 생성합니다.

 실전 꿀팁

'파인애플 조각', '파인애플 단면', '맛있는 파인애플' 등 계속해서 명령어를 수정하여 재생성하여도 적합한 이미지가 생성되지 않는다면 선택 영역을 다시 지정하여 생성해 보세요.

생성형 채우기 레이어를 래스터화하지 않는다면 언제든 생성된 이미지의 시안을 [속성] 창에서 변경할 수 있습니다.

세부 내용 입력 및 완성도 높이기

문자를 입력/편집하고 무료 디자인 소스를 추가하여 완성도를 높입니다.

27 도구바의 **❶** [수평 문자 도구]로 '파인애플 주스' 문자를 드래그하여 선택 후, [상황별 작업 표시줄]에서 **❷** [색상] 을 클릭합니다.

28 주요 색상이 될 파인애플 색상과 유사하고 문자가 잘 보이는 색상으로 지정합니다.

29 **❶** '에이드' 문자도 드래그하여 선택하고 [상황별 작업 표시줄]에서 **❷** [색상]을 클릭합니다. **❸** ' 파인애플 주스'의 한 영역을 클릭하여 [스포이드 도구]로 동일한 색상을 추출합니다.

30 동일한 방법으로 '&' 문자를 흰색
으로 지정합니다.

31 ❶ [레이어] 창에서 카피 문구를 작성한 레이어를 클릭하고 ❷ 문구를 드래그하여 선택합니다.
❸ 문자 색상을 흰색으로 지정합니다. 문자가 입력되지 않은 곳을 클릭하여 문자 속성 편집을 적용합니다.

32 말풍선.ai 파일을 Ctrl+O를 누르거나 포토샵 창 가장 상단으로 드래그하여 가져옵니다. 이미지
크기를 1500픽셀로 입력 후 〈확인〉을 클릭합니다.

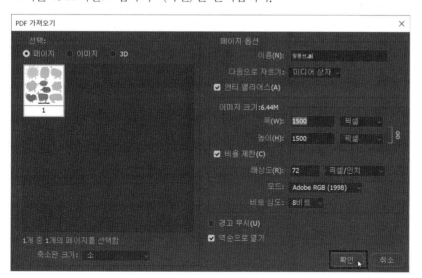

33 도구바의 [올가미 도구]를 이용하여 웹 포스터 파일로 가져갈 말풍선 주변을 드래그하고 [Ctrl]+[C]를 눌러 복사합니다.

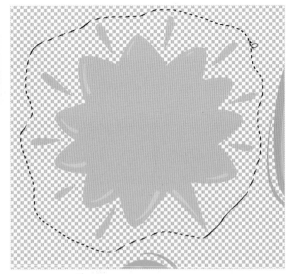

34 웹 포스터 파일에 [Ctrl]+[V]를 눌러 붙여넣기 하고 크기와 위치를 조정 후, [Enter]를 눌러 적용합니다. 같은 방법으로 말풍선 하나를 더 가져와 적절히 배치합니다.

35 배경 영역을 잠그고 개체 영역에만 효과를 적용하는 [투명 픽셀 잠그기]를 클릭합니다.

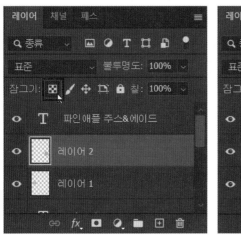 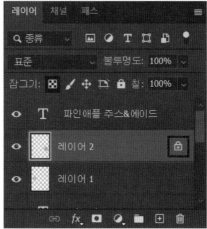

36 말풍선에 색상을 칠하기 위해 [편집]-[칠] 메뉴에서 [내용]-[색상]을 선택합니다. 문자의 노란색을 클릭하여 스포이드로 색상을 추출합니다. 색상 피커 창의 〈확인〉을 클릭 후, [칠] 창의 〈확인〉을 클릭합니다.

 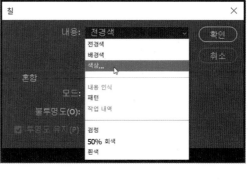

37 말풍선에 색상을 칠했습니다. 다른 말풍선도 **35~36**번과 동일한 방법으로 색상을 칠합니다.

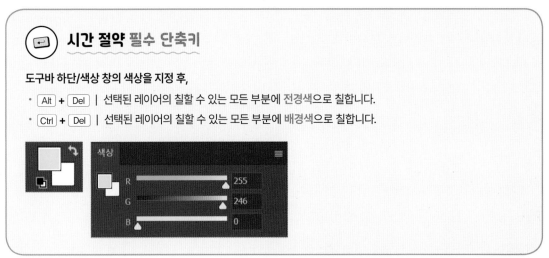

시간 절약 필수 단축키

도구바 하단/색상 창의 색상을 지정 후,

- Alt + Del | 선택된 레이어의 칠할 수 있는 모든 부분에 전경색으로 칠합니다.
- Ctrl + Del | 선택된 레이어의 칠할 수 있는 모든 부분에 배경색으로 칠합니다.

38 말풍선 위에 문자를 입력하기 위해 T를 눌러 **[수평 문자 도구]**를 실행하고 상단 옵션바의 문자 정렬을 **[가운데 정렬]**로, 색상은 말풍선 색상보다 진한 색상으로 사전 설정합니다.

39 말풍선 중 하나의 중앙 부분을 클릭하여 '파인애플 주스' 입력 후 폰트, 크기, 행간 등 문자 속성을 편집하고 위치를 조정합니다. Ctrl + Enter 또는 숫자키의 Enter 를 눌러 적용합니다.

*사용 폰트 : 태백체 [산돌 구름다리 / 눈누] 라이선스 확인 필수

40 말풍선 주변에 '파인애플 주스'를 꾸며주는 문구를 입력하고 흰색으로 지정합니다.

*사용 폰트 : Gamja Flower [어도비 폰트] 라이선스 확인 필수

 실전 꿀팁

폰트가 얇아서 잘 보이지 않을 때는 문자를 드래그하여 선택 후, [문자] 창의 [포 굵게]나 [앤티 앨리어싱]을 [강하게]로 선택하면 더 잘 보입니다.

41 ❶ 문자 레이어를 클릭하고 상단 옵션바에서 문자를 왜곡하는 ❷ [뒤틀어진 텍스트]를 클릭합니다.

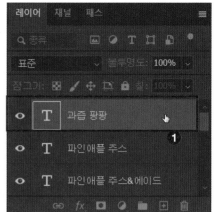

42 왜곡 [스타일]을 선택하고 [구부리기]를 조정합니다. 문자의 위치와 크기 등을 적절히 조정 후 문자가 입력되지 않은 곳을 클릭하여 문자 속성을 적용합니다.

 실전 꿀팁

문자가 왜곡되며 문자의 폭이 달라져 보일 때는 [문자] 창에서 조정합니다.

43 [이동 도구]를 실행하는 단축키 Ctrl (개체 선택)을 누른 채 '과즙 팡팡' 문구를 클릭하고 Shift (추가 선택)를 추가로 누른 채 '파인애플 주스' 문구를 클릭하여 두 문구를 모두 선택합니다.

 시간 절약 필수 단축키

■ [이동 도구]로 개체 클릭 후
· Shift **누른 채 다른 개체 클릭** | 개체 중복 선택

■ [이동 도구]로 개체 중복 선택 후
· Shift **누른 채 선택 제외할 개체 클릭** | 선택 제외

44 새로 입력하는 문자의 속성을 다시 조정하지 않고 빠르게 작업하기 위해 중복 선택된 문구들을 Ctrl (개체 선택)+ Alt (개체 복사)를 누른 채 다른 말풍선 위로 드래그하여 복제합니다.

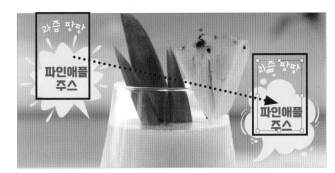

45 두 문구를 수정하고 Ctrl 을 누른 채 적절한 위치로 배치하거나 회전합니다.

46 과즙.psd 파일을 Ctrl + O를 누르거나 파일을 더블 클릭하여 가져옵니다. 웹 포스터 파일과
과즙.psd 파일의 캔버스 상단 파일 정보 탭을 각각 하단으로 드래그하여 캔버스 창을 별도로 분리합니
다. 두 파일 창이 모두 잘 보이도록 배치합니다.

47 V를 눌러 [이동 도구]로 과즙 소스 중 하나를 클릭하여 웹 포스터 캔버스로 드래그하여
가져옵니다. 적절한 위치와 크기로 배치합니다.

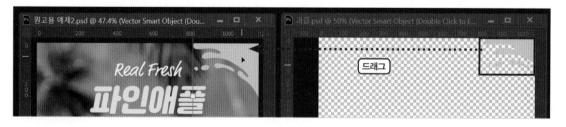

> **⏎ 시간 절약 필수 단축키**
>
> [이동 도구]로 동일한 픽셀 크기의 캔버스 간 개체 이동 중 Shift | 개체를 동일한 위치로 가져옵니다.

48 다른 과즙 소스도 같은 방법으로 가져와 적절한 위치와 크기로 배치합니다. **과즙.psd** 파일은 파일 정보 탭 오른쪽의 ⟨X⟩ 버튼을 눌러 닫습니다.

⚠️ **주의** 개체가 보이지 않는다면 [레이어] 창에서 해당 레이어가 아래로 내려가 있지 않은지 확인해 보세요.

[고급 개체 레이어]에 포함된 개체에 색을 칠할 때는 [레이어 스타일]-[색상 오버레이]를 클릭합니다.

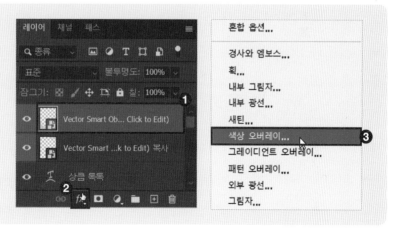

49 로고.ai 파일을 [Ctrl]+[O]를 누르거나 파일을 포토샵 창 가장 상단으로 드래그하여 가져옵니다. [폭]을 800픽셀로 입력하고 〈확인〉을 클릭합니다.

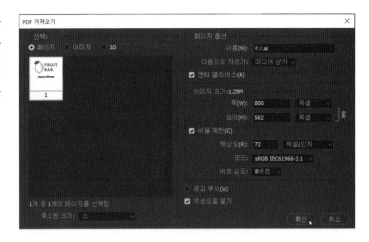

50 도구바의 [사각형 선택 윤곽 도구]로 포스터에 삽입할 로고 주변을 드래그하여 선택 후 [Ctrl]+[C]를 눌러 복사합니다.

51 웹 포스터 파일에 [Ctrl]+[V]를 눌러 붙여넣기 하고 [V]를 눌러 [이동 도구]로 적절한 위치와 크기로 조정합니다.

52 로고의 색상을 변경하기 위해 ❶ [레이어 스타일]에서 ❷ [색상 오버레이]를 클릭하고, 캔버스가 가려지지 않도록 [레이어 스타일] 창의 위치를 조정합니다.

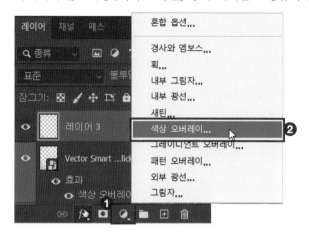

53 [색상]을 클릭하여 캔버스를 미리보기 하며 적절한 색상을 지정합니다. [레이어 스타일] 창의 〈확인〉을 클릭하여 적용합니다.

54 제목 문구들을 정확히 가운데 정렬하기 위해 [이동 도구]가 선택된 상 태에서 카피 문구를 클릭, `Shift`(중복 선택) 누른 채 '파인애플 주스&에이드' 문구도 클릭하여 두 문구를 중복 선 택합니다.

55 상단 옵션바의 ❶ [맞춤 및 분포 더보기]를 클릭하고 캔버스를 기준으로 정렬할 것이기 때문에 [맞춤 대상]을 ❷ [캔버스]로 선택합니다. ❸ [수평 중앙 맞춤] 아이콘을 클릭하여 좌/우 여백의 폭을 동 일하게 정렬합니다.

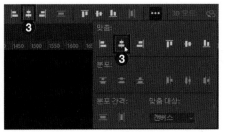

선택된 개체들 간 정렬은 [맞춤 및 분포 더보기]-[맞춤 대상]-[선택]으로 설정합 니다.

⚠ **주의** 별것 아닌 것 같은 '정렬'은 디자인의 완성도를 결정짓기에 충분한 디자인 요소입니다. 디자인을 완성 하기 전, 균형이 맞지 않는 부분이 없는지 꼭 확인해 주세요.

56 완성된 이미지를 Ctrl + S 를 눌러 수정 가능한 원본 파일로 저장 후, Ctrl + Alt + S 를 눌러 PNG나 JPG와 같은 이미지 파일로 사본 저장합니다.

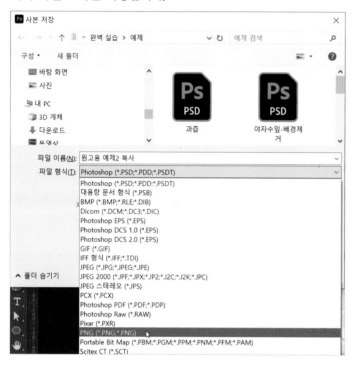

인쇄용 파일은 [이미지]-[모드]-[CMYK 색상] 메뉴를 클릭하고 메시지 창의 [배경으로 병합 안 함], [래스터화 안 함], <확인>을 순서대로 클릭합니다. 밝기 및 채도가 낮아진 색상을 수정하고 Ctrl + Shift + S 를 눌러 디지털용 파일과는 별도로 [다른 이름으로 저장]합니다.

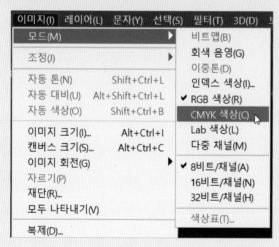

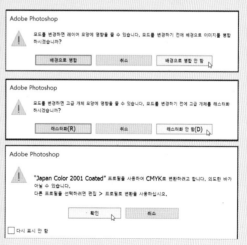

LESSON 03

인물·동물 이미지 배경 제거

머리카락이나 털을 포함해 배경을 세밀하게 제거합니다.

STEP 1 **AI 선택 도구로 머리카락·털 선택하기**

AI 선택 도구와 가는 선 다듬기 기능을 통해 머리카락이나 털을 포함한
인물·동물 개체를 세밀하게 선택합니다.

01 Ctrl + O 를 눌러 **인물동물 배경제거.jpg** 파일을 열거나 파일이 있는 폴더를 열어 파일을 포토
샵 창 가장 상단으로 드래그하여 가져옵니다. 원본 보존을 위해 Ctrl + J 를 눌러 레이어를 복사합니다.

02 도구바의 [개체 선택 도구]로 인물을 클릭합니다.

03 선택되지 않은 개체는 Shift (선택 더하기)를 누른 채 클릭하여 선택 영역을 더합니다.

선택 도구 사용 중

- Shift **누른 채 선택되지 않은 영역 클릭/드래그** | 선택 영역을 더합니다.
- Alt **누른 채 선택된 영역 클릭/드래그** | 선택 영역을 뺍니다.

*빠른 선택 도구 사용 중에는 예외적으로 Shift 를 누르지 않은 채 클릭&드래그하여도 선택 영역이 더해지는 것을 기본으로 하고, Alt 를 누른 채 클릭&드래그 시 선택 영역을 빼는 것은 동일합니다.

04 [올가미 도구]로 Shift (선택 더하기)를 누른 채 선택되지 않은 영역을 포함하여 선택하면 선택 영역이 더해집니다.

05 상단 옵션바의 [**선택 및 마스크**] 클릭 후 [보기 모드]-[보기]-[**오버레이**]로 설정하고 불투명도와 색상도 적절히 조정하여 Enter 를 누릅니다.

06 상단의 **[가는 선 다듬기]**를 클릭하면 머리카락·털의 가장자리가 더 부드럽고 정교하게 다듬어집니다.

07 도구바의 **[가장자리 다듬기 브러시 도구]**로 Alt 를 누르지 않은 채 또는 누른 채로 거칠게 보이는 머리카락·털 영역을 한 번씩 클릭하거나 짧게 드래그합니다. 잘 되지 않는 부분은 별도의 방법을 사용할 것이기 때문에 잘 되는 부분들을 중점으로 다듬어 줍니다.

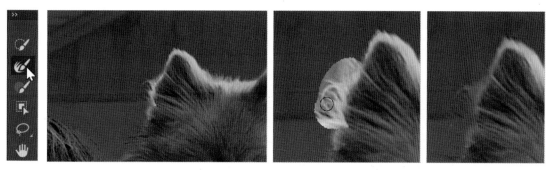

08 필요시 **[전역 다듬기]** 및 **[출력 설정]**-**[색상 정화]**의 양을 조정하고, **[출력 위치]**를 **[레이어 마스크]** 또는 **[레이어 마스크가 있는 새 레이어]**로 선택하여 〈확인〉을 클릭합니다.

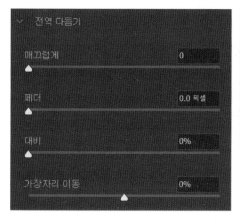

09 배경 제거가 잘 되었는지 확인하기 위해 단색 레이어를 **[조정 레이어]**–**[단색]**에서 선명한 색상으로 추가하고 배경 제거 레이어보다 아래로 배치합니다.

10 배경이 깔끔하게 제거되지 않은 부분들을 확인합니다. 배경이 제거된 레이어의 가시성은 끄고, 배경이 제거되지 않은 **[배경 복사]** 레이어의 가시성은 다시 켭니다.

배경이 제거되지 않은 [배경 복사] 레이어는 [선택 및 마스크]의 [색상 정화]를 체크했을 때만 있는 레이어로, [배경 복사] 레이어가 없다면 [배경] 레이어를 Ctrl + J 를 눌러 복사하고 단색 레이어보다 위에 배치합니다.

11 파일 손실 방지를 위해 Ctrl + S 를 눌러 PSD 파일을 중간 저장합니다.

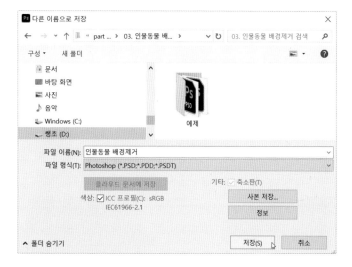

⚠️ **주의** 파일 저장에 대한 별도 설명이 없어도 Ctrl + S 를 눌러 수시로 중간 저장을 해야 파일 손실을 방지할 수 있습니다.

배경과 개체의 구분이 뚜렷하여 배경 제거가 말끔하게 되는 이미지는 **11**번 과정까지만 진행하여도 됩니다.

STEP 2 지저분한 영역 새로 생성하고 배경 제거하기

STEP 1에서 배경이 깔끔하게 제거되지 않은 일부 영역을 새로 생성하여
배경을 제거합니다.

12 도구바의 [올가미 도구]로 **10**번에서 배경 제거가 깔끔하지 않았던 부분을 선택하고, [**상황별 작업
표시줄**]의 [**생성형 채우기**]에서 명령어를 입력하여 새로 [**생성**]합니다. 생성된 이미지들 중 가장 깔끔하고
배경과 뚜렷하게 구분되는 것으로 선택합니다.

13 배경 제거가 깔끔하지 않았던 다른 영역도 같은 방법으로 진행합니다.

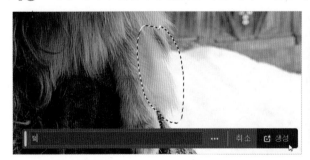

14 부스스한 잔머리나 털을 도구바의 [제거 도구]로 클릭&드래그하여 정돈합니다.

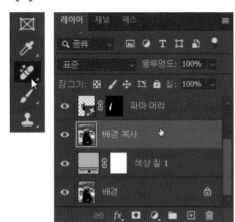

배경은 제거할 것이기 때문에 [제거 도구] 사용 시 배경이 깔끔하지 않게 변형되는 것은 상관이 없습니다. 최대한 개체 영역이 깔끔해지는 것에 집중합니다.

15 생성 레이어들과 [배경 복사] 레이어를 Ctrl이나 Shift를 눌러 모두 선택한 후, Ctrl + E를 눌러 선택한 레이어들을 하나의 레이어로 병합합니다.

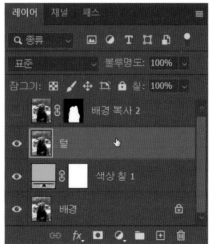

16 상단 옵션바의 [선택 및 마스크]에서 02~08번의 [색상 정화]까지 동일하게 진행한 뒤에도 정돈이 필요한 부분은 [도구바]의 [브러시 도구]를 클릭하고 화면 우클릭 후 경도를 조정하여 정돈합니다. 브러시의 크기는 대괄호(<kbd>[</kbd>, <kbd>]</kbd>)로 조정합니다. 08번을 참고하여 출력 위치를 선택하고, 〈확인〉을 클릭합니다.

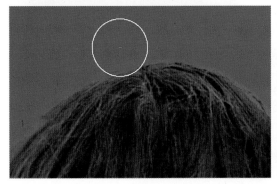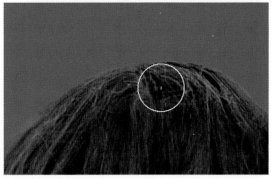

 시간 절약 필수 단축키

[선택 및 마스크]의 [브러시 도구]
- **클릭&드래그** | 선택 영역을 더합니다. (배경 영역을 개체 영역으로 전환)
- <kbd>Alt</kbd> **누른 채 클릭&드래그** | 선택 영역을 뺍니다. (개체 영역을 배경 영역으로 전환)

17 필요시 [레이어 마스크]를 클릭하고 B 를 눌러 [브러시 도구]로 수정하여 마지막으로 정돈합니다.

18 레이어 마스크가 적용된 레이어(최종적으로 저장할 개체)를 제외한 모든 레이어들의 가시성을 끄고 [이미지]–[재단] 메뉴의 [투명 픽셀], [재단]–[위쪽, 왼쪽, 아래, 오른쪽]을 모두 체크 후 〈확인〉을 클릭합니다.

19 Ctrl + S 를 눌러 수정 가능한 PSD 원본 파일을 덮어쓰기 저장하고, Ctrl + Alt + S 를 눌러 투명 영역을 반영하는 PNG 파일을 사본 저장합니다.

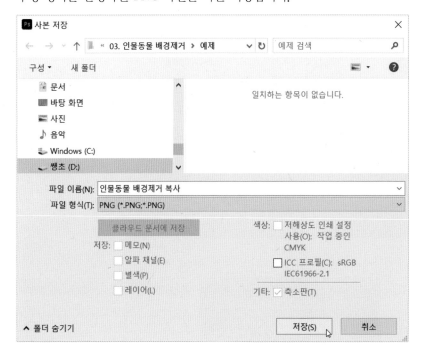

완벽 실습

생성형 AI를 이용해
셀카를 증명사진으로

생성형 채우기 기능으로 인물 사진의 의상을 교체하고 헤어스타일을 단정히 합니다. 배경 색상을 변경하여 실제 사용 가능한 증명 사진을 만들고, 증명사진(강아지 증명사진)이나 증냥사진(고양이 증명사진)으로 응용할 수 있습니다.

BEFORE

이런 걸 배워요!

- ✓ 자르기 도구로 이미지의 기울기를 반듯하게 조정하고 증명사진 비율로 잘 라냅니다.
- ✓ 생성형 채우기로 인물의 의상을 교체하고 헤어스타일을 단정히 합니다.
- ✓ 인물 보정 후 배경을 제거하여 다른 색상으로 변경합니다.

📁 실습 파일 증명사진-원본.jpg
Ps 완성 파일 증명사진.psd / 증명사진-인쇄용.psd

기울기 조정 & 증명사진 비율 만들기

자르기 도구로 이미지의 기울기를 반듯하게 조정하고 증명사진 비율로
잘라냅니다.

01 Ctrl + O 를 눌러 **증명사진-원본.jpg** 파일을 가져옵
니다. 도구바의 **[자르기 도구]**를 클릭하고, 상단 옵션바의
비율 입력 칸에 증명사진 비율인 3과 4를 각각 입력합니다.

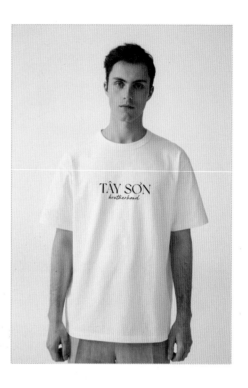

02 사각 틀 바깥쪽을 드래그하여 기울기 먼저 조정합
니다. 사각 틀을 안쪽으로 드래그하여 축소하고 인물의 위
치와 크기가 증명사진에 적합하도록 조정합니다. 밝은 영역
을 더블 클릭하여 적용합니다.

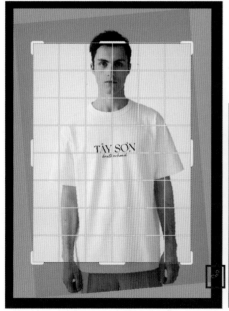

STEP 2 인물의 의상과 헤어 생성하기

생성형 채우기로 인물의 의상을 교체하고 헤어스타일을 생성합니다.

03 Ctrl+J를 눌러 레이어를 복사하고, 도구바의 **[빠른 선택 도구]**와 **[올가미 도구]** 등의 선택 도구들을 함께 사용하여 수트를 생성할 영역을 선택합니다. **[상황별 작업 표시줄]−[생성형 채우기]**로 '수트', '흰 셔츠와 수트'와 같은 명령어를 입력하여 생성합니다.

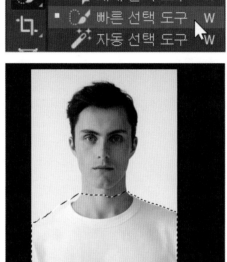

선택 도구 사용 중

* Shift **누른 채 선택되지 않은 영역 클릭&드래그** | 선택 영역을 더합니다.
* Alt **누른 채 선택된 영역 클릭&드래그** | 선택 영역을 뺍니다.

*빠른 선택 도구 사용 중에는 예외적으로 Shift를 누르지 않은 채 클릭&드래그하여도 선택 영역이 더해지는 것을 기본으로 하고, Alt를 누른 채 클릭&드래그 시 선택 영역을 빼는 것은 동일합니다.

04 생성된 이미지 중 적합한 이미지를 선택합니다. 이미지의 일부 영역을 제거할 때는 [레이어] 창의 생성 레이어를 우클릭하여 [레이어 래스터화] 합니다. 편집이 불필요할 시, 06번부터 이어서 진행합니다.

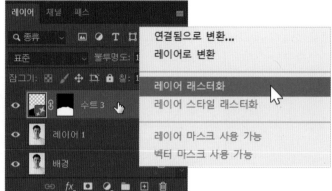

실전 꿀팁

생성 레이어는 언제든 시안을 변경할 수 있다는 장점과 편집이 자유롭지 않다는 단점이 있습니다. 생성 레이어 편집이 필요할 시 [레이어 래스터화]를 하면 시안 변경은 불가하지만 편집을 자유롭게 할 수 있습니다. 시안을 변경할 가능성이 있다면 Ctrl + J로 생성 레이어를 복사하고 생성 레이어 원본의 가시성을 꺼서 보존합니다.

05 도구바의 [제거 도구]로 불필요한 영역을 제거합니다.

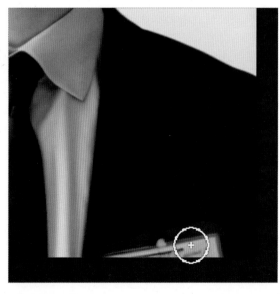

06 도구바의 [올가미 도구]로 부스스한 머리카락 끝부분을 선택하고 [상황별 작업 표시줄]-[생성형 채우기]로 [머리카락]을 생성하여 단정한 헤어스타일을 연출합니다. Ctrl + S를 눌러 수정 가능한 원본 파일인 PSD 파일을 중간 저장하고 작업 중 수시로 덮어쓰기 저장을 합니다.

STEP 3 합격 프리패스 인물 보정

피부 보정, 웃는 얼굴 등의 인물 보정을 합니다.

07 [레이어 1](배경 레이어 복사본)을 클릭하고 [필터]-[뉴럴 필터] 메뉴의 [피부를 매끄럽게]를 활성화합니다.

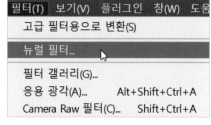

08 미리보기를 확인하며 흐림 효과를 조정하고, **[출력]**–**[새로운 레이어 마스크 처리]**를 선택한 뒤 〈확인〉을 클릭합니다.

09 흐림 효과를 적용하며 일부 흐려진 영역을 원본으로 복구하기 위해 새로운 레이어의 레이어 마스크를 클릭하고 전경색을 검은색으로, 배경색을 흰색으로 설정합니다. B를 눌러 ✏️**[브러시 도구]**를 실행하고 화면을 우클릭하여 경도를 낮게 조정합니다.

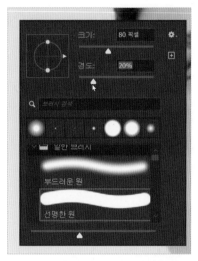

10 눈과 입술의 가장자리, 콧볼, 콧구멍 등 흐림 효과가 적용되지 않아야 할 영역들을 클릭&드래그하여 원본으로 복구합니다.

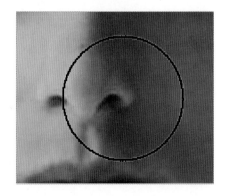

11 하위 레이어를 Ctrl 을 누른 채 중복 선택하고 Ctrl + E 를 눌러 하나의 레이어로 병합합니다.

12 [필터]-[픽셀 유동화] 메뉴를 실행하고 도구바의 [얼굴 도구]를 클릭합니다. [미소]를 조정하여 웃는 얼굴로 조정 후, 〈확인〉을 클릭합니다.

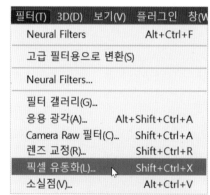  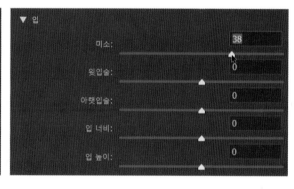

인물 보정은 p.190을 참고하세요.

13 도구바의 [올가미 도구]로 턱수염 자국이 있는 부위를 선택하고 [상황별 작업 표시줄]−[생성형 채우기]로 명령어를 입력하지 않고 [생성]하면 깨끗한 피부의 턱을 생성합니다. 인중에 수염 자국이 있는 부위도 동일한 방법으로 진행합니다.

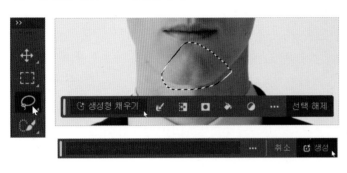

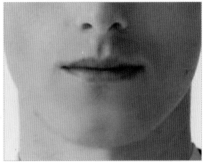

 STEP 4 **배경을 깔끔하게 바꾸기**
배경을 제거하고 다른 색상으로 변경하여 완성합니다.

14 보이는 레이어들을 하나의 레이어로 병합하기 위해 [배경] 레이어와 가시성이 꺼진 레이어를 제외한 모든 레이어를 Ctrl 을 눌러 중복 선택하고, 선택된 레이어들을 복사 후 병합하도록 Ctrl + Alt + Shift + E 를 누릅니다. 병합 레이어를 제외한 모든 레이어의 가시성을 끕니다.

15 도구바의 [개체 선택 도구]를 이용하여 p.286~290을 참고하여 인물이 돋보이는 단색 배경을 만듭니다.

16 단색 레이어 축소판을 더블 클릭하여 다른 색상으로 간편하게 변경할 수 있습니다.

 실전 꿀팁

[조정 레이어]-[그레이디언트]로 그레이디언트 배경을 만들 수 있습니다.

17 완성된 이미지를 Ctrl + S 를 눌러 수정 가능한 원본 파일로 저장 후, Ctrl + Alt + S 를 눌러 PNG나 JPG와 같은 이미지 파일로 사본 저장 합니다. **[파일]-[인쇄]** 메뉴를 클릭하 거나 Ctrl + P 를 눌러 인쇄할 수 있 습니다.

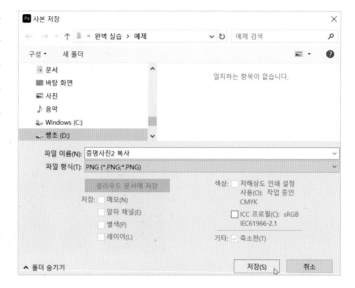

인쇄용 파일은 [이미지]-[모드]-[CMYK 색상] 메뉴를 클릭하고 메 시지 창의 [배경으로 병합 안 함], [래스터화 안 함], <확인>을 순서 대로 클릭합니다. 밝기 및 채도가 낮아진 색상을 수정하고 Ctrl + Alt + S 를 눌러 화면용 파일과는 별도로 [다른 이름으로 저장]합 니다.

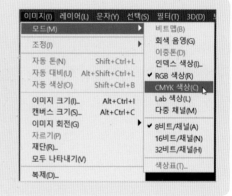

응용작

반려동물 사진에도 **[생성형 채우기]** 기능으로 액세서리를 추가하고 배경을 제거해 증명사진 또는 증 냥사진을 만들 수 있습니다.

PART

05

온라인
콘텐츠 제작

AI와 포토샵을 이용해서 온라인 콘텐츠를 효과적으로
디자인하는 방법을 배웁니다. 정보 수집 단계에서 AI를 활용하면 원하는 주제에 관련된
정보를 빠르고 정확하게 수집하는 데 도움을 줍니다.
또한, 다양한 웹페이지에서 디자인에 필요한 정보를 효율적이고 빠르게 수집합니다.
카피라이팅 단계에서도 AI로 효과적인 문구와 광고 문구를 자동으로
생성할 수 있습니다. 자연어 처리 기술을 기반으로 다양한 키워드와 문맥을
고려해 자연스럽고 효과적인 메시지 전달이 가능해집니다.
전달하려는 내용을 이미지화하려고 할 때, 원하는 이미지를
이미지 생성 AI를 통해 자동으로 생성하여 사용합니다. 실제와 매우 유사한
실사 이미지나 특정 스타일을 참고하여 이미지를 생성할 수 있습니다.
이렇게 AI로 수집하거나 생성한 정보와 이미지를 포토샵으로 가져와 편집하고,
텍스트를 추가하고, 다양한 효과와 필터를 적용하여
온라인 콘텐츠 디자인을 완성할 수 있습니다.

위 내용은 AI를 활용하여 작성하였습니다.

LESSON 01

MS 코파일럿(Bing) & SNS 카드뉴스 디자인

정확한 정보를 빠르게 수집하여 SNS 카드뉴스를 디자인합니다.

마이크로소프트 코파일럿(Bing) 사용법

01 화면 하단의 검색창에 'edge'를 검색하여 마이크로소프트 엣지 브라우저를 실행합니다.

마이크로소프트 엣지 브라우저 설치가 안 되어 있다면 구글 크롬, 네이버 웨일 등 다른 브라우저에서 실행해도 됩니다. 엣지 브라우저에서는 최신 정보를 반영하는 GPT를 사용할 수 있습니다.

*윈도우 최신 버전에는 작업 표시줄에서 바로 실행이 가능하도록 업데이트되었습니다.

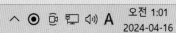

02 엣지 브라우저의 [로그인]을 클릭하고 스마트폰의 Authenticator 앱에서 인증하여 마이크로소프트 계정에 로그인합니다. 검색창 오른쪽의 코파일럿(Copilot) 아이콘을 클릭합니다.

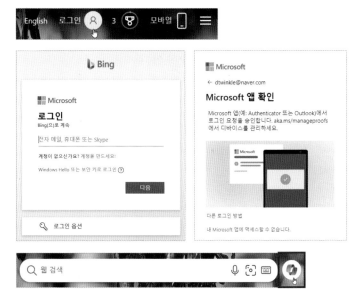

03 ❸ 대화 스타일을 선택하고 ❺ 명령어를 자유롭게 입력합니다.

❶ **플러그인** : Suno(노래 생성), Instacart(레시피), Kayak(여행) 등의 검색을 설정합니다.

❷ **코파일럿 GPT** : 주제별 GPT를 사용합니다. [Designer]를 클릭하면 이미지를 생성합니다.

❸ **대화 스타일 선택** : 창의적인/균형 있는/정밀한 스타일 중 선택합니다.

❹ **새 토픽** : 새로운 채팅을 시작합니다.

❺ **명령어 입력** : 자유롭게 질문하거나 명령합니다. 이미지 생성 및 첨부와 음성 인식을 제공합니다.

04 답변 내용을 용도에 맞게 사용하거나 채팅을 이어 나갈 수 있습니다.

❶ **복사/내보내기/공유** : 답변 내용을 복사/파일로 내보내기/공유합니다.

❷ **채팅 횟수** : 한 주제로 무료 사용 가능한 채팅 횟수 중 실제 사용 횟수를 나타냅니다.

❸ **추천 명령어** : 채팅을 이어 나가기 위한 연관 명령어를 추천합니다.

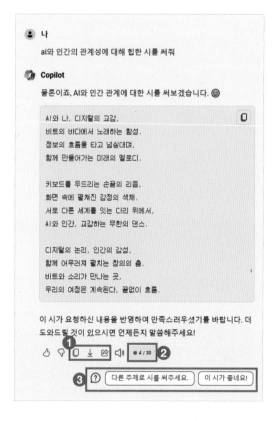

05 〈새 토픽〉을 클릭하고 대화스타일을 [균형 있는]으로 선택합니다. SNS 카드뉴스 제작에 반영할 '야경이 아름다운 유럽 여행지'를 검색합니다.

대화 스타일이 보이지 않는 경우, F5 를 눌러 새로고침 합니다.

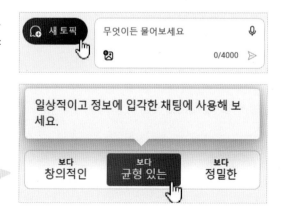

06 자세한 정보를 사진 및 출처와 함께 제공합니다.

❶ 부가정보 : 백과사전, 지도 등 공식적인 정보를 제공합니다.

❷ 자세한정보 : 정보의 출처를 제공합니다.

👤 **나**

야경이 아름다운 유럽 여행지

🟦 **Copilot**

✓ 답변 생성 중...

유럽에서 야경을 즐기기에는 많은 멋진 장소가 있습니다. 여기 몇 곳을 소개해 드리겠습니다:

1. **파리, 프랑스**: 프랑스의 수도인 파리는 야경으로 유명합니다. 에펠탑은 물론 세
   느강을 따라 빛나는 야경은 눈을 뗄 수 없을 정도로 아름답습니다[1].

 ❶

2. **피렌체, 이탈리아**: 피렌체의 두오모 성당은 웅장한 크기로 입을 벌리게 만듭니
   다. 이곳의 야경은 피렌체의 아름다움을 한층 더 빛나게 합니다[1].

3. **프라하, 체코**: 프라하의 까를교와 성요한네포무크 동상은 중세 건축의 걸작으로 꼽힙니다. 프라하 성이 해질 무렵, 건물들
   의 조명이 차례로 커지는 순서는 놀라운 경험입니다[1].

4. **부다페스트, 헝가리**: 부다페스트는 야경으로 유명한 도시 중 하나입니다. 특히
   석양과 물에 비친 조명들이 로맨틱한 분위기를 만들어 줍니다[1].

5. **베네치아, 이탈리아**: 베네치아의 곤돌라를 타면 석양 아래에서 도시의 아름다
   움을 감상할 수 있습니다. 물과 조명이 어우러진 풍경은 사진을 찍기에도 최적
   입니다[1].

이곳들은 유럽 여행 중 반드시 방문해보시길 추천드립니다! 💥

❷ | **자세한 정보** | 1 🌐 blog.naver.com | 2 📮 post.naver.com | 3 🌐 blog.naver.com | 4 🌐 blog.naver.com | +5 더 보기 |

👍 👎 📋 ⬇ ✏ 🔊 ● 1 / 30

❓ [유럽 여행 중 어떤 음식을 먹어볼까요?] [다른 유럽 도시도 추천해주세요!] [야경 사진 찍는 팁이 있나요?]

MS 코파일럿(Bing) 이미지 분석 & 이미지 생성

01 <새 토픽>을 클릭하고 대화 스타일을 **[창의적인]**으로 선택합니다. 입력 칸 좌측 하단의 **①** <이미지 추가> 아이콘을 클릭하고 **②** **[이 디바이스에서 업로드]**를 클릭해 이미지추가.jpg 파일을 업로드합니다.

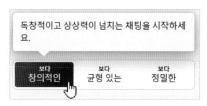

02 첨부 이미지와 비슷한 이미지를 생성하기 위한 프롬프트를 만들어달라고 명령합니다. 그리고 생성된 프롬프트대로 그림을 그려달라고 명령합니다.

03 생성된 이미지 중 하나를 클릭해 다운로드할 수 있습니다.

⚠ **주의** 코파일럿에서는 OpenAI의 DALL-E를 이용해 이미지가 생성되고 상업적 사용의 가능 여부가 불명확합니다. 챗GPT에 포함된 DALL-E를 사용하면 상업적 사용이 가능합니다. 단, 기존에 저작권이 있는 이미지 생성 시 상업적 사용이 불가합니다.

완벽 실습

AI로 수집한 정보로
SNS 카드뉴스 디자인

마이크로소프트 코파일럿(Bing) 챗으로 수집한 정보를 토대로 정보성 SNS 카드뉴스를 디자인합니다. 여러 페이지의 표지와 내지를 한 파일에 디자인하는 대지(아트보드) 기능으로 통일된 디자인을 한눈에 보며, 레이아웃을 복사/붙여넣기 하여 효율적으로 디자인합니다.

이런 걸 배워요!

- ✓ 대지(아트보드) 기능으로 통일된 여러 페이지의 디자인을 한 파일에 작업합니다.
- ✓ 펜 도구를 이용하여 패스를 그리고, 패스 위에 곡선 형태로 문자를 입력합니다.
- ✓ 패스로 이루어진 여러 가지 도형을 그리고 편집합니다.
- ✓ 흐림 효과와 그레이디언트를 적용해 배경 이미지를 만듭니다.

📁 **실습 파일** SNS 카드뉴스 실습 파일 폴더
Ps **완성 파일** 홀리데이 여행.psd

환상적인 하늘 만들기

여러 페이지를 한 파일에 작업하는 대지(아트보드)를 활성화하고 이미지의
하늘을 변경합니다.

01 Ctrl + N 을 눌러 파일 이름은 **[홀리데이 여행]**, 폭과 높이는 1200픽셀, 아트보드에 체크, 해상
도는 72ppi, RGB 색상으로 새 파일을 만듭니다. 캔버스 좌측 상단에 **[대지 1]**이라는 문구가 나타납니다.
뉴욕.jpg 파일을 드래그하여 캔버스에 가져옵니다.

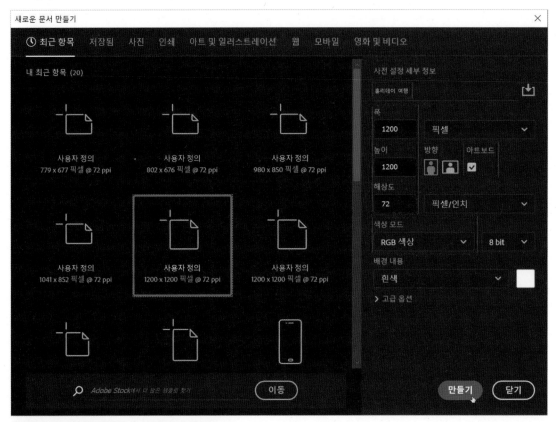

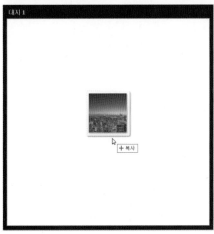

02 정돈된 레이아웃의 디자인을 하기 위해 [보기]-[안내선]-[새 안내선 레이아웃] 메뉴의 [열]에만 체크하고, 캔버스를 이등분하여 안내선을 만들도록 번호를 [2]로 입력합니다.

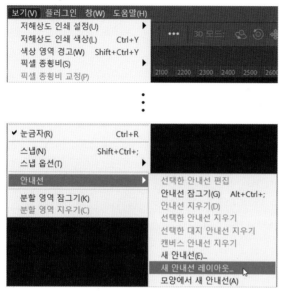

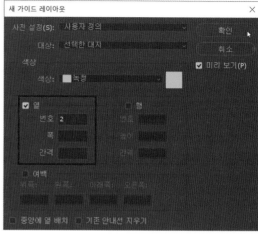

03 도구바의 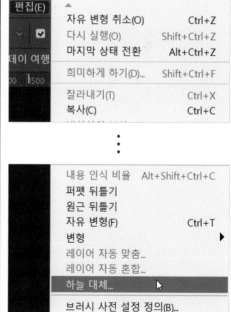 [이동 도구]로 엠파이어 스테이트 빌딩(이미지의 가장 높은 건물)이 안내선으로 표시된 중앙에 오도록 위치와 크기를 조정하고, 다른 하늘로 변경하기 위해 [편집]-[하늘 대체] 메뉴를 클릭합니다.

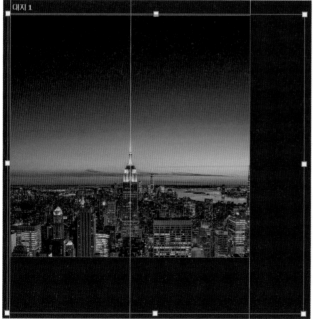

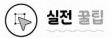
04 [하늘 대체] 창이 캔버스를 가리지 않도록 이동하고 ❶ [하늘] 목록에서 ❷ [장관]을 클릭합니다. 하늘 이미지를 추가하는 ❸ [+]를 클릭하여 **하늘.jpg** 파일을 추가합니다. 필요시 캔버스의 하늘을 클릭& 드래그하여 위치를 이동할 수 있습니다.

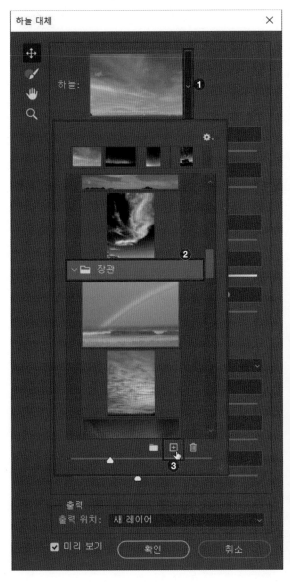

05 세부 조정 후 [출력 위치]–[새 레이어]로 선택하고 〈확인〉을 클릭합니다. 파일 손실 방지를 위해 Ctrl + S 를 눌러 PSD 파일을 중간 저장합니다.

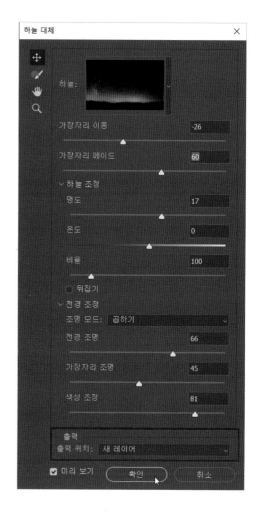

06 단축기 B 를 눌러 [브러시 도구]를 실행하고 전경색을 검은색으로 설정합니다. 캔버스를 우클릭하여 경도를 80~90% 정도로 조정합니다.

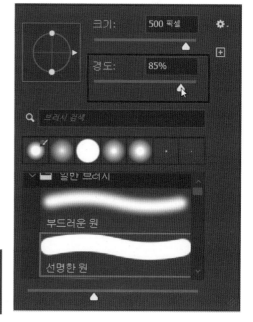

07 하늘 영역을 수정하기 위해 하늘 레이어의 레이어 마스크를 클릭합니다. 대괄호([ ], [ ])를 눌러 브러시 크기를 조정하며 빌딩에 하늘이 적용된 부분을 브러시로 지워 정돈합니다.

08 레이어 창의 ① [뉴욕] 레이어를 클릭하고 ② [조정 레이어]-③ [곡선]을 클릭합니다. [속성] 창에서 어두운 영역, 중간 영역, 밝은 영역을 조정하여 대비가 더 강하고 밝게 합니다.

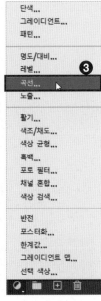
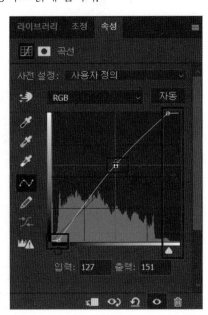

09 곡선 레이어가 다른 레이어에 영향을 주지 않도록 Alt 를 누른 채 [뉴욕] 레이어와 [곡선] 레이어 사이의 구분 선을 클릭하여 클리핑 마스크(하위 레이어에 포함)를 적용합니다.

10 [조정 레이어]의 [색상 균형]을 클릭하고 [속성] 창에서 녹청, 마젠타, 파랑 색상을 추가하여 이미지의 하늘과 야경 색상이 서로 어우러지게 합니다. 클리핑 마스크 아이콘을 클릭하면 09번과 같이 [뉴욕] 레이어에 클리핑 마스크가 적용됩니다.

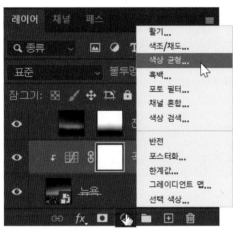 

11 레이어 창이 정돈되도록 [하늘 교체 그룹]의 펼침 화살표를 클릭하여 그룹을 닫습니다. 언제든 펼침 화살표를 클릭하면 그룹 내 레이어를 다시 확인할 수 있습니다.

 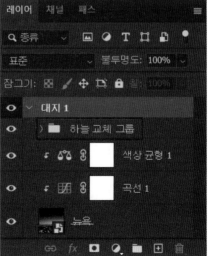

제목에 그레이디언트 적용하기

펜 도구로 패스를 그려, 그 위에 문자를 입력하고 문자에 효과를 적용합니다.

12 T를 눌러 ■ [문자 도구]의 상단 옵션바에서 [앤티 앨리어싱]-[선명하게], [가운데 정렬], [흰색]으로 각각 설정합니다. 가장 상위 레이어에 문자를 입력하기 위해 레이어 창의 [하늘 교체 그룹]을 클릭합니다.

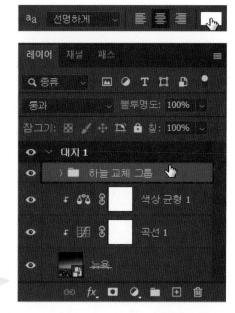

새 레이어는 현재 선택되어 있는 레이어 위에 생성됩니다.

13 캔버스 상단 중앙 부분을 클릭하고 '홀리데이'를 입력합니다. Ctrl + A를 눌러 문자를 전체 선택하고 [상황별 작업 표시줄]이나 Ctrl + T를 눌러, [문자] 창에서 폰트를 지정합니다.

*사용 폰트 : 카페24 클래식타입 [산돌 구름다리/눈누] 라이선스 확인 필수

 실전 꿀팁

문자 바깥쪽에 마우스 커서를 옮기면 잠시 [이동 도구]가 활성화되어 위치를 이동할 수 있습니다.

14 문자가 입력되지 않은 곳을 클릭하면 문자 속성 편집이 적용됩니다. 도구바에서 클릭하지 않아도 잠시 [이동 도구]를 실행할 수 있는 단축키 [Ctrl]과 개체 복사 단축키 [Alt]를 누른 채, '홀리데이' 글자를 클릭하여 아래로 드래그하며 동시에 [Shift]까지 누르면, 정확히 수직 방향으로 아래에 복사됩니다.

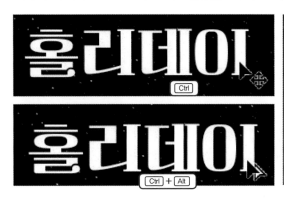

 시간 절약 필수 단축키

- [Ctrl]을 눌러 [이동 도구] 실행 + [Alt] | 개체를 클릭&드래그하여 원하는 위치로 복사합니다.
- **개체 이동 중** [Shift] | 개체를 수직/수평/45° 방향으로 이동합니다.
- [Alt] **누른 채 개체 복사 중** [Shift] | 개체를 수직/수평/45° 방향으로 복사합니다.

15 아랫줄의 '홀리데이'를 더블 클릭하여 글자를 모두 선택하고 '여행'으로 수정 후 [Ctrl] + [Enter]를 눌러 적용합니다.

 실전 꿀팁

문자 레이어 축소판을 더블 클릭하면 해당 문자 레이어의 모든 문자가 선택됩니다.

16 문자에 효과를 적용하기 위해 ❶ [홀리데이] 레이어 오른쪽
여백을 더블 클릭하여 [레이어 스타일]을 실행합니다. 캔버스의 문자
가 가려지지 않도록 [레이어 스타일] 창을 이동하고 ❷ [그레이디언트
오버레이]를 클릭합니다. ❸ 그레이디언트 색상을 클릭합니다.

17 ❶ 색상 계열을 먼저 선택하여 펼치고 ❷ 잘 어울리
는 색상을 선택한 뒤 ❸ 〈확인〉을 클릭합니다. 필요시 ❹
[각도]를 수정하고 ❺ 〈확인〉 버튼을 클릭합니다. 파일 손
실 방지를 위해 Ctrl + S 를 눌러 PSD 파일을 중간 저장
합니다.

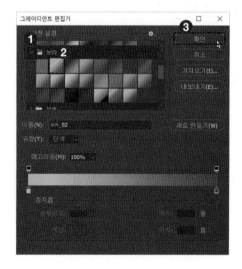

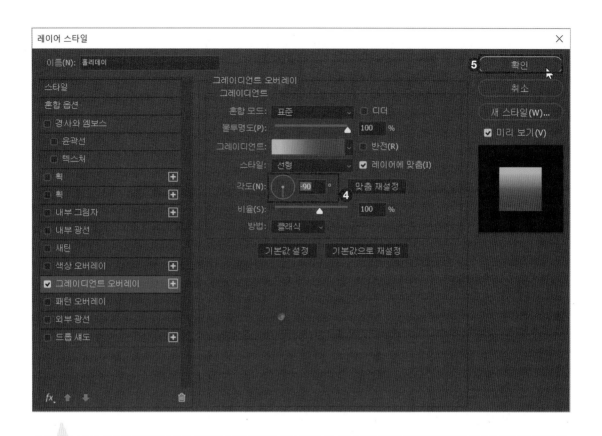

글자의 위치 조정이 필요한 경우, 레이어 창에서 [Ctrl]을 눌러 [여행], [홀리데이] 문자 레이어를 중복 선택합니다. [Ctrl] [이동 도구]을 누른 채 캔버스의 '홀리데이'나 '여행' 글자 중 하나를 클릭하여 이동할 위치로 드래그하면 중복 선택된 문자가 함께 이동됩니다. 수직/수평/45° 이동이 필요한 경우 이동 중 [Shift]를 누릅니다.

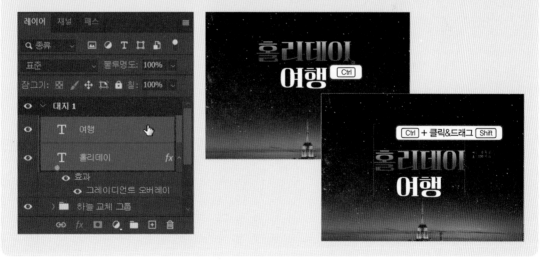

18 문자를 곡선 형태로 입력하기 위해 도구바에서 곡선 패스를 쉽게 그릴 수 있는 **[곡률 펜 도구]**를 클릭합니다. 상단 옵션바에서 **[패스]**로 설정한 뒤 '홀' 글자의 위쪽을 클릭하고 정확히 수평 방향으로 점을 하나 더 찍기 위해 Shift 를 누른 채 '이' 글자의 위쪽을 클릭하면 점과 점을 잇는 하나의 직선이 만들어집니다.

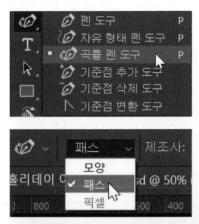

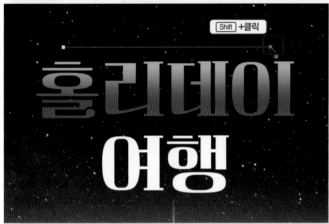

19 선분의 중앙 부분을 클릭한 채 위로 드래그합니다. 이때, Shift 를 누르면 정확히 수직 방향으로 점을 위로 이동시켜 휘어진 곡선이 만들어집니다.

'패스'는 크기를 무한정 확대하여도 절대 해상도가 낮아지지 않는 '벡터' 방식 이미지의 기본 구성 요소입니다. 점과 점을 연결하여 직선/곡선 등의 선분 패스나 여러 개의 점을 찍고 시작점과 끝점을 이어 도형이나 복잡한 형태의 패스를 만들어 냅니다. 펜 도구나 도형 도구로 패스를 생성할 수 있고 언제든 자유로운 수정이 가능하기 때문에 세밀한 디자인을 할 때 유용합니다.

20 T를 눌러 T[문자 도구]를 실행하고 상단 옵션바에서 [앤티 앨리어싱]-[선명하게], [가운데 정렬]로 설정합니다. 패스의 중간 지점을 클릭하여 패스에 문자를 입력할 수 있는 상태가 되면 'Oh! Holy'를 입력 후, Ctrl + A를 눌러 문자를 전체 선택하여 폰트를 지정합니다.

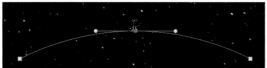

*사용 폰트 : Oh, Holy – Tangier Bold [어도비 폰트] / ! – DunhillScript Semibold [어도비 폰트] 라이선스 확인 필수

21 'Oh! Holy' 글자의 색상은 [상황별 작업 표시줄]이나 Ctrl + T를 눌러 '홀리데이'에 사용된 색상을 스포이드 도구로 클릭하면 조화로운 색상을 지정할 수 있습니다. 글자 크기는 큰 제목인 '홀리데이 여행'보다는 작게 설정합니다. 파일 손실 방지를 위해 Ctrl + S를 눌러 PSD 파일을 중간 저장합니다.

STEP 3 도형으로 반짝이는 효과 만들기
세부 내용을 입력하고 도형을 그려 꾸며줍니다.

22  T [문자 도구]가 활성화되어 있는 상태에서 '여행' 글자 아래 중앙 부분을 클릭하여 가운데 정렬, 흰색으로 '연말.연시에 꼭 가야 할 여행지'를 입력합니다. 표지 디자인에서 중요도가 가장 낮은 문구이므로 다른 글자들과 구분되도록 작은 크기로 지정합니다.

***사용 폰트** : 카페24 아네모네 에어 [산돌 구름다리/눈누] 라이선스 확인 필수

23 Ctrl + T를 눌러 문자의 높낮이를 설정하는 [기준점 이동 설정]의 값을 높여, '연말.연시'의 마침표를 가운뎃점으로 만듭니다.

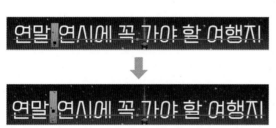

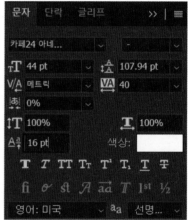

 실전 꿀팁

포토샵에서는 ㄱ + 한자나 ㅁ + 한자 등 한자 키를 이용해 기호를 입력하는 것이 불가능한 대신 [창]-[글리프] 메뉴에서 대부분의 기호를 입력할 수 있습니다. 귀엽고 아기자기한 이모지는 폰트 선택 창에서 'emoji' 폰트로 지정하면 사용할 수 있습니다.

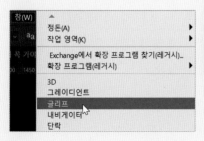

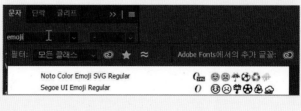

24 도구바의 [**사각형 도구**]로 '연말·연시에 꼭 가야 할 여행지' 문구 아래에 사각형을 그리기 위해 해당 레이어보다 한 칸 하위의 레이어를 클릭합니다. 상단 옵션바에서 [**모양**]을 선택합니다.

25 ❶ [**칠**]은 최근 사용한 색상 중 ❷ 'Oh! Holy' 문구와 동일한 색상으로, ❸ [**획**]은 ❹ [**색상 없음**]을 선택합니다. 최근 사용한 색상 외 다른 색상은 우측 상단의 ❺ [**색상 피커**]에서 지정합니다.

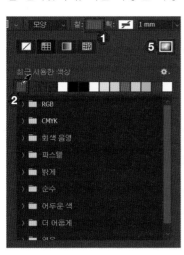
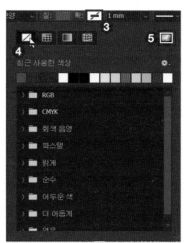

26 '연말·연시에 꼭 가야 할 여행지' 문구를 감싸도록 드래그하여 사각형을 그립니다.

시간 절약 필수 단축키

- **Alt** **누른 채 도형 크기 변형** │ 기준점을 중앙으로 하여 반대 방향도 함께 변형합니다.

- **Shift** **누른 채 도형 크기 변형** │ 가로:세로 비율을 고정하여 변형합니다.

- **Ctrl** **누른 채 도형 크기 변형** │ 선택한 패스를 자유롭게 변형합니다.

- **Alt**, **Ctrl**, **Shift**를 혼용 │ 각각의 기능이 함께 적용됩니다.
  - 예 **Alt** + **Shift**를 누른 채 개체 크기 변형 │ 중앙을 기준으로 원본의 가로:세로 비율을 고정하여 변형합니다.
- **도형을 그리고 나서 다른 작업을 하고 난 뒤** **Shift**를 **누른 채 도형 크기 변형** │ 가로:세로 비율을 해제하여 변형합니다.

27 사각형 모서리 안쪽의 작은 원 중 하나를 클릭하고 사각형의 중앙 방향으로 드래그하여 둥근 사각형으로 변형합니다. 사각형 레이어의 불투명도를 낮춰 배경이 비치도록 합니다.

28 Ctrl을 눌러 [하늘 교체 그룹] 레이어와 [뉴욕] 레이어를 중복 선택하고 [모든 특성 잠금]을 눌러 작업 중 잘못 선택되지 않도록 잠급니다.

29 V를 눌러 [이동 도구]로 모든 글자가 포함되도록 드래그하여 선택합니다. 상단 옵션바의 [수평 중앙 맞춤]을 눌러 선택된 개체들 간 가운데 정렬을 맞춘 후, 전체 문구들을 캔버스의 정중앙에 오도록 위치를 이동합니다. 캔버스의 가운데에 분홍색 선이 표시되는 지점이 정중앙입니다. 전체 문구의 크기를 다듬어 균형 있는 레이아웃으로 편집합니다.

30 원을 그려 반짝이는 효과를 만들기 위해 도구바의 [타원 도구]를 클릭합니다. 가장 상위 레이어에 도형을 그릴 것이기 때문에 레이어 창에서 현재 가장 상위 레이어를 클릭합니다. Ctrl + Alt + N 을 눌러 레이어 이름을 '반짝이'로 입력하고 새 레이어를 만듭니다.

31 글자가 없는 배경에 높이가 낮은 타원을 그립니다. Ctrl + J 를 눌러 레이어를 복사하고 V 를 눌러 [이동 도구]를 실행합니다. Shift 를 누른 채 도형을 90° 회전하여 십자가 모양을 만듭니다.

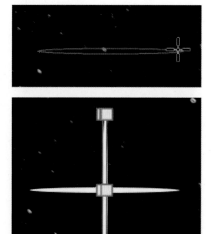

32 십자가 모양의 타원 두 개를 모두 선택하고 다시 한번 Ctrl + J를 눌러 두 레이어를 복사합니다. Shift를 누른 채 45° 회전하고 Alt를 누른 채 크기를 축소하면 반짝이 도형이 만들어집니다.

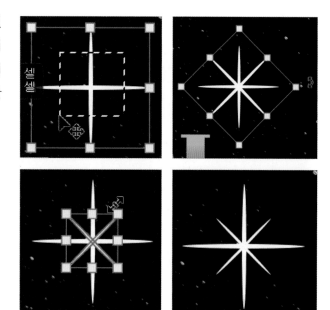

33 ❶ [타원 1 복사 2] 레이어를 클릭하고 ❷ Shift를 누른 채 [타원 1] 레이어를 클릭하여, 클릭한 두 레이어 사이에 있는 레이어까지 모두 선택합니다. Ctrl + E를 눌러 선택된 레이어들을 하나의 레이어로 병합합니다. ❸ 병합 레이어의 이름 부분을 더블 클릭하여 [반짝이]로 변경합니다.

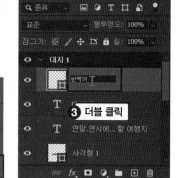

34 [이동 도구]를 실행 중인 상태에서 Alt (개체 복사)를 누른 채 [반짝이] 개체를 클릭&드래그하여 다른 위치에 복사합니다. 반복해서 여러 위치에 복사하고 크기를 다양하게 합니다. 일부 [반짝이] 레이어의 축소판을 더블 클릭하여 색상을 변경합니다.

35 도구바의 **[선 도구]**를 이용해서 **31~34**번을 참고하여 선으로 이루어진 반짝이를 만들어 적절히 배치합니다. 레이어의 불투명도를 조정하면 은은하게 반짝이는 효과를 줄 수 있습니다.

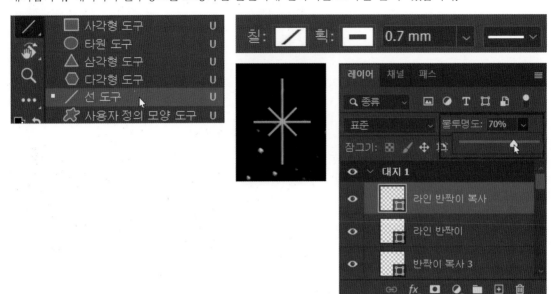

36 완성된 SNS 카드뉴스 표지 디자인을 Ctrl + S를 눌러 PSD 파일로 저장합니다.

한 파일에 여러 페이지 디자인하기

대지(아트보드)를 추가하여 표지와 내지의 디자인 스타일을 통일합니다.

37 Ⅴ를 눌러 [이동 도구]를 실행하고 ❶ [대지 1] 글자를 클릭하면 캔버스 사방에 (+) 버튼이 표시됩니다. ❷ 대지를 추가할 위치의 (+) 버튼을 클릭하여 대지를 추가하고 레이어 창의 [대지 1]의 이름은 [표지]로, [대지 2]의 이름은 [내지-1]로 변경합니다.

도구바의 [이동 도구]를 우클릭하여도 [대지 도구]를 실행할 수 있습니다.

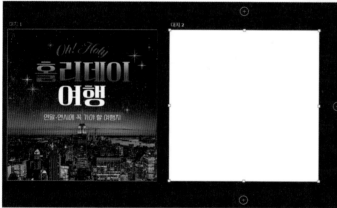

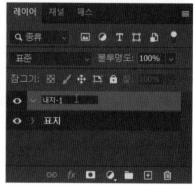

38 배경이 될 **센강.jpg** 파일을 [내지-1] 대지에 드래 그하여 불러오고 크기와 위치를 조정합니다. Ctrl + J 를 눌러 [센강] 레이어를 복사합니다.

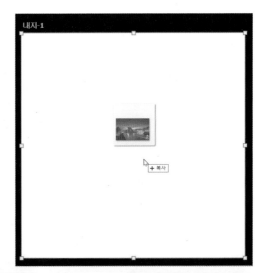

39 도구바의 [사각형 도구]를 클릭하고 상단 옵션바에서 [모양], [칠-흰색], [획-색상 없음]으로 각각 지정하여 캔버스 안쪽에 약 2/3 크기로 사진이 들어갈 사각형을 그립니다.

40 사각형 모서리 안쪽의 작은 원 중 하나를 클릭하고 사각형의 안쪽으로 드래그하여 둥근 사각형으로 변형합니다.

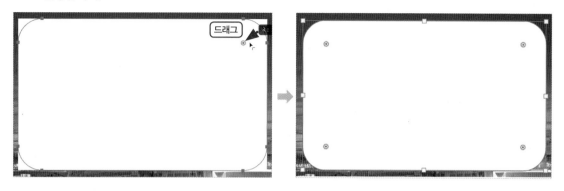

41 [사각형] 레이어를 [센강 복사] 레이어보다 아래로 드래그하여 내립니다. [Alt]를 누른 채 [센강 복사] 레이어와 [사각형] 레이어 사이의 구분 선을 클릭하여 상위 레이어를 하위 레이어의 형태대로 표시하도록 [클리핑 마스크]를 적용합니다.

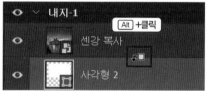

42 [센강] 레이어의 불투명도를 70% 정도로 하여 둥근 사각형의 사진과 구분 짓습니다.

43 [센강] 레이어가 선택된 상태에서 [필터]–[흐림 효과]–
[가우시안 흐림 효과] 메뉴를 클릭하고 [반경]을 7.5 정도로
조정합니다.

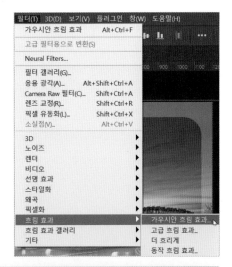

44 [센강 복사] 이미지의 크기와 위치를 적절히 조정하고 이미지를 더블 클릭하여 변형 사항을 적용
합니다.

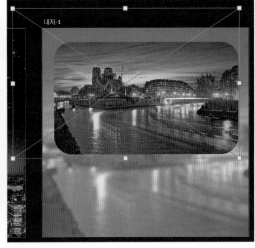

45 [센강 복사] 레이어가 선택된 상태에서 ❶ [조정 레이어]–[곡선]을 클릭하고 ❷ [속성] 창에서 밝기를 밝게, 대비를 더 강하게 곡선을 조정합니다. 다른 레이어에 영향을 주지 않고 [센강 복사] 레이어에만 적용하도록 ❸ [클리핑 마스크]를 클릭합니다.

 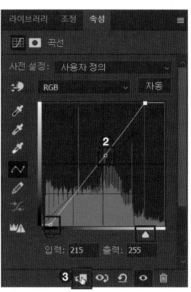

46 [T]를 눌러 [문자 도구]로 사각형 아래쪽과 겹치도록 '프랑스 파리'를 입력합니다.

*사용 폰트 : 카페24 클래식타입 [산돌 구름다리/눈누] 라이선스 확인 필수

47 도구바의 [사각형 도구]를 클릭하고 상단 옵션바에서 [모양], [칠–'Oh, Holy!' 문구 클릭], [획–색상 없음]으로 각각 설정합니다. '프랑스 파리' 글자의 바로 아래에 사각형을 그릴 것이기 때문에, [프랑스 파리] 문자 레이어의 하위 레이어를 클릭합니다.

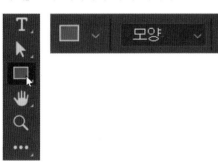 

48 '프랑스 파리' 글자를 감싸는 사각형을 그립니다. 모
서리 안쪽의 작은 원 중 하나를 클릭하고 사각형 안쪽으로
드래그하여 둥근 사각형으로 변형합니다.

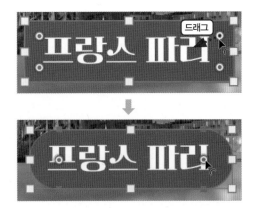

49 레이어 창의 [레이어 스타일]–[그림자]를 클릭하고 캔버스가 가려지지 않도록 레이어 스타일 창을
이동한 후, 검은색 그림자를 추가합니다. [혼합 모드]는 [곱하기]로 설정하고 불투명도, 각도, 거리, 스프
레드, 크기 등의 항목을 적절히 조정한 뒤 〈확인〉 버튼을 클릭합니다.

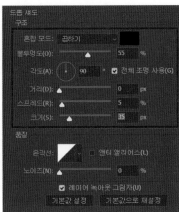

50 도구바의 [그레이디언트 도구]를 클릭하고 Alt (스포이드 도구)를 누른 채 'Oh! Holy' 문구의 색
상을 클릭하여 전경색을 미리 지정해 놓습니다. 상단 옵션바에서 ❶ 그레이디언트 색상을 ❷ [기본 사항]
의 ❸ [전경색/투명도 그레이디언트]로 이루어진 두 번째 색상으로 선택합니다.

51 [센강] 레이어 위에 그레이디언트 칠을 하기 위해 [센강] 레이어의 [조정 레이어]-[그레이디언트]를 클릭하고 [스타일 : 선형], [각도 : 90°]로 설정합니다.

52 그레이디언트 칠 레이어의 [혼합 모드 : 곱하기]로, [불투명도 : 75%] 정도로 조정하면 배경 이미지에 그레이디언트가 은은하게 칠해집니다.

AI로 수집한 정보를 디자인에 반영하기

STEP 5

마이크로소프트 코파일럿(Bing)에서 수집한 정보를 디자인에 반영합니다.

53 마이크로소프트 코파일럿 GPT의 [Vacation planner] 메뉴에서 '프랑스 파리의 인기가 많은 이유'에 대한 정보를 수집하고 디자인에 반영할 내용을 선별합니다.

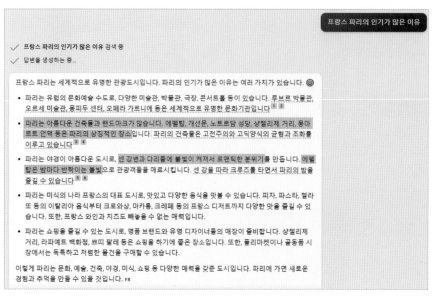

*코파일럿 사용법은 p.310을 참고하세요.

54 T를 눌러 🔲 [문자 도구]를 실행하고 상단 옵션바에서 [앤티 앨리어싱 : 선명하게], [가운데 정렬], [흰색]으로 각각 설정합니다. 캔버스 하단에 마이크로소프트 코파일럿에서 선정한 세부 내용을 입력하고 강조할 문구는 드래그하여 선택 후, Ctrl + T를 눌러 문자 창의 [포 굵게]를 적용합니다.

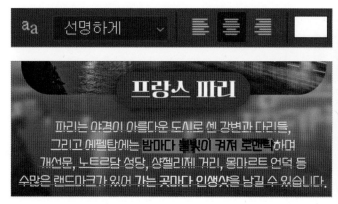

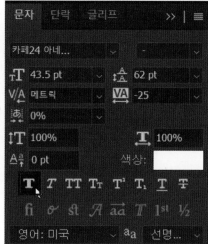

55 도구바의 [사각형 도구]를 클릭하고 상단 옵션바에서 [모양], [칠 : '홀리데이' 문구의 밝은 색상 클릭], [획 : 색상 없음]으로 각각 설정합니다. 세부 내용 바로 아래에 사각형을 그릴 것이기 때문에, 세부 내용을 입력한 레이어의 하위 레이어를 클릭합니다.

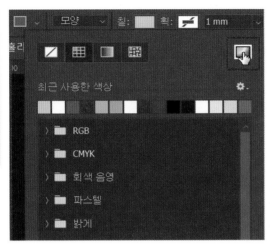

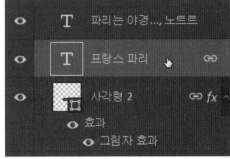

56 [포 굵게]로 강조한 문구의 배경으로 사각형을 그려 형광펜 효과를 만듭니다. Ctrl + J로 레이어를 복사하고 [방향키] 또는 Shift + [방향키]로 이동하여 다른 강조 문구 아래에도 형광펜 효과를 적용합니다.

파리는 야경이 아름다운 도시로 센 강변과 다리들, 그리고 에펠탑에는 밤마다 불빛이 켜져 로맨틱하며 개선문, 노트르담 성당, 샹젤리제 거리, 몽마르트 언덕 등 수많은 랜드마크가 있어 가는 곳마다 인생샷을 남길 수 있습니다.

파리는 야경이 아름다운 도시로 센 강변과 다리들, 그리고 에펠탑에는 밤마다 불빛이 켜져 로맨틱하며 개선문, 노트르담 성당, 샹젤리제 거리, 몽마르트 언덕 등 수많은 랜드마크가 있어 가는 곳마다 인생샷을 남길 수 있습니다.

 시간 절약 필수 단축키

- 개체 이동 시 ↑ / ↓ / ← / → [방향키] | 1px씩 이동합니다.
- 개체 이동 시 Shift + ↑ / ↓ / ← / → [방향키] | 10px씩 이동합니다.

57 T를 눌러 [문자 도구]로 가장 하단에 브랜드 이름을 작게 입력하고 Ctrl + Enter를 눌러 적용합니다. 로고가 될 비행기.png 파일을 [내지-1] 대지에 드래그하여 브랜드 이름의 왼쪽에 배치합니다.

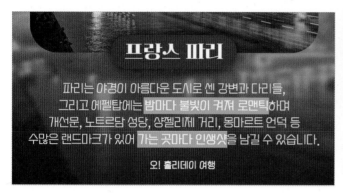

*사용 폰트 : 카페24 아네모네 에어 [산돌 구름다리/눈누]
라이선스 확인 필수

58 [비행기] 레이어의 [레이어 스타일]-[색상 오버레이]를 클릭하고 브랜드 이름과 동일하게 흰색으로 지정한 뒤 〈확인〉 버튼을 클릭합니다.

59 [비행기] 레이어가 선택된 상태에서 Ctrl 을 누른 채 브랜드 이름 레이어를 클릭하여 중복 선택하고 Ctrl + G 를 눌러 레이어 그룹을 만듭니다. 그룹 이름을 더블 클릭하여 '로고'로 변경합니다. V 를 눌러 ➕[이동 도구]를 실행하고 상단 옵션바의 [수평 중앙 맞춤]을 클릭하면 로고 그룹이 캔버스의 정중앙에 배치됩니다.

60 같은 방법대로 [프랑스 파리]+[하위 사각형] 레이어를 [소제목] 그룹으로, [세부 내용]+[하위 사각형] 레이어를 [세부 내용] 그룹으로 만들고, 그룹을 각각 선택하여 [수평 중앙 맞춤] 합니다.

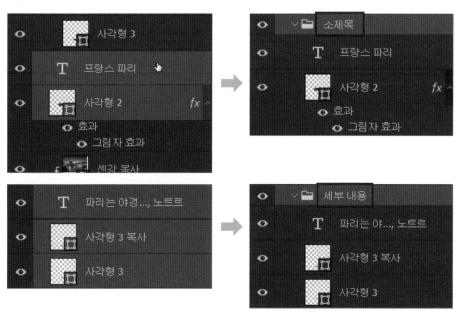

V 를 눌러 ➕[이동 도구]의 상단 옵션바에서 [자동 선택]-[그룹]으로 설정하면 캔버스의 개체 클릭 시, 해당 레이어가 아닌 개체가 포함된 그룹을 자동 선택합니다.

61 [센강 복사] 레이어가 포함된 사각형 레이어를 포함해 캔버스의 중앙에 정렬되어야 하는 레이어들을 [수평 중앙 맞춤] 하여 [내지-1] 디자인을 완성합니다. Ctrl + S를 눌러 PSD 파일을 저장합니다.

STEP 6 통일된 디자인의 여러 페이지 각각 저장하기

대지를 복사하여 통일된 레이아웃의 디자인을 쉽게 완성하고 대지별로 각각
파일을 저장합니다.

62 레이어 창의 [내지-1] 대지를 Ctrl + J를 눌러 복사하고 [내지-2]로 이름을 변경합니다.

63 캔버스에서 둥근 사각형에 속해 있는 센강 이미지를 클릭하고 [Del]을 눌러 삭제합니다. **뉴욕맨해튼.jpg** 파일을 둥근 사각형 위에 드래그하여 가져옵니다.

64 레이어 창에서 [Alt]를 누른 채 [뉴욕맨해튼] 레이어와 [둥근 사각형] 레이어 사이의 구분 선을 클릭하여 클리핑 마스크를 적용합니다. [뉴욕맨해튼] 이미지의 크기와 위치를 적절히 조정 후, 이미지를 더블 클릭하여 편집 사항을 적용합니다.

65 [뉴욕맨해튼] 레이어가 선택된 상태에서 ❶ [조정 레이어]–[곡선]을 클릭하고 다른 레이어에 영향을 주지 않도록 [뉴욕맨해튼] 레이어에 ❷ 클리핑 마스크를 적용합니다. ❸ [속성] 창에서 밝고 대비가 강하게 곡선을 조정합니다.

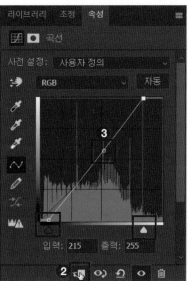

66 [센강] 레이어 위에 이미지를 가져오기 위해 [센강] 레이어를 클릭하고 **뉴욕맨해튼.jpg** 파일을 캔버스에 드래그하여 가져옵니다. 이미지의 크기와 위치를 적절히 조정합니다.

 실전 꿀팁

Alt를 누르며 개체를 확대/축소하면 기준점을 중앙으로 하기 때문에 여러 번 조정하지 않아도 되어 편리합니다.

67 [센강] 레이어의 가우시안 흐림 효과를 이동하기 위해 오른쪽의 고급 필터 아이콘을 [뉴욕맨해튼] 레이어로 드래그하여 이동하고 [뉴욕맨해튼] 레이어의 불투명도를 70% 정도로 조정 후, [센강] 레이어는 Del 을 눌러 삭제합니다.

68 [이동 도구]로 '프랑스 파리' 문구를 더블 클릭하여 전체 선택하고 '미국 뉴욕'으로 수정합니다.

69 [미국 뉴욕] 레이어의 하위 사각형 레이어를 클릭합니다. 글자 수에 맞게 사각형 가로 길이를 줄이기 위해 Shift (가로:세로 비율 고정 해제)+ Alt (중앙을 기준으로)를 동시에 누른 채 둥근 사각형의 왼쪽/오른쪽 중 한 지점을 클릭하여 안쪽으로 드래그합니다.

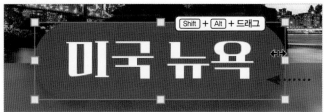

70 53~56번을 참고하여 세부 내용을 입력하고 형광펜 효과 사각형을 이동/변형/추가하여 완성합니다.

71 [파일]-[내보내기]-[대지를 파일로] 메뉴를 클릭하고 ❶ 저장 경로 선택, ❷ 파일명 입력, ❸ JPEG 선택, ❹ 품질을 12(최대)로 설정한 뒤 [실행]을 클릭합니다. 잠시 대기하면 각 대지별로 JPG 파일이 저장됩니다.

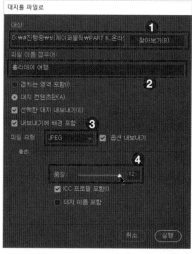

홀리데이 여행내지-1 홀리데이 여행내지-2 홀리데이 여행표지

무료 챗GPT 카피라이팅 &
상세페이지 디자인

무료 최신 챗GPT를 이용해 상세페이지를 기획하고 디자인합니다.

센스 넘치는 만능 비서, 뤼튼

01 뤼튼 홈페이지 **wrtn.ai**에 접속하고 원하는 목적에 맞게 최신 GPT 버전 및 여러 챗봇으로 대화가 가능합니다.

뤼튼은 모바일에서도 사용 가능합니다.

02 ❶ [스토어] 메뉴를 클릭하고 [툴] 항목의 ❷ 검색창에 [페르소나]를 검색해 ❸ 하나의 툴을 클릭합니다.

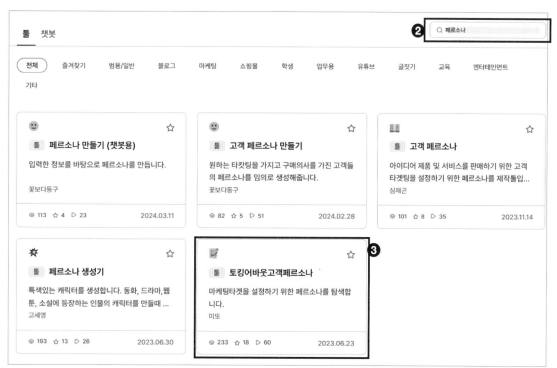

[페르소나]는 다양한 분야에서 사용됩니다. 마케팅에서는 고객을 대표하는 가상의 인물로, 특성, 행동, 요구 등을 바탕으로 마케팅 전략을 더욱 효과적으로 수립하고 실행할 수 있습니다.

03 제품명 및 세부 정보를 입력하고 **[자동 생성]**을 클릭하면 상세한 페르소나의 특성이 생성됩니다. 페르소나를 타깃으로 하여 상세페이지를 기획하면 큰 도움이 됩니다.

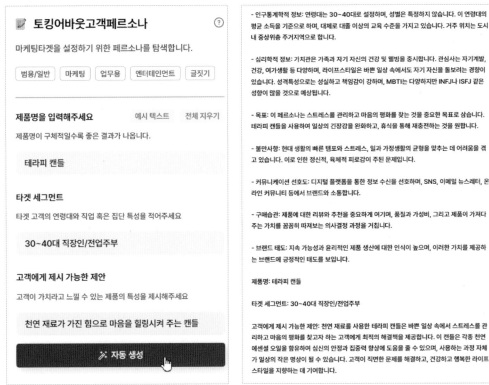

04 ❶ **[스토어]** 메뉴를 클릭하고 **[툴]** 항목의 ❷ 검색창에 **[상세페이지]**를 입력합니다. ❸ 하나의 툴을 클릭합니다.

05 정보를 입력하고 **[자동 생성]**을 클릭하면 상세페이지 홍보 문구가 생성됩니다.

"지친 일상, 스트레스와 불면증 해소에 도움이 되는 천연 캔들"
향기로운 휴식을 원하는 분들에게
평온과 안정을 선사하는 캔들
"자연의 향기와 힐링을 담은 천연 캔들"
일상의 지친 마음을 달래주는 힐링 아이템
천연 소재로 만든 캔들로 편안한 휴식을 경험하세요.

06 **[채팅]** 메뉴를 클릭하고 상세페이지 기획에 필요한 정보와 함께 상세페이지 기획을 명령합니다.

뤼튼 GPT-4

테라피 캔들 상세 페이지 기획안

1. 메인 이미지 섹션

- 이미지1: 테라피 캔들을 켜놓고 휴식을 취하는 30~40대 직장인/전업주부의 모습을 연출. 배경은 집안의 아늑한 공간.
- 이미지2: 캔들의 자연스러운 불빛과 함께 천연 재료들이 어우러진 구성으로 제품의 천연성 강조.
- 이미지3: 다양한 색상과 디자인의 테라피 캔들 제품군 소개.

2. 제품 소개 섹션

- 제목: 지친 일상에서 찾는 작은 안식, 테라피 캔들
- 내용:
  - 테라피 캔들은 스트레스와 불면증 해소에 특화된 천연 캔들입니다.
  - 천연 에센셜 오일을 사용하여 마음의 안정과 깊은 휴식을 선사합니다.
  - 일상 속 작은 휴식으로 당신의 삶에 포근함과 편안함을 더해줍니다.

3. 특장점 섹션

- 천연 재료 사용: 100% 천연 왁스와 에센셜 오일로 만들어져 안심하고 사용할 수 있습니다.
- 스트레스 해소: 특별히 선택된 향기가 심신의 안정을 돕고 스트레스를 줄여줍니다.
- 수면의 질 향상: 편안한 향기가 숙면을 유도하여 불면증에도 도움을 줍니다.
- 다양한 디자인: 취향에 맞게 선택할 수 있는 다양한 색상과 디자인.

4. 사용 방법 섹션

- 사용 전 준비: 적당한 위치에 캔들을 놓고, 주변에 가연성 물질이 없도록 합니다.
- 점화 및 사용: 불을 켜고, 적어도 1~2시간 동안 켜두어 향기가 공간에 퍼지도록 합니다.
- 사용 후 관리: 완전히 꺼진 후, 캔들의 왁스가 고르게 녹도록 주의하여 다음 사용을 준비합니다.

5. 구매후기 섹션

- 고객 후기: 실제 사용자들의 후기와 사진을 통해 제품의 만족도와 효과를 보여줍니다.
- 별점 및 리뷰: 제품에 대한 평가와 함께 개인의 경험을 나누는 공간.

6. 구매 안내 섹션

- 가격 정보: 제품의 가격과 현재 진행 중인 할인이나 프로모션 정보 제공.
- 배송 정보: 배송 방법, 기간, 비용 등 상세한 배송 정보 안내.
- 교환 및 반품: 교환 및 반품 정책에 대한 상세한 안내.

실전 꿀팁

이미지 생성을 명령 후, 생성된 이미지를 클릭하면 다운로드하여 사용할 수 있습니다.

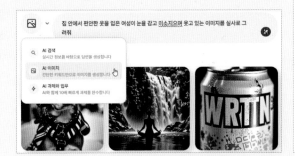

뤼튼 AI 이미지

이미지를 다음과 같이 다시 그려봤어요!

AI로 문구를 생성한

상세페이지 디자인

📁 **실습 파일** 상세페이지 실습 파일 폴더
Ps **완성 파일** 상세페이지.psd

뤼튼이 생성한 카피라이팅을 기반으로, 상품의 매력과 특징을 강조하는 상세페이지를 디자인합니다. 다양한 내용과 사진을 한눈에 볼 수 있도록 깔끔하고 효과적인 레이아웃을 구성하며, 쇼핑몰에서 쉽게 활용할 수 있도록 분할 저장하는 방법을 배웁니다.

이런 걸 배워요!

- ✅ 대지(아트보드) 기능으로 픽셀 크기가 큰 캔버스를 나누어 디자인합니다.
- ✅ 도형을 그리고 도형의 형태를 따라 문자를 입력합니다.
- ✅ 고급 개체 레이어의 기본 원리를 익히고 레이어 마스크에 그레이디언트를 적용합니다.
- ✅ 반복되는 레이아웃을 복사·붙여넣기 하고 문구만 수정하는 방식으로 빠르게 디자인합니다.

STEP 1 상품의 첫인상, 상단 디자인

상세페이지의 메인 이미지와 제목을 디자인합니다.

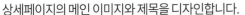

01 Ctrl + N 을 눌러 [파일 이름 : **상세페이지**], [폭 : **1000픽셀**], [높이 : **5000픽셀**], [아트보드 체크], [해상도 : **72ppi**], [색상 모드 : **RGB 색상**]으로 새 파일을 만듭니다. 캔버스 좌측 상단에 [대지 1]이라는 문구가 나타납니다. **캔들1.jpg** 파일을 드래그하여 캔버스에 가져옵니다.

02 도구바의 [사각형 선택 윤곽 도구]로 이미지에서 잘라낼 하단 영역을 제외한 상단 부분을 선택합니다. 레이어 마스크를 적용해 선택된 부분만 남깁니다.

03 새 레이어를 추가하고 도구바의 **[그레이디언트]** 도구를 클릭합니다. 밝은 이미지 위에 문구를 적으면 잘 안보이기 때문에 도구바 하단이나 **[색상]** 창의 전경색을 어두운 갈색으로 지정합니다.

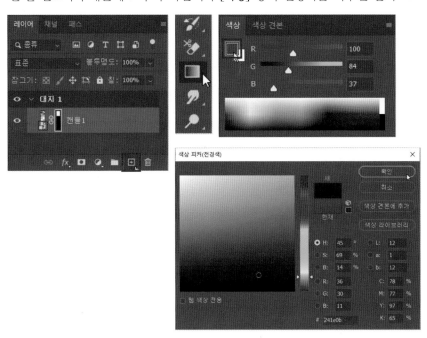

04 상단 옵션바에서 ❶ 그레이디언트 색상을 ❷ **[기본 사항]**에서 **[전경색/투명 그레이디언트]**로 선택합니다. ❸ 수직/수평/45°로 방향을 고정하는 Shift를 누른 채 이미지의 위쪽에서 중간 지점까지 드래그하여 그레이디언트를 칠합니다. 레이어 창의 ❹ **[불투명도]**를 80~90%로 낮춰 배경이 은은하게 보이도록 합니다.

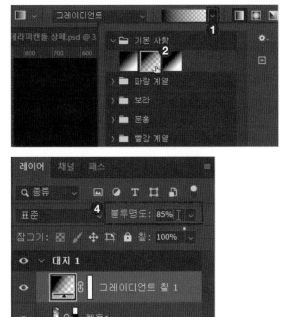

05 Ctrl을 누른 채 [캔들1] 레이어를 중복 선택하고, [모든 특성 잠금]하여 다른 작업 중 잘못 선택되거나 방해되지 않도록 합니다.

06 T를 눌러 [T][문자 도구]를 실행하고 상단 옵션바에서 [앤티 앨리어싱 : 선명하게], [가운데 정렬], [흰색]으로 각각 지정합니다. 이미지의 상단 중앙 부분에 브랜드 이름으로 설정한 'Aroma Nature'를 적당한 크기와 폰트로 입력하고 Ctrl + Enter를 눌러 적용합니다. 동일한 방법으로 브랜드 이름 아래에 상품명 'Therapy Candle'을 크게 입력합니다.

*사용 폰트 : Scrivano Bold [어도비 폰트] 라이선스 확인 필수

07 아치형으로 문자를 입력하기 위해 도구바의 [곡률 펜 도구]를 클릭하고 상단 옵션바에서 [패스]로 설정합니다. 'Aroma Nature'의 'A' 윗부분을 클릭하고 Shift(수직/수평/45°)를 누른 채 'e'의 윗부분을 각각 클릭하여 직선을 그립니다.

08 선분의 중앙 부분을 클릭한 채 Shift (수직/수평/45°)를 누르며 위로 드래그하면 정중앙에 점이 추가됨과 동시에 위로 휘어진 아치형 곡선으로 변형됩니다. T를 눌러 T. [문자 도구]를 실행합니다.

09 상단 옵션바에서 [앤티 앨리어싱-선명하게], [가운데 정렬], [흰색]으로 각각 지정하고 곡선 패스 중앙의 점을 클릭합니다. '마인드 테라피 에디션' 문구를 작은 크기로 입력하고 Ctrl + Enter 를 눌러 적용합니다.

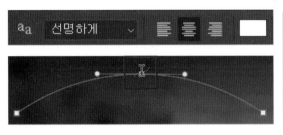

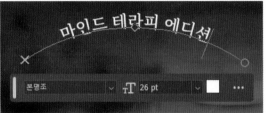

패스는 [패스 선택 도구]나 [직접 선택 도구]로 클릭과 드래그하여 수정합니다.

10 T를 눌러 T. [문자 도구]로 'Therapy Candle' 아래에 '마인드 테라피 에디션'보다 조금 더 큰 크기로 '아로마네이처 테라피 캔들'을 입력합니다.

*사용 폰트 : 본명조 Medium [산돌 구름다리/눈누] 라이선스 확인 필수

11 문구가 더 잘 보이도록 효과를 넣겠습니다. [아로마네이처 테라피 캔들] 레이어의 [레이어 스타일]-[그림자]에서 [혼합 모드 : 곱하기], [불투명도 : 30~35%], [거리 : 0], [스프레드 : 5 이하], [크기 : 10~15]로 설정합니다.

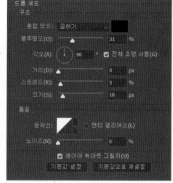

12 도구바의 [타원 도구]를 클릭하고 상단 옵션바에서 [모양], [칠 : 색상 없음], [획 : 흰색], [0.7mm]로 각각 지정합니다. '아로마네이처 테라피 캔들' 문구를 감싸는 타원을 그립니다.

13 [V]를 눌러 [이동 도구]로 모든 문구 부분을 드래그하여 선택합니다. [Ctrl] + [G]를 눌러 그룹화하고 그룹 이름을 더블 클릭하여 '제목'으로 변경합니다.

[제목] 그룹이 선택된 상태에서 [V]를 눌러 [이동 도구]를 실행하고 상단 옵션바의 [수평 중앙 맞춤]을 클릭해 가운데 정렬합니다.

14 [타원 도구]가 선택된 상태에서 [Shift](1:1 비율)를 누른 채 이미지 우측 상단에 드래그하여 정원을 그립니다. [Ctrl] + [J]를 눌러 타원 레이어를 복사합니다.

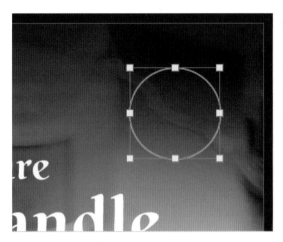

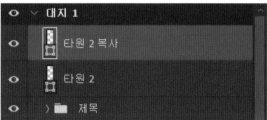

⏎ 시간 절약 필수 단축키

- [Shift] **누른 채 도형 그리기** | 가로:세로 비율이 1:1인 도형을 그립니다.

  [예] [Shift] **누른 채 사각형 그리기** | 정사각형을 그립니다.
- [Alt] **누른 채 도형 그리기** | 클릭한 지점을 중앙으로 하여 도형을 그립니다.
- [Shift] + [Alt] **누른 채 도형 그리기** | 클릭한 지점을 중앙으로 하여 1:1 비율의 도형을 그립니다.

---

15 중앙을 기준으로 가로:세로 비율을 유지하여 크기를 축소하기 위해 [Alt] + [Shift]를 누른 채 안쪽으로 드래그합니다. 작은 원의 획의 두께를 상단 옵션바에서 1mm로 수정합니다.

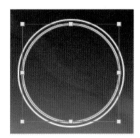

16 14~15번과 동일한 방법으로 작은 크기의 원을 하나 더 만들고 획의 두께를 0.7mm로 수정합니다. T를 눌러 **T** [문자 도구]로 작은 원 안에 두 줄로 '임상시험 완료'를 흰색으로 입력합니다.

 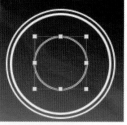 

*사용 폰트 : 본명조 Medium [산돌 구름다리/눈누] 라이선스 확인 필수

17 가장 작은 원 바깥쪽에 문자를 입력할 용도로 가장 작은 원의 레이어를 Ctrl + J로 복사합니다. Alt + Shift를 누른 채 조금 더 크게 만들고 Enter를 눌러 적용합니다. [속성] 창에서 [획 : 색상 없음]으로 설정합니다.

18 T를 눌러 **T** [문자 도구]로 [가운데 정렬]이 설정된 상태에서 문자를 입력할 원의 상단 중앙 점을 클릭합니다. '인체 무해 성분'을 적당한 크기의 흰색으로 입력합니다.

*사용 폰트 : 본명조 Medium [산돌 구름다리/눈누] 라이선스 확인 필수

19 큰 원 중 하나를 Ctrl + J를 눌러 레이어 복사하고 문자를 입력할 용도로 Alt (중앙을 기준으로)를 누른 채 큰 원들보다 조금 작게 축소합니다. Enter를 눌러 적용하고 **18**번을 참고하여 원의 하단 중앙 점을 클릭하여 'CLEAN FRAGRANCE'를 입력합니다.

*사용 폰트 : 본명조 Medium [산돌 구름다리/눈누] 라이선스 확인 필수

20 원의 바깥쪽에 입력된 문자의 중앙 부분을 Ctrl을 누른 채 원의 안쪽으로 드래그하면 원 안쪽으로 문자가 이동됩니다. 원과 문자의 크기를 균형 있게 정돈합니다.

 실전 꿀팁

패스 선은 패스 레이어가 아닌 다른 레이어를 클릭하면 잠시 보이지 않습니다.

필요시 문자를 드래그하여 선택하고 Ctrl + T 를 눌러 자간을 넓게 조정합니다.

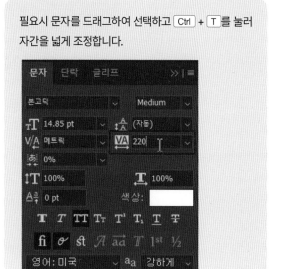

레이어를 정돈하여 능률 올리기

01 V를 눌러 [이동 도구]를 실행하고 임상시험 완료 마크 부분을 드래그하여 모두 선택합니다. Ctrl + G를 눌러 그룹화하고 그룹 이름을 더블 클릭하여 '임상시험 마크'로 변경합니다.

02 상단 디자인을 그룹화하기 위해 가장 하위 레이어를 클릭하고 Shift를 누른 채 가장 상위 레이어를 클릭하여 그 사이에 있는 레이어들까지 모두 선택합니다. Ctrl + G를 눌러 [상단] 그룹을 만듭니다.

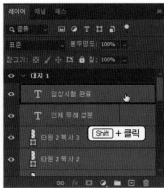

> ⚠ **주의** 레이어가 많아지면 레이어를 찾기가 어려워 작업 속도가 더뎌지고, 공동 작업 시 다른 사람이 작업하기에 어려움을 겪습니다. 성격이 비슷한 레이어끼리 그룹으로 만들어 그룹 이름과 레이어 이름을 변경하면 레이어 창이 깔끔하게 정돈되어 작업 능률을 올릴 수 있습니다.

STEP 2 이미지와 문구를 조화롭게, 본문 디자인

클리핑 마스크 기능을 활용하여 상세페이지의 본문을 디자인합니다.

21 도구바의 ❶ [선 도구]를 클릭하고 상단 옵션바에서 [모양], [칠 : 색상 없음], ❷~❺[획 : 진녹색]으로 설정합니다.

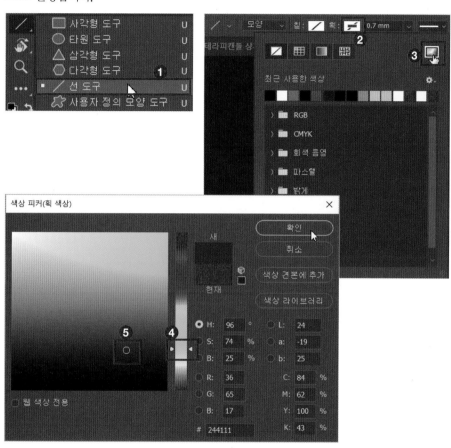

22 상단 이미지 아래에 Shift(수직/수평/45°)를 누른 채 수직으로 드래그하여 수직 선을 그립니다.

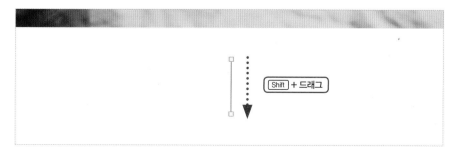

23 색상 견본 창([창]–[색상 견본] 메뉴)에서 상단의 최근 사용 색상 중 ❶ [진녹색]을 클릭하고 ❷ [+] 견본 추가를 클릭하여 ❸ 하단에 진녹색 견본을 추가합니다.

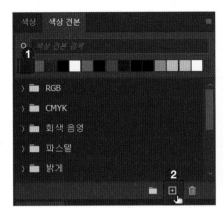 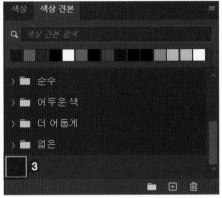

실전 꿀팁

자주 쓰는 색상은 색상 견본에 추가해 놓으면 편리합니다.

24 T 를 눌러 [문자 도구]를 실행하고 소제목을 입력하기 전 문자 속성을 상단 옵션바에서 미리 설정합니다. 제목과 동일한 폰트(동일한 폰트라도 기울임체인 'Italic'으로 설정하면 디자인이 단조롭지 않습니다.), [가운데 정렬]로 설정합니다. ❶ 문자 [색상]은 ❷ [색상 견본] 창의 [진녹색] 견본을 클릭합니다.

25 세로선 아래에 'Recommend'를 입력하고 Ctrl + Enter 를 눌러 적용합니다. 그 아래에 뤼튼에서 생성한 카피라이팅을 토대로 인트로 문구를 진갈색으로 입력하고 Ctrl + Enter 를 눌러 적용합니다.

*사용 폰트 : 본명조 Medium [산돌 구름다리/눈누] 라이선스 확인 필수

26 진갈색도 색상 견본에 추가하기 위해 도구바 하단이나 [색상] 창의 ❶ 전경색을 클릭하고 문구에 사용된 ❷ 진갈색을 스포이드로 클릭합니다.

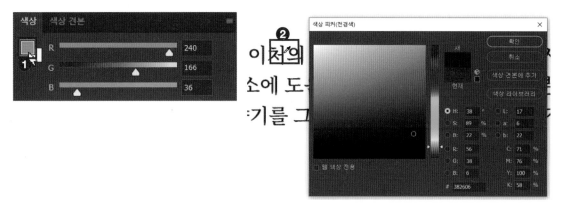

27 [색상 견본] 창의 [+] 색상 추가 버튼을 클릭하여 진갈색을 추가합니다.

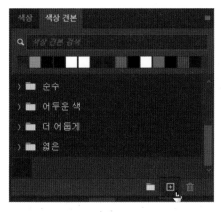

28 [보기]-[안내선]-[새 안내선 레이아웃] 메뉴에서 [열]-[번호 : 3]을 입력하여 캔버스를 3열로 등분한 안내선을 만듭니다.

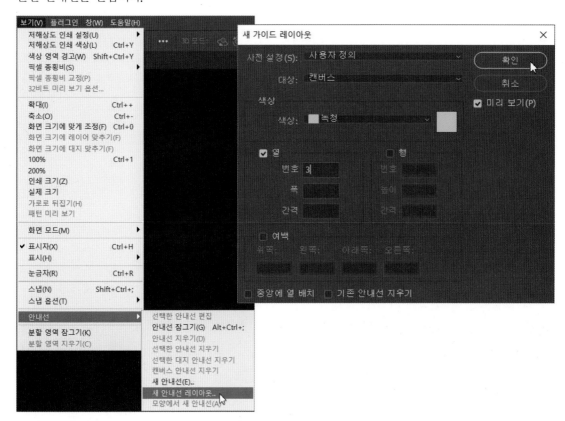

29 사진을 넣을 사각 틀을 그리기 위해 도구바의 [사각형 도구]를 클릭하고 상단 옵션바에서 [모양], [칠 : 임의 색상], [획 : 색상 없음]으로 지정합니다.

30 문구 아래에 안내선에 맞춰 캔버스 가로 길이의 1/3 길이로 직사각형을 그리고 **불면.jpg** 파일을 직사각형 위로 드래그하여 가져옵니다.

31 [레이어] 창에서 Alt 를 누른 채 [불면] 레이어와 [사각형 1] 레이어 사이의 구분 선을 클릭하여 클리핑 마스크를 적용합니다. 이미지의 위치와 크기를 조정하고 이미지를 더블 클릭하여 적용합니다.

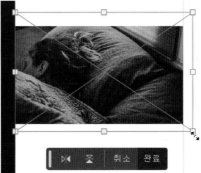

32 T 를 눌러 [문자 도구]로 이미지 아래에 불면증을 앓는 사람에 대해 입력합니다. V 를 눌러 [이동 도구]로 이미지와 문구가 포함되도록 드래그하여 선택합니다.

*사용 폰트 : 본명조 Regular [산돌 구름다리/눈누] 라이선스 확인 필수

33 Alt (복사)와 Shift (수직/수평/45°)를 누른 채 오른쪽으로 드래그하여 복사합니다. 동일한 방법으로 가장 오른쪽에도 한 번 더 복사합니다.

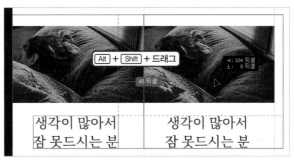

34 두 번째 이미지를 클릭하고 **선물.jpg** 파일을 드래그하여 가져옵니다. **[레이어]** 창의 **[불면 복사]** 레이어를 `Del`을 눌러 삭제합니다.

35 31번과 동일한 방법으로 **[선물]** 레이어를 **[사각형 1 복사]**에 클리핑 마스크 적용하고 이미지의 위치와 크기를 조정합니다.

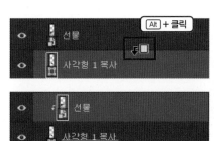

36 ⊤를 눌러 ■[문자 도구]를 실행하고 선물 이미지 아래의 문구를 선물을 고민하는 사람에 관한 내용으로 변경합니다. 가장 오른쪽의 이미지와 문구도 동일한 방법으로 변경합니다.

37 Ⅴ를 눌러 ■[이동 도구]로 'Recommend' 내용에 해당하는 부분이 모두 포함되도록 드래그하여 선택합니다. Ctrl + G를 눌러 'Recommend' 그룹으로 만듭니다.

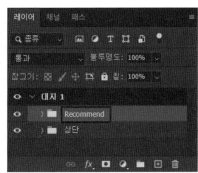

레이어 마스크로 자연스러운 레이아웃
레이어 마스크를 적용해 사진과 글을 조화롭게 레이아웃합니다.

38 **캔들2.jpg** 파일을 캔버스에 드래그하여 가져오고 문구 하단의 여백에 크기와 위치를 조정하여 배치합니다.

39 [캔들 2] 레이어에 ❶ 레이어 마스크를 추가하고 ❷ 도구바의 **[그레이디언트 도구]**를 클릭합니다. 상단 옵션바에서 ❸ 그레이디언트 색상을 ❹ **[기본 사항-흰색/검은색]** 그레이디언트로 지정합니다.

40 Shift (수직/수평/45°)를 누른 채 이미지 상단 부분에 수직으로 드래그하여 윗부분을 자연스럽게 제거합니다. 그레이디언트의 방향이 반대로 적용된다면, 드래그의 방향을 반대로 합니다. T 를 눌러 T [문자 도구]로 뤼튼에서 생성한 카피라이팅을 연갈색으로 입력하고 Ctrl + Enter 를 눌러 적용합니다.

*사용 폰트 : 본명조 Medium [산돌 구름다리/눈누] 라이선스 확인 필수

41 [캔들2] 이미지 보정을 위해 레이어 축소판을 더블 클릭합니다. [캔들2] 새 창에서 Ctrl + M 을 눌러 [곡선]으로 밝기를 조정합니다. Ctrl + S 를 눌러 저장하고 [캔들2] 새 창은 〈X〉 버튼을 눌러 닫으면 작업 중이던 상세페이지의 [캔들2] 이미지가 보정된 것을 확인할 수 있습니다.

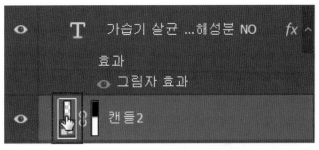

42 26~27번의 방법과 동일하게 연갈색 색상 견본을 추가합니다.

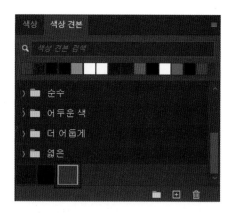

43 Alt (복사)와 Shift (수직/수평/45°)를 누른 채 아래로 드래그하여 복사합니다. 더 작은 크기의 고딕체로 세부 내용을 입력하고 진갈색으로 지정합니다. Ctrl + Enter 를 눌러 적용합니다.

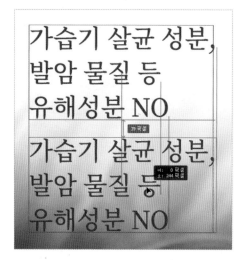
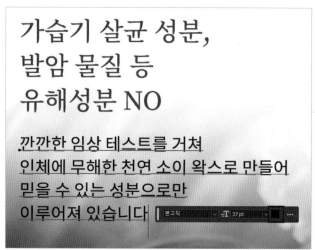

*사용 폰트 : 본고딕 Regular [산돌 구름다리/눈누] 라이선스 확인 필수

44 다음 내용을 입력하기 위해 V 를 눌러 ✛[이동 도구]를 실행하고 Shift 를 누른 채 위의 문구와 아래 문구를 클릭하여 중복 선택합니다.

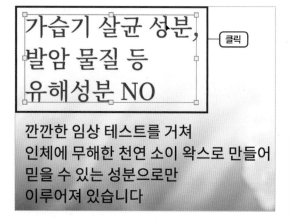
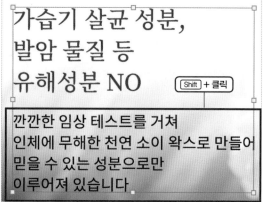

45 Alt 를 누른 채 이미지의 우측 하단으로 드래그하여 복사합니다. [문자] 창의 ❶ [단락] 탭([창-단락] 메뉴)에서 ❷ [오른쪽 정렬]로 설정하고 위치를 조정합니다.

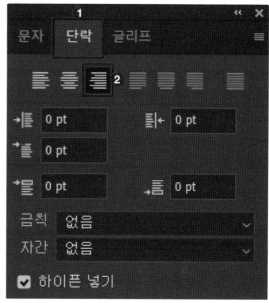

46 뤼튼에서 생성한 카피라이팅을 토대로 문구를 수정하고 필요시 위치를 조정합니다.

전문 조향사의
마인드 테라피

아로마테라피 전문 조향사가 직접
제작에 참여해 여러 스트레스와 피로를
풀어주는 데 도움을 줍니다

47 작업 중 캔버스 영역이 모자를 경우, ⓒ를 눌러 [자르기 도구]로 캔버스 하단을 아래로 길게 드래그하여 작업 영역을 확보해 놓습니다. 디자인 후 여백이 남으면 다시 잘라냅니다.

⚠️ **주의** 캔버스 크기가 너무 크면 내보내기 시 자동 축소되어 저장될 수 있으므로 캔버스 대지 하나의 높이가 8000px이 넘지 않도록 합니다. 캔버스 전체 크기는 작업 창 좌측 하단에서 확인할 수 있습니다.

33.33% 1000 픽셀 x 6503 픽셀 (72 ppi)

드래그

전문 조향사의
마인드 테라피

아로마테라피 전문 조향사가 직접
제작에 참여해 여러 스트레스와 피로를
풀어주는 데 도움을 줍니다

48 캔들3.jpg 파일을 캔버스에 드래그하여 가져오고 배경으로 만들기 위해 레이어 창에서 문구 레이어들보다 아래에 배치합니다. 39~40번의 방법을 참고하여 이미지의 윗쪽이 흐린 배경 이미지를 만듭니다.

전문 조향사의
마인드 테라피

아로마테라피 전문 조향사가 직접
제작에 참여해 여러 스트레스와 피로를
풀어주는 데 도움을 줍니다

전문 조향사의
마인드 테라피

아로마테라피 전문 조향사가 직접
제작에 참여해 여러 스트레스와 피로를
풀어주는 데 도움을 줍니다

49 37번의 방법을 참고하여 특징 2가지에 해당하는 레이어들을 [특징] 그룹으로 만듭니다.

레이어 창에서 '특징'에 해당하는 레이어들을 Ctrl 을 누른 채 모두 선택 후 그룹으로 만들어도 됩니다.

 STEP 4 군더더기 없는 상세 옵션 정보 디자인
상품의 상세 옵션 정보를 디자인합니다.

50 V 를 눌러 ✛[이동 도구]로 [대지 1] 글자를 클릭합니다. 오른쪽 [+]를 클릭하여 오른쪽에 같은 크기로 하여 이어서 디자인할 대지를 추가합니다.

51 ⊕[이동 도구]가 선택된 채로 [대지 1]의 세로선과 'Recommend'가 포함되도록 드래그하여 선택 후 Alt 를 누른 채 [대지 2]의 상단에 복사합니다. T 를 누르거나 문구를 더블 클릭하여 'Fragrance'로 수정하고 Ctrl + Enter 를 눌러 적용합니다.

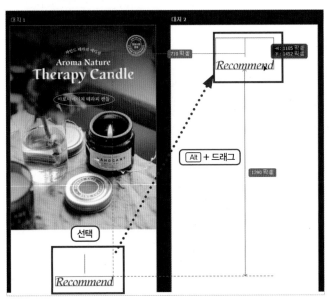

52 기존 안내선을 지우고 새로운 안내선을 추가하기 위해 [보기]–[안내선]–[안내선 지우기] 메뉴로 안내선을 지우고, [보기]–[안내선]–[새 안내선 레이아웃] 메뉴에서 [열]–[번호 : 2]로 지정하여 캔버스를 좌·우 이등분한 안내선을 추가합니다.

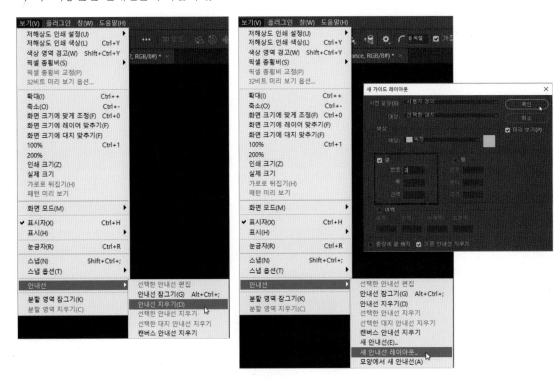

53 V를 눌러 ⊕[이동 도구]로 세로선과 'Fragrance' 문구를 안내선에 맞춰 가운데 정렬하고 바탕을 클릭하여 아무 개체도 선택되어 있지 않도록 합니다.

54 이미지를 넣을 사각형을 그리기 위해 도구바의 [사각형 도구]를 클릭하고 상단 옵션바에서 [모양], [칠 : 임의 색상], [획 : 색상 없음]으로 지정합니다. 안내선에 맞춰 캔버스 가로 길이의 1/2 길이로 직사각형을 그립니다.

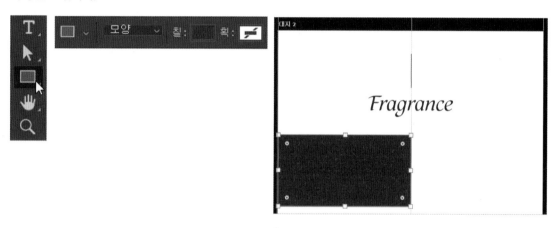

55 사각형 위에 **라벤더.jpg** 파일을 드래그하여 가져옵니다. Alt 를 누른 채 [라벤더] 레이어와 [사각형 2] 레이어 사이의 구분 선을 클릭하여 클리핑 마스크를 적용합니다. 이미지의 위치와 크기를 조정하고 Enter 를 누릅니다.

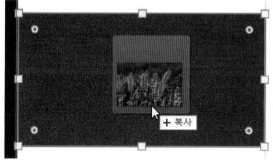

56 사각형의 일부를 자연스럽게 제거하기 위해 사각형 레이어에 레이어 마스크를 추가합니다. 도구
바의 [그레이디언트 도구]를 클릭하고 상단 옵션바에서 색상을 [기본 사항-흰색/검은색 그레이디언트]로
지정합니다.

57 라벤더 이미지의 오른쪽 영역에 Shift(수직/수평/45°)를 누른 채 수평으로 드래그하여 이미지의
오른쪽을 자연스럽게 제거합니다. 라벤더 이미지 위에 문자를 입력하기 위해 레이어 창의 [라벤더] 레이
어를 클릭합니다.

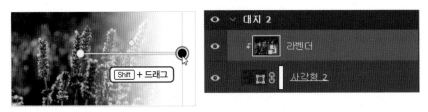

58 T를 눌러 [문자 도구]의 상단 옵션바에서 폰트를 지정하고 [색상]-[색상 견본-연갈색]으로 지
정합니다. 라벤더 이미지에서 흐리게 처리한 부분에 '라벤더'를 입력하고 Ctrl + Enter를 눌러 적용합니다.

59 왼쪽 정렬을 맞추기 위해 ❶ Ctrl(이동 도구) + Alt(복사) + Shift(수직/수평/45°)를 누른 채 '라벤더' 글자를 아래로 복사합니다. 폰트 및 색상을 동일하게 세부 내용을 입력하기 위해 ❷ [대지 1]의 진 갈색 세부 내용을 Ctrl + C로 복사합니다. Ctrl + Enter를 눌러 문자 선택을 해제하고 ❸ 복사한 아 랫줄 '라벤더' 글자에 Ctrl + V로 붙여넣기 합니다. ❹ 문구를 수정하고 크기를 더 크게, 행간을 알맞 게 조정하여 Ctrl + Enter를 눌러 적용합니다.

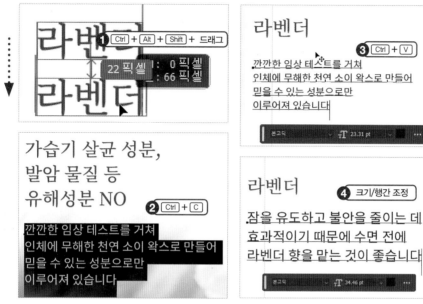

60 V를 눌러 [이동 도구]를 실행하고 ❶ 라벤더 이미지 영역을 드 래그하여 선택합니다. ❷ Alt를 누른 채 우측 하단에 드래그하여 복사하고 흰 영역의 방향을 반전 시키기 위해 ❸ **[사각형 2 복사]** 레이어의 레이어 마스 크를 클릭합니다.

61 도구바의 [그레이디언트 도구]로 라벤더 이미지의 왼쪽 영역에 Shift (수직/수평/45°)를 누른 채 수평으로 드래그하여 이미지의 왼쪽을 자연스럽게 제거합니다. 라벤더 이미지를 다른 이미지로 교체하기 위해 [라벤더 복사] 레이어를 Del 을 눌러 삭제하고 **캐모마일.jpg** 파일을 드래그하여 [사각형 2 복사] 레이어 위에 가져옵니다.

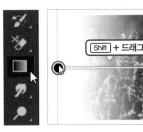

62 Alt 를 누른 채 [캐모마일] 레이어와 [사각형 2 복사] 레이어의 구분 선을 클릭하여 클리핑 마스크를 적용합니다. V 를 눌러 [이동 도구]로 이미지의 위치와 크기를 조정하여 Enter 를 누릅니다.

63 [이동 도구]가 선택된 상태에서 ❶ 라벤더 내용 영역을 드래그하여 모두 선택하고 ❷ Alt 를 누른 채 캐모마일 이미지 왼쪽으로 드래그하여 복사합니다. [문자] 창의 [단락] 탭([창-단락] 메뉴)에서 ❸ [오른쪽 정렬]로 설정하고 위치를 조정합니다.

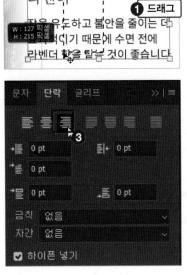

64 복사한 '라벤더' 문구를 더블 클릭하여 '캐모마일'로 수정 후 Ctrl + Enter 를 눌러 적용하고 아래의 세부 내용도 더블 클릭하여 수정합니다.

65 라벤더와 캐모마일 이미지&내용 영역을 모두 드래그하여 선택하고 Alt (복사)+ Shift (수직/수평/45°)를 누른 채 아래로 드래그하여 복사합니다.

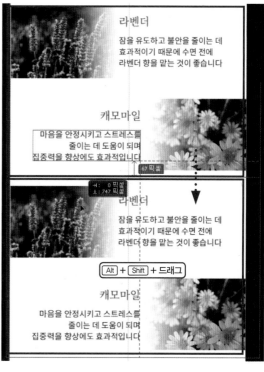

66 61, 62, 64번의 방법을 참고하여 이미지와 문구를 수정합니다. **41**번의 방법을 참고하여 각 이미지의 밝기를 보정합니다.

67 [이동 도구]로 'Fragrance' 내용에 해당하는 부분이 모두 포함되게 드래그하여 선택합니다. Ctrl + G 를 눌러 'Fragrance' 그룹으로 만듭니다.

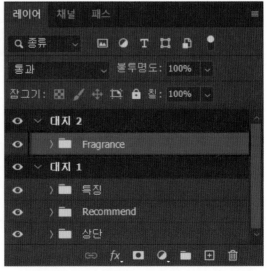

STEP 5
감각적인 하단 디자인
상세페이지를 마무리하는 하단 영역을 디자인합니다.

68 하단 영역에 **마지막.jpg** 파일을 드래그하여 가져오고, 안내선에 맞춰 캔들이 가운데 오도록 위치와 크기를 조정합니다. 이미지를 더블 클릭하여 적용합니다.

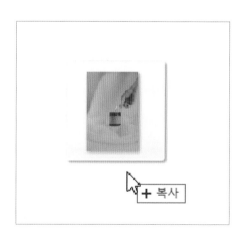

69 Ctrl + M 을 눌러 곡선으로 밝기를 조정하고 [마지막] 레이어에 레이어 마스크를 추가합니다.

70 56~57번을 참고하여 [그레이디언트 도구]로 이미지의 윗부분을 자연스럽게 제거합니다. T 를 눌러 [문자 도구]로 브랜드 이름 'Aroma Nature'와 상품명 '마인드 테라피 캔들'을 각각 연갈색, 진갈색으로 입력 후 Ctrl + Enter 를 눌러 적용합니다. 그 아래에는 뤼튼에서 생성한 카피라이팅을 토대로 문구를 진갈색으로 입력합니다.

71 V를 눌러 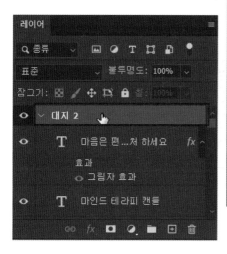[이동 도구]를 실행하고 레이어 창의 [대지 2]를 클릭합니다. 캔버스 하단을 위로 드래그하여 불필요한 부분을 잘라냅니다.

72 캔버스에서 하단 영역을 드래그하여 모두 선택하고 Ctrl + G 를 눌러 [하단] 그룹으로 만듭니다.

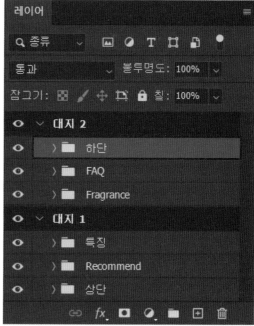

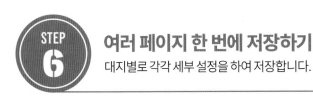

STEP 6 여러 페이지 한 번에 저장하기

대지별로 각각 세부 설정을 하여 저장합니다.

73 Ctrl + S 를 눌러 PSD 원본 파일을 저장하고 [파일]-[내보내기]-[내보내기 형식] 메뉴에서 [대지 1]의 ❶ JPG 품질을 가장 높게 설정합니다. ❷ [대지 2]의 JPG 품질도 가장 높게 설정하고 〈내보내기〉를 클릭합니다.

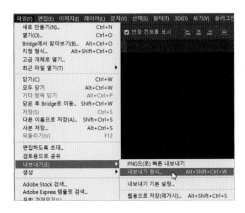 

74 저장 폴더를 선택하면 **대지 1.jpg, 대지 2.jpg** 파일이 저장됩니다.

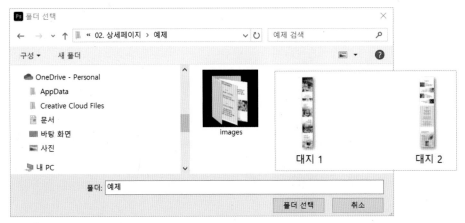

상품 섬네일로 사용하거나 상세페이지에 추가할 움직이는 GIF 파일이 필요할 경우, 어도비 익스프레스 홈페이지 new. express.adobe.com에서 동영상을 움직이는 GIF 파일로 손쉽게 만들 수 있습니다.

온라인 광고
배너 디자인

구글 애즈의 광고 배너 디자인은 많은 정보 중에서도 눈에 띄어야 하기 때문에, 독특하고 참신한 디자인으로 클릭을 유도해야 합니다. 이를 위해 소스를 다운로드받지 않고도 도형을 직접 그리고 변형하는 방식을 활용하여 실무에서의 응용력을 크게 향상시킬 수 있습니다.

🗂 실습 파일 1200X628.jpg / 600X600.jpg
Ⓟ 완성 파일 블랙프라이데이 배너.psd

이런 걸 배워요!

✔ 문자의 테두리만 남겨 눈에 띄는 제목을 디자인합니다.

✔ 도형을 그리고 속성을 변형하여 디자인을 꾸며줍니다.

✔ 동일한 스타일로 크기가 다른 디자인을 한 파일에 디자인합니다.

STEP 1 테두리 효과로 유니크한 제목 디자인
약간의 효과와 배경 추가만으로도 단조롭지 않은 제목을 디자인할 수 있습니다.

01 `Ctrl` + `N`을 눌러 [파일 이름 : 온라인 배너], 폭과 높이는 구글 애즈 배너 사양인 [600픽셀], [아트보드 체크], [해상도 : 72ppi], [RGB 색상]으로 새 파일을 만듭니다.

구글 애즈 홈페이지 ads.google.com에서 미리 사양을 확인합니다.

비율	권장 크기	수량
가로형 1.91:1	1200x628픽셀 (최소 600x314픽셀)	이미지 1~15개 권장: 5개
로고 1:1	1200x1200픽셀 (최소 128x128픽셀)	이미지 1~5개 권장: 1개
로고 4:1	1200x300픽셀 (최소 512x128픽셀)	이미지 1~5개 권장: 1개
정사각형 1:1	600x600픽셀 (최소 300x300픽셀)	이미지 1~15개 권장: 5개

02 [조정 레이어]-[단색]을 클릭하고 색상 코드 [#000000]인 검은색 색상 칠 레이어를 만듭니다.

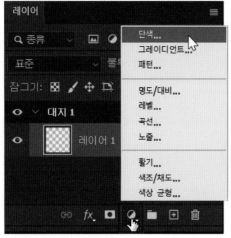

03 □T□를 눌러 █T█[문자 도구]로 캔버스 좌측 하단에 흰색으로 'BLACK'을 입력합니다. □Ctrl□ + □T□를 눌러 [문자] 창에서 폰트 선택, 자간 조정, 포 기울임을 선택합니다.

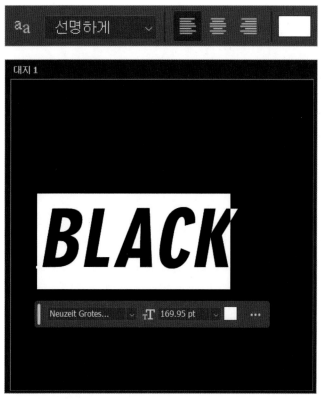

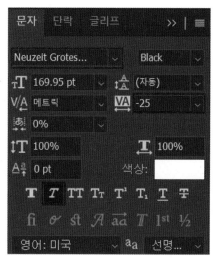

*사용 폰트 : Neuzelt Grotesk ExtCond Black [어도비 폰트] 라이선스 확인 필수

배경이 되는 [색상 칠 1] 레이어는 [모든 특성 잠금]하여 디자인에 방해되지 않도록 합니다.

04 `Ctrl` + `Enter`를 눌러 적용하고 `Ctrl`(이동 도구)+ `Alt` (복사) + `Shift`(수직/수평/45°)를 누른 채 아래로 드래그하여 복사합니다. 복사한 문자를 더블 클릭하고 'FRIDAY'로 수정합니다.

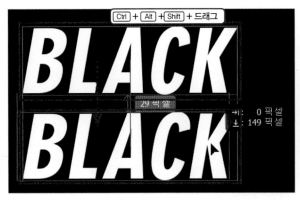

05 [BLACK] 레이어 오른쪽 여백을 더블 클릭하여 [획]을 두껍지 않게, 위치를 바깥쪽으로, 디자인의 주요 색상이 될 눈에 띄는 색상으로 지정합니다.

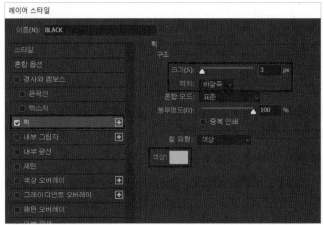

06 [BLACK] 레이어의 [칠 : 0%]로 하여 획 효과만 남기고 원본 문자 색상은 투명하게 합니다.

레이어의 [불투명도] 조정은 레이어의 원본 개체와 레이어 스타일 효과 모두에 적용되고, [칠] 조정은 레이어 스타일 효과는 보존하고 레이어의 원본 개체에만 적용됩니다.

07 도구바의 [사각형 도구]를 클릭하고 상단 옵션바에서 [모양], [칠 : 주요 색상], [획 : 색상 없음]으로 각각 지정합니다. 문자 띠를 만들 긴 직사각형을 캔버스 여백에 그립니다.

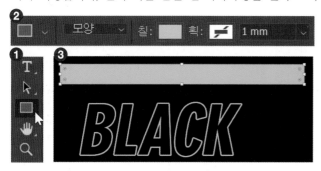

08 T를 눌러 [문자 도구]로 띠 위쪽에 잘 보이는 색상의 'BLACK FRIDAY'를 입력합니다. Ctrl (이동 도구)을 누른 채 문구를 띠 위에 드래그하여 이동하고 검은색으로 변경합니다. 띠에 빈 여백이 없도록 'BLACK FRIDAY' 문구를 Ctrl + C / Ctrl + V 로 반복하여 채웁니다. 글자의 길이가 띠보다 길어져도 무관합니다.

*사용 폰트 : Neuzelt Grotesk ExtCond Black [어도비 폰트]
라이선스 확인 필수

> 도형 위에 바로 문자를 입력하면 도형이 문자를 입력하는 틀로 변경되므로 도형 위에 문자를 입력할 때는 다른 곳에 입력 후 도형 위로 이동합니다.

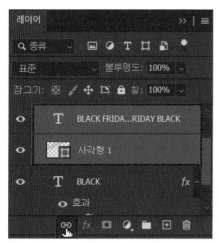

09 띠와 반복된 글자 중 하나만 선택하여도 함께 이동 및 변형되도록 레이어 창에서 Ctrl 을 누른 채 [사각형] 레이어를 클릭하여 중복 선택하고 [연결]합니다.

10 [V]를 눌러 ⊕[이동 도구]로 문자 띠의 바깥쪽을 드래그하여 회전하고 캔버스의 좌측 상단으로 이동합니다.

11 [사각형] 레이어와 [반복된 'BLACK FRIDAY' 문자] 레이어가 중복 선택된 상태에서 [Ctrl]+[J]를 눌러 두 레이어를 동시에 복사합니다. 그중 하위의 [사각형] 레이어 축소판을 더블 클릭하여 색상 코드 [#ffffff]인 흰색으로 지정합니다.

12 [이동 도구]가 선택된 상태에서 아래의 문자 띠를 회전하여 두 문자 띠가 서로 교차되게 합니다. 하위의 [사각형] 레이어의 [불투명도 : 30%]로 지정합니다.

⚠ **주의** 파일 저장에 대한 별도 설명이 없어도 Ctrl + S 를 눌러 수시로 중간 저장을 해야 파일의 손실을 방지할 수 있습니다.

여러 가지 도형으로 제목 꾸미기

여러 도형을 그려 제목이 눈에 띄도록 꾸며줍니다.

13 도구바의 [사각형 도구]를 실행하고 상단 옵션바에서 [모양], [칠:주요 색상]으로 설정합니다. 라벨을 만들기 위해 세로로 긴 직사각형을 그립니다.

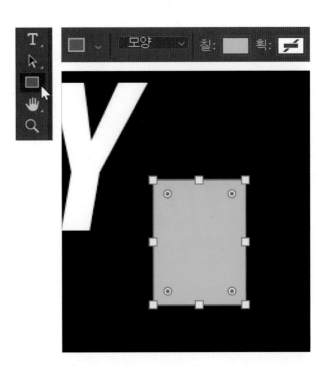

14 도구바의 [펜 도구]로 직사각형 윗변 중앙을 클릭하여 기준점을 추가합니다.

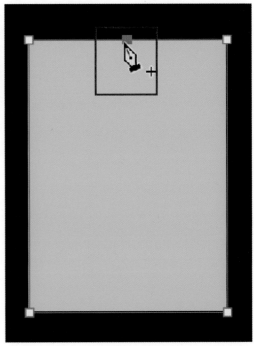

15 도구바의 [**직접 선택 도구**]로 윗변 중앙의 기준점을 Shift (수직/수평/45°)를 누른 채 위로 올립니다.

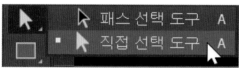

- **패스 선택 도구** : 패스를 모두 선택합니다.
- **직접 선택 도구** : 패스의 한 기준점이나 선을 직접 부분 선택합니다.

16 기준점의 성질을 변환하는 [**기준점 변환 도구**]로 가장 위에 있는 기준점을 클릭하여 둥근 부분을 각지게 변환하고 오각형을 만듭니다.

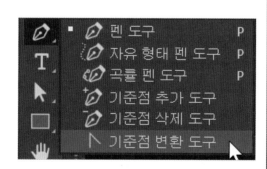

[기준점 변환 도구]는 곡선의 성질을 가진 기준점은 직선의 성질로, 직선의 성질을 가진 기준점은 곡선의 성질로 변환합니다.

17 도구바의 [**타원 도구**]를 클릭하고 잠시 스포이드 도구를 실행하는 [Alt]를 누른 채 검정 바탕을 클릭하여 검은색을 추출합니다. [Shift](1:1 비율)를 누른 채 라벨 위쪽 모서리에 작은 원을 그립니다.

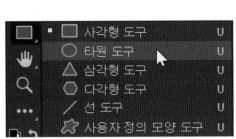

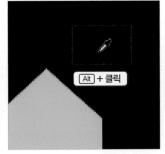

18 [V]를 눌러 [이동 도구]를 실행하고 [원]이 선택된 상태에서 [Shift](추가 선택)를 누른 채 [오각형]을 클릭하여 중복 선택 합니다. 상단 옵션바에서 [**수평 중앙 맞춤**]으로 두 개체를 서로 가운데 정렬합니다.

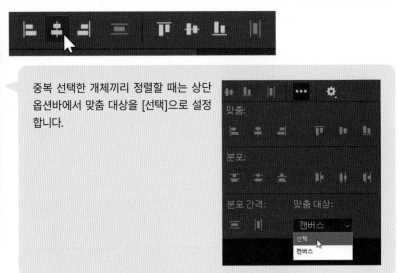

중복 선택한 개체끼리 정렬할 때는 상단 옵션바에서 맞춤 대상을 [선택]으로 설정 합니다.

19 라벨을 [Shift](수직/수평/45°)를 누른 채 왼쪽으로 회전합니다. [T]를 눌러 [문자 도구]로 **08**번의 방법을 참고하여 검은색의 '80%' 글자를 입력하고 라벨 위에 위치합니다. 라벨에 해당하는 모든 레이어를 [Ctrl]을 눌러 중복 선택하고 [**연결**]합니다.

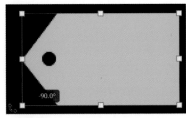

*****사용 폰트** : Neuzelt Grotesk ExtCond Black [어도비 폰트] 라이선스 확인 필수

20 도구바의 [원형 도구]를 실행하고 상단 옵션바에서 [모양], [칠 : 색상 없음], [획 : 주요 색상], [0.7mm]로 라벨 끈의 속성을 미리 설정합니다. 라벨 끈을 'Y' 글자의 획에 걸친 것과 같이 그리고 Ctrl (이동 도구)을 누른 채 회전, 크기, 위치를 조정합니다.

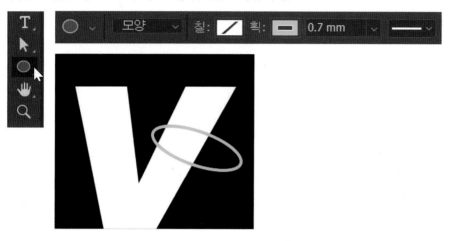

21 V를 눌러 ⊹[이동 도구]로 라벨 끈과 라벨 타공의 위치가 맞도록 라벨의 위치·크기 조정, 회전, 이동합니다. 라벨 끈을 입체적으로 만들기 위해 라벨 끈 레이어의 [레이어 스타일]−[그레이디언트 오버레이]를 실행합니다.

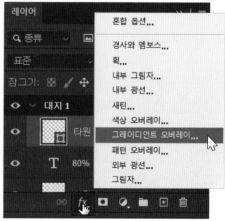

22 ❶ 그레이디언트 색상에서 ❷ 왼쪽 정지점을 더블 클릭합니다. ❸ 캔버스의 라벨 배경을 클릭하여 스포이드로 색상을 추출합니다.

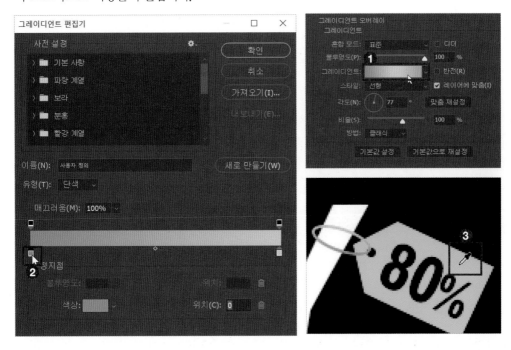

23 ❶ 오른쪽 정지점을 더블 클릭하여 ❷ 주요 색상보다 더 어둡게 명암이 될 색상으로 지정하고 〈확인〉을 클릭합니다.

24 [스타일 : 반사]로 선택하고 [드롭 섀도]를 추가합니다. [혼합 모드 : 곱하기], [검은색], [스프레드 : 50 이상], [크기 : 0]으로 지정하고 불투명도, 각도, 거리를 적절히 조정합니다.

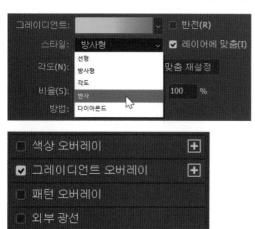

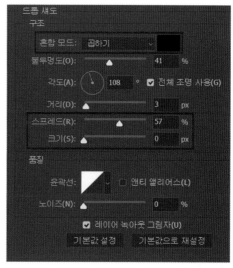

 실전 꿀팁

그림자의 거리와 각도는 캔버스 위에서 클릭&드래그 하여도 조정할 수 있습니다.

25 라벨 끈 레이어의 일부를 지우기 위해 [레이어 마스크]를 추가하고 B를 눌러 [브러시 도구]를 실행합니다. 캔버스를 우클릭하여 [경도]를 90% 정도로 조정합니다.

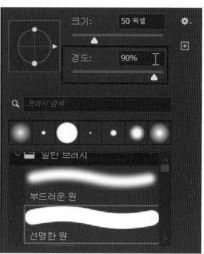

26 전경색을 검은색으로, 대괄호(⬚[, ⬚])를 눌러 브러시 크기를 조정하고 글자에 라벨이 걸려있게 표현되도록 라벨 끈의 일부를 지웁니다.

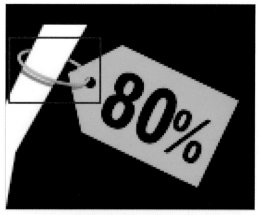

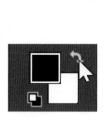

 시간 절약 필수 단축키

- X | 전경색⟷배경색을 전환합니다.
- Alt + 마우스 우클릭 + 왼쪽/오른쪽 드래그 | 브러시 크기를 조정합니다.

27 육각형을 그리기 위해 도구바의 ❶ [다각형 도구]를 클릭하고 상단 옵션바에서 ❷ [모양], ❸~❺ [칠 : 눈에 띄는 색상]으로 지정합니다. ❻ [면의 수 : 6]을 입력합니다.

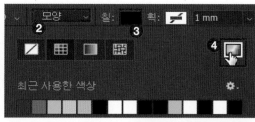

28 캔버스 여백에 가로가 긴 육각형을 그리고, 모서리 안쪽 작은 원을 안쪽으로 드래그하여 모서리를 둥글게 합니다.

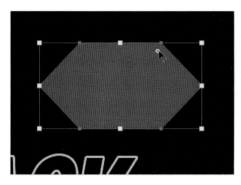
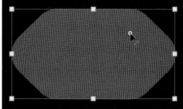

29 08번의 방법을 참고하여 흰색의 'SALE' 글자를 입력하고 육각형 위에 위치합니다. [V]를 눌러 ⊞[이동 도구]로 육각형과 'SALE' 문자가 포함되도록 드래그하여 중복 선택하고 상단 옵션바에서 [수평 중앙 맞춤], [수직 중앙 맞춤]으로 두 개체를 서로 가운데 정렬합니다.

*사용 폰트 : Neuzelt Grotesk ExtCond Black [어도비 폰트] 라이선스 확인 필수

30 [다각형 1], [SALE] 두 레이어를 [연결]하고 적절하게 크기 조정, 회전, 이동합니다.

31 [다각형 1] 레이어의 [레이어 스타일-그림자]에서 [전체 조명 사용]을 해제하고 캔버스상에서 거리와 각도를 조정합니다.

> 레이어 스타일의 [경사와 엠보스], [내부 그림자], [드롭 섀도]와 같이 각도를 조정하는 효과는 [전체 조명 사용] 시, 모든 효과의 각도가 일괄 적용됩니다. 효과마다 각도를 다르게 할 때는 [전체 조명 사용]을 해제합니다.

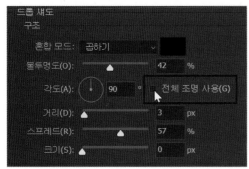

32 도구바의 [다각형 도구]를 클릭하고 상단 옵션바에서 [모양], [칠 : 눈에 띄는 색상], [획 : 색상 없음], ❶ [면의 수 : 15]로 지정하고 ❷ [설정]에서 ❸ [별 비율 : 85%]로 입력합니다.

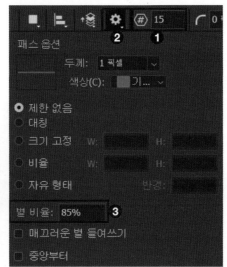

33 캔버스 여백에 Shift (1:1 비율)를 누른 채 꼭짓점이 15개인 별 도형을 그립니다. 별 안쪽에 원형을 그리기 위해 도구바의 [타원 도구]를 클릭하고 새 레이어를 추가합니다. 상단 옵션바에서 [모양], [칠 : 색상 없음], [획 : 흰색], [0.7mm]로 지정합니다.

34 별 도형 안쪽에 Shift (1:1 비율)를 누른 채 원을 그립니다. V를 눌러 ✛ [이동 도구]로 별 도형과 원이 모두 포함되도록 드래그하여 중복 선택합니다. 상단 옵션바에서 [수평 중앙 맞춤], [수직 중앙 맞춤]으로 두 개체를 서로 가운데 정렬합니다. 08번의 방법을 참고하여 흰색의 '%' 글자를 입력하고 원 안에 위치합니다.

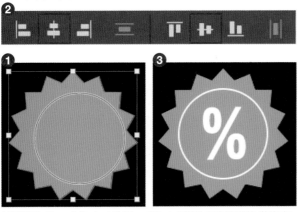

*사용 폰트 : Neuzelt Grotesk ExtCond Black [어도비 폰트] 라이선스 확인 필수

35 별 도형, 원, '%'를 포함되도록 모두 드래그하여 중복 선택하고 [연결]합니다. 적절하게 크기 조정, 회전, 이동합니다.

36 [이동 도구]가 선택된 상태에서 문자 띠 부분을 드래그하여 중복 선택하고 [Ctrl] + [G]를 눌러 [문자 띠] 그룹으로 만듭니다. 디자인에 방해되지 않도록 [문자 띠] 그룹을 [모든 특성 잠금]하고, 제목 부분도 동일한 방법으로 [제목] 그룹을 만듭니다.

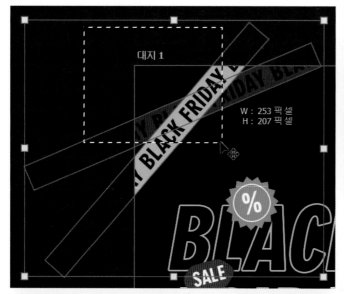

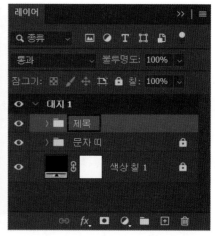

⚠ **주의** 파일 저장에 대한 별도 설명이 없어도 [Ctrl] + [S]를 눌러 수시로 중간 저장을 해야 파일의 손실을 방지할 수 있습니다.

여러 가지 도형으로 세부 내용 꾸미기

STEP 3

세부 내용을 입력하고 디자인을 완성합니다.

37 T를 눌러 ▣[문자 도구]를 실행하고 상단 옵션바에서 [흰색], [오른쪽 정렬]로 사전 설정 후, 캔버스 우측 상단에 '1년 중 딱 일주일'을 입력합니다. '일주일' 글자를 강조할 배경을 넣기 위해 '딱'과 '일' 글자 사이는 3칸을 띄어쓰기합니다.

*사용 폰트 : 평창체 Regular [산돌 구름다리/눈누] 라이선스 확인 필수

38 도구바의 [타원 도구]를 실행하고 상단 옵션바의 [모양], [칠 : 색상 없음], [획 : 눈에 띄는 임의 색상]으로 설정합니다. Shift(1:1 비율)를 누른 채 '일' 글자를 감싸는 원을 그립니다.

39 V를 눌러 ✛[이동 도구]를 실행하고 Alt(복사)+Shift(수직/수평/45°)를 누른 채 오른쪽으로 두 번 드래그하여 총 3개의 원을 만듭니다. 3개의 원만 포함되도록 드래그하여 중복 선택하고 [속성]–[칠 : 주요 색상], [획 : 색상 없음]으로 설정합니다.

40 상단 옵션바의 **[맞춤 및 분포]–[수평 중앙 분포]**로 원 사이 사이의 간격을 동일하게 합니다. `Ctrl` + `E`를 눌러 하나의 레이어로 병합합니다.

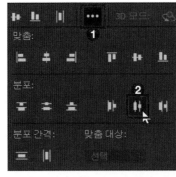

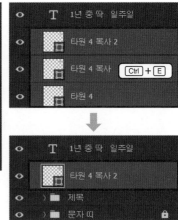

41 `T`를 눌러 [문자 도구]로 '일주일' 글자를 검은색으로 지정하고 `Ctrl`(이동 도구)+`Alt`(복사)를 누른 채 아래로 복사합니다. 아랫줄 문구를 '최대 80% 할인'으로 수정하고 '80%' 글자는 주요 색상, **[포 굵게]**로 강조합니다. `V`를 눌러 [이동 도구]를 실행하고 `Shift`(추가 선택)를 누른 채 '일주일' 글자를 강조하는 원 도형을 클릭하여 '최대 80% 할인' 글자와 함께 중복 선택하고 상단 옵션바의 **[오른쪽 정렬]**로 정렬을 맞춥니다.

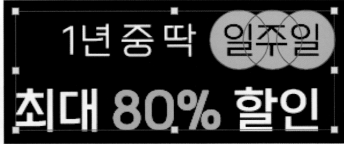

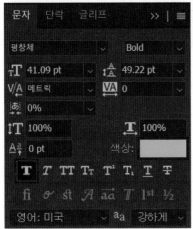

42 41번의 방법을 참고하여 아랫줄에 글자를 복사하고 '11.22 (6칸 띄어쓰기)11.29'를 입력합니다. 날짜에 해당하는 '22', '29' 글자는 [Bold] 및 [포 굵게]로 강조합니다.

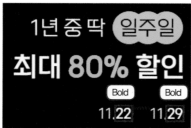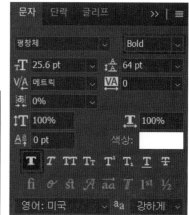

43 도구바의 [선 도구]를 클릭하고 상단 옵션바에서 [모양], [칠 : 색상 없음], [획 : 주요 색상], [0.7mm]로 지정하고 Shift(수직/수평/45°)를 누른 채 날짜 사이의 여백에 가로선을 긋습니다.

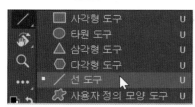

44 V를 눌러 [이동 도구]로 세부 내용이 모두 포함되도록 드래그하여 중복 선택하고 Ctrl + G를 눌러 [세부 내용] 그룹을 만듭니다. 레이어 창의 [대지 1] 글자를 더블 클릭하여 대지 크기인 '600×600'으로 변경합니다. 완성한 디자인을 Ctrl + S를 눌러 PSD 파일로 저장합니다.

45 V를 눌러 ⊕[이동 도구]로 캔버스 좌측 상단에 표시된 대지 이름인 '600X600' 글자를 클릭하고 Alt (복사)+ Shift (수직/수평/45°)를 누른 채 오른쪽으로 드래그하여 대지를 복사합니다.

46 상단 옵션바의 [크기 : 사용자 정의], [폭 : 1200 픽셀], [높이 : 628 픽셀]로 수정하여 구글 애즈 배너 사양으로 만듭니다. 레이어 창의 [600×600 복사] 대지의 이름을 [1200×628]로 수정합니다.

47 [이동 도구]가 선택된 상태에서 상단 옵션바의 [자동 선택]을 [레이어]에서 [그룹]으로 수정합니다. 레이어 창에서 모든 그룹의 [모든 특성 잠금]을 해제하고 크기와 위치를 균형 있게 조정합니다.

48 [파일]-[내보내기]-[내보내기 형식] 메뉴에서 ❶ [600×600] 파일을 ❷ [형식 : JPG], ❸ [품질 : 가장 높게] 설정하고 ❹ [이미지 크기]가 이상이 없는지 확인합니다. ❺ [1200×628] 파일도 동일하게 설정하고 〈내보내기〉 합니다. 저장 폴더를 선택하여 JPG 파일을 저장하면 2개의 파일이 별도로 저장됩니다.

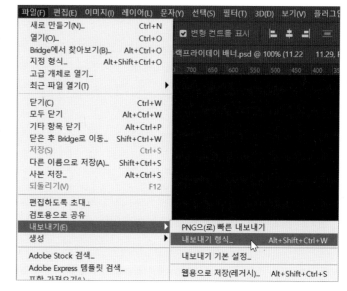

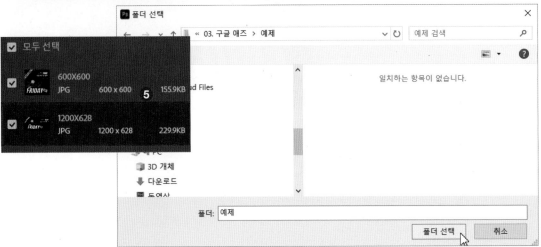

PART

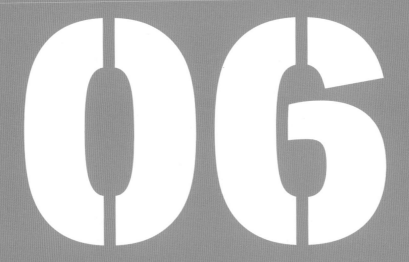

06

오프라인
인쇄물 제작

온라인 콘텐츠는 인터넷에 접속해야만 이용할 수 있지만,
인쇄물은 불특정 다수에게 언제든지 접근할 수 있습니다.
인쇄물은 손에 들고 다니면서 즉각적으로 정보를 확인할 수 있기 때문에,
인쇄물의 접근성은 온라인 콘텐츠보다 더욱 유연하고 편리합니다.
온라인 콘텐츠와 인쇄물은 해상도와 색상 모드가 다를 뿐만 아니라
온라인 콘텐츠는 인터넷을 통해 즉시 배포가 가능하고 필요한 경우 쉽게
수정이 가능하지만, 인쇄 디자인은 일단 인쇄 및 배포되면 수정이 어렵습니다.
이번 강좌에서는 인쇄물 제작 시 주의 사항을 배우고
디자인 업체에 의뢰하지 않고도 저렴한 가격으로
인쇄물을 제작하는 방법을 배웁니다.

위 내용은 AI를 활용하여 작성하였습니다.

LESSON 01

필수 확인! 인쇄물 제작 주의 사항

인쇄 사고를 방지하기 위해 인쇄물 제작 전 꼭 알아야 할 필수 주의 사항입니다.

인쇄물 디자인 & 제작 필수 주의 사항

1. CMYK 색상 모드로 디자인합니다.

온라인 콘텐츠는 RGB 모드를 사용하여 다채로운 색상을 구현하지만 인쇄물은 CMYK 모드를 사용하기 때문에 색상 구현에 한계가 있습니다. RGB 모드로 작업 후 CMYK 모드로 변환 시, 디자인의 전체적인 색상/채도/밝기 등이 모두 달라져 많은 수정을 해야 하므로 처음부터 CMYK 모드로 디자인을 시작해야 합니다. CMYK 색상 모드로 파일을 제작하여도 화면상의 색상과 인쇄물의 색상 차이는 발생할 수 있지만, RGB 색상 모드로 디자인하면 그 차이가 더 심하게 발생합니다.

▲ RGB 색상 모드

▲ CMYK 색상 모드

2. 진한 바탕색의 CMYK 색상 합을 250%가 넘지 않게 디자인합니다.

바탕색이 진하여 CMYK 각각의 색상 값을 합했을 때 250% 이상인 경우에는 한 장 한 장 쌓이며 인쇄되는 제작 공정상, 앞면 색상이 뒷면에 묻는 '뒷묻음 현상'이 발생할 수 있습니다. 바탕색이 진한 면을 앞면으로 하여 파일을 접수하면 뒷묻음 발생 가능성을 더 낮출 수 있습니다.

CMYK 색상 값의 합이 267% : 뒷묻음 위험

CMYK 색상 값의 합이 212% : 뒷묻음 없음

3. 재단 오차를 감안하여 인쇄하려는 크기보다 더 크게 디자인합니다.

픽셀 기반의 디자인은 이미지 크기를 확대하면 해상도가 저하되므로 제작하려는 크기보다 작게 디자인 해서는 안 됩니다. 또한 대부분의 인쇄물 제작 시 큰 종이에 인쇄 후 재단 크기에 맞춰 재단을 하다 보면 평균 1~3mm 정도의 재단 오차가 발생할 수 있는데, 재단 오차가 발생하여도 인쇄물 가장자리에 종이의 원단 색상이 나오지 않도록 배경을 더 확장하여 파일을 제작해야 합니다. 이 과정에서 작업 크기가 실제 재단 크기보다 커지게 되고, 동일한 인쇄물을 제작하여도 인쇄물 제작 업체마다 이 작업 크기는 서로 다를 수 있어 해당 업체에 먼저 확인 후 제작을 시작합니다.

△ 작업 크기를 재단 크기와 동일하게 작업 후 인쇄 :
재단 오차 발생 시 가장자리에 종이 원단 색상이 나옴

△ 작업 크기를 재단 크기보다 크게 배경 확장 후 인쇄 :
재단 오차 발생 시 가장자리에 종이 원단 색상이 나오지 않음

4. 해상도를 높게 디자인합니다.

화면용 디자인은 해상도를 72ppi(1인치당 72개의 픽셀)로 지정하고 인쇄용 디자인은 해상도를 300dpi (1인치당 300개의 도트)로 지정합니다. 300dpi보다 낮은 해상도로 제작하면 화면상에서는 문제없어 보여도 실제 인쇄물에서 화질이 낮은 저품질의 인쇄물이 제작됩니다. 72dpi의 해상도를 300dpi로 바꾼다고 해서 고해상도로 바뀌지 않으므로 처음부터 300dpi로 디자인을 시작해야 합니다. 간혹 대형 현수막과 같이 먼 거리에서 보는 큰 크기의 제작물은 파일 용량을 줄이기 위해 150dpi로 제작하기도 합니다.

▲ **해상도 72dpi 파일 인쇄**: 저품질 인쇄   ▲ **해상도 300dpi 파일 인쇄**: 고품질 인쇄

5. 기타 주의 사항

- 인쇄 제작이 시작된 후에는 파일 수정이 불가능하기 때문에 인쇄 제작 전 면밀한 검토가 필요합니다.
- 0.25pt 이하의 가는 선은 인쇄가 안 될 수 있습니다.
- 래스터화 이미지(픽셀로 이루어진 이미지)를 제외한 검은색/회색 글씨, 도형, 선, QR 코드, 바코드 등은 C, M, Y, K 중 K값으로만 지정해야 다른 색상으로 나오지 않습니다.
- 진한 검은색 바탕은 K 100%에 C 10%~20% 정도를 추가하면 더 진하게 인쇄됩니다.
- 파일상의 흰색은 기본적으로 종이의 원단 색으로 인쇄됩니다. 흰색 인쇄는 인쇄 업체에 별도 문의 후 진행합니다.

이 외에도 인쇄물을 발주할 업체의 '인쇄 파일 제작 가이드'를 꼭 먼저 확인 후 디자인을 시작해야 인쇄 사고로 인한 재제작 비용이 발생하지 않고 디자인 의도에 맞게 제작할 수 있습니다.

합판 인쇄 VS 독판 인쇄

	합판 인쇄	독판 인쇄
특징	하나의 인쇄판에 여러 디자인을 인쇄	하나의 인쇄판에 하나의 디자인만 인쇄
장점	여러 사람이 인쇄 비용을 나누어 지불하므로 인쇄 비용 절감	색상, 크기와 같은 여러 사양을 개별 맞춤 제작
단점	제작할 때마다 색상이 다를 수 있음 정해진 사양 중 선택하여 제작	제작비를 모두 단독으로 지불해야 하므로 기본 인쇄 비용이 큰 편

합판 인쇄 : 한 판에 여러 파일 인쇄

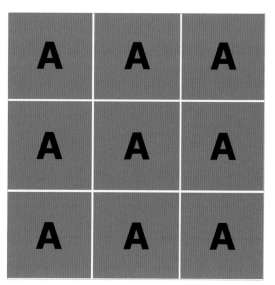

독판 인쇄 : 한 판에 한 파일만 인쇄

 실전 꿀팁

실무자가 추천하는 온라인 인쇄소

1. 성원애드피아 swadpia.co.kr
   가장 많이 알려진 대형 인쇄소
2. 애드피아몰 adpiamall.com
   성원애드피아의 자회사로, 실사 출력 전문
3. 디티피아 dtpia.co.kr
   다양한 인쇄 용지를 취급하고 출고가 빠른 편

4. 프린트시티 printcity.co.kr
   특이한 용지와 후가공을 취급하고 출고가 빠른 편
5. 레드프린팅 앤 프레스 redprinting.co.kr
   많은 종류의 제작물을 1건부터 제작 가능
6. 마플 marpple.com/kr
   많은 굿즈를 1건부터 제작 가능하고 개인 샵 운영 연동

* 더 많은 인쇄소 정보는 **p.484 [실무 효율 비법]**을 참고하세요.

타이포그래피
포스터 제작

글자를 변형한 타이포그래피로 빈티지 포스터를 디자인합니다. 여러 도형을 손쉽게 그려 디테일을 살리고 인쇄용 파일로 저장합니다. 인쇄용 파일을 인쇄소에 직접 발주하여 저렴하게 제작하는 방법을 배웁니다.

이런 걸 배워요!

- ✅ 배경을 제거한 개체를 단순화하고 빈티지한 필름 효과를 적용합니다.
- ✅ 글자를 변형한 타이포그래피와 여러 도형을 레이아웃해 포스터를 완성합니다.
- ✅ 인쇄소 사양에 맞는 인쇄 파일을 만들어 인쇄소에 직접 발주하는 방법을 배웁니다.

📁 실습 파일 포스터 실습 파일 폴더
Ps 완성 파일 빈티지 포스터 디자인.psd

인쇄소 선정 및 재단선 만들기

STEP 1

디자인 시작 전, 선정한 인쇄소에서 작업 사양을 확인하고
포토샵에서 안내선을 만듭니다.

01 원하는 제작물의 제작 비용과 출고일 등을 비교하여 인쇄소를 선정합니다. 예제에서는 디티피아
홈페이지 **dtpia.co.kr**에서 **[전단]–[소량전단]–[디지털 소량전단]**을 클릭합니다.

02 A4 크기로 선택하고 작업 사
이즈와 재단 사이즈의 차이를 확인
합니다. 디티피아 전단의 작업 사이
즈와 재단 사이즈의 차이는 2mm
입니다.

03 포토샵에서 **❶** Ctrl + N 을 눌러 **❷** [인쇄]−[A4]를 클릭합니다. 파일 이름을 지정하고 폭과 높이는 디티피아에 표시된 '작업 사이즈'와 동일한 **❸** [212×299mm], [해상도 : 300ppi], [색상 모드 : CMYK 색상]으로 새 파일을 만듭니다.

04 [보기]−[안내선]−[새 안내선 레이아웃] 메뉴에서 [여백]에만 체크를 하고 [위쪽, 왼쪽, 아래쪽, 오른쪽]에 디티피아에 표시된 여백 사이즈의 1/2 사이즈인 1mm를 각각 입력합니다. 〈확인〉을 클릭하면 캔버스 사방 테두리의 1mm 안쪽으로 표시된 재단선을 확인하며 디자인할 수 있습니다.

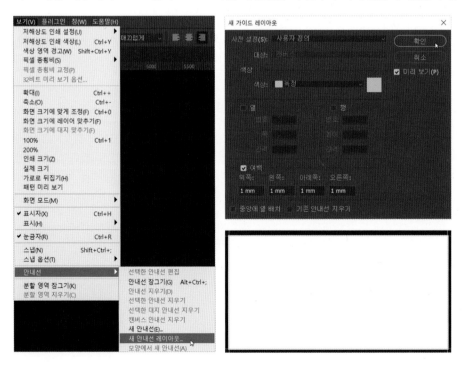

재단선을 안내선으로 만들 때에 인쇄소에 표기된 (작업 사이즈-재단 사이즈)÷2를 하여 만듭니다. 예를 들어, 작업 사이즈가 재단 사이즈보다 4mm 크면 새 안내선 레이아웃의 여백을 2mm로 지정합니다.

STEP 2 이미지를 단순화한 빈티지 배경 만들기
배경을 제거한 개체의 색상을 단순화하고 필름 효과를 적용합니다.

05 배경.jpg 파일을 캔버스 위에 드래그하여 가져오고 [Shift](수직/수평/45°)를 누른 채 왼쪽으로 180° 회전합니다. 필요시 [Shift](가로:세로 비율 고정 해제)를 누른 채 이미지를 변형하거나 우클릭하여 **[가로로 뒤집기/세로로 뒤집기]** 합니다. 이미지를 더블 클릭하여 적용합니다.

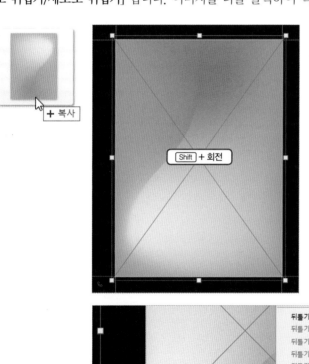

06 [새 칠 또는 조정 레이어]−[곡선]을 실행합니다. [속성] 창의 대각선 중앙을 클릭함과 동시에 아래로 드래그하여 배경 이미지를 밝게 조정합니다.

 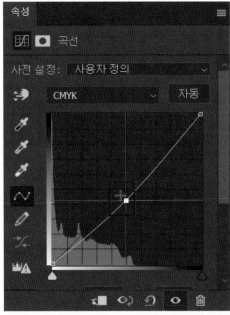

07 꽃.jpg 파일을 포토샵 창의 가장 상단 부분으로 드래그하여 별도로 엽니다. 도구바의 [개체 선택 도구]로 꽃을 클릭하여 선택합니다.

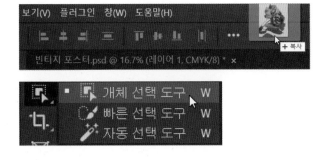 

08 잘못 선택된 영역은 도구바의 [빠른 선택 도구]를 이용하여 수정하고 Ctrl + C 를 눌러 선택 영역을 복사합니다.

시간 절약 필수 단축키

- **빠른 선택 도구 사용 시 클릭&드래그** | 선택 영역 더하기
- **빠른 선택 도구 사용 시** Alt **+ 클릭&드래그** | 선택 영역 빼기

09 포스터 디자인 파일의 파일 탭을 클릭하고 Ctrl + V 를 눌러 붙여넣기 후 확인합니다. 개체의 가장자리에 흰 테두리가 나타나므로 Ctrl + Z 를 눌러 뒤로 되돌리기 합니다.

▲ 개체의 가장자리에 보이는 흰 테두리

10 다시 꽃.jpg 파일 탭을 클릭하고 [선택]–[수정]–[축소] 메뉴에서 [축소량:2픽셀]로 지정합니다.

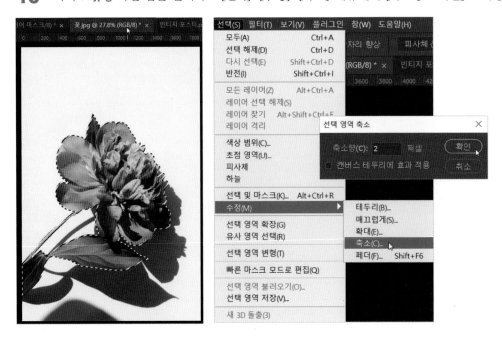

11 09번을 참고하여 디자인 파일에 붙여넣기 하면 흰 테두리가 제거되어 가져와집니다. 꽃.jpg 파일
은 〈X〉를 눌러 닫습니다.

◀ 흰 테두리가 제거된 개체의 가장자리

12 ⓥ를 눌러 ⊕[이동 도구]로 꽃 이미지의 회전/크기/위치를 조정합니다. 빈티지 필름 효과를 적용하기 위해 [필터]-[노이즈]-[노이즈 추가] 메뉴에서 [균일], [단색]에 체크하고 노이즈의 양을 조정합니다.

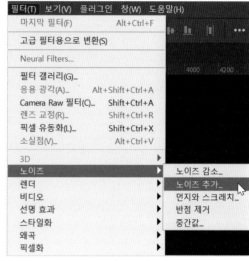

13　[새 칠 또는 조정 레이어]-[단색]을 주요 색상이 될 색상으로 지정합니다. 주요 색상이 꽃 이미지에만 적용되도록 [Alt]를 누른 채 [색상 칠 1] 레이어와 [레이어 1] 레이어 사이의 구분 선을 클릭하여 클리핑 마스크를 적용합니다.

14　[색상 칠 1] 레이어의 [레이어 스타일]-[혼합 옵션]에서 [혼합 모드 : 색상]으로 지정합니다. [Alt]를 누른 채 [혼합 조건-밑에 있는 레이어]의 오른쪽 밝은 영역 슬라이더를 클릭&드래그하여 분할하고 꽃 이미지에 주요 색상이 자연스럽게 스며들도록 조정합니다.

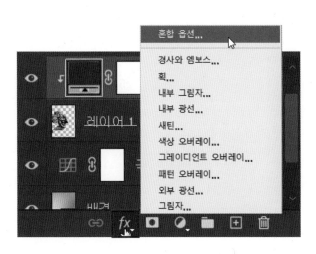

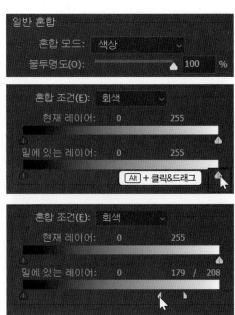

15 [새 칠 또는 조정 레이어]–[곡선]을 실행하고 [속성] 창에서 [클리핑 마스크]를 적용합니다. 밝기와 대비를 조정합니다.

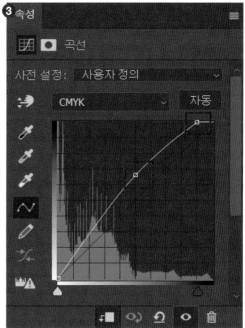

16 [Ctrl]을 누른 채 [곡선 2], [색상 칠 1], [레이어 1](꽃) 레이어를 중복 선택합니다. [Ctrl] + [G]를 눌러 [꽃] 그룹으로 만듭니다. [곡선 1] 레이어와 [배경] 레이어도 동일한 방법으로 [배경] 그룹으로 만듭니다. 디자인에 방해되지 않도록 두 그룹을 [모든 특성 잠금] 합니다.

STEP 3 문자를 변형한 타이포그래피 제목

문자를 변형한 타이포그래피로 제목을 디자인하고 세부 내용을 입력합니다.

17 [배경] 그룹보다는 위에, [꽃] 그룹 보다는 아래에 문구를 입력하기 위해 [배경] 그룹을 클릭하고 T를 눌러 [문자 도구]를 실행합니다. 상단 옵션바에서 문자 사전 설정을 합니다.

18 배경 이미지의 상단을 클릭하고 진한 색상으로 'Bloom'을 입력합니다. 이때, 비슷하지만 다른 폰트를 2~3개 혼용하거나 동일한 폰트의 속성을 'Light', 'Light Italic'과 같이 혼용하여 단조롭지 않게 표현합니다. 크기를 서로 다르게 조정하여도 됩니다.

*사용 폰트 : The Seasons Light, Light Italic [어도비 폰트] 라이선스 확인 필수

19 Ctrl + Enter 를 눌러 적용하고 하단에 'YoUR' 글자 중 'Yo'만 입력합니다. Ctrl + Enter 를 눌러 적용하고 Ctrl (이동 도구)+ Alt (복사)를 누른 채 드래그하여 'Yo' 글자와 겹치도록 복사합니다. 아랫줄에 복사한 'Yo' 글자를 'UR'로 수정하고 Ctrl + Enter 를 눌러 적용합니다.

*사용 폰트 : Fleur Bold, The Seasons Light Italic [어도비 폰트] 라이선스 확인 필수

20 18~19번과 동일한 방법으로 하단에 'Dreams'를 입력합니다. Ctrl(이동 도구)을 누른 채 글자들을 재단선에 너무 가깝지 않게 크기와 위치를 조정합니다. 'Dreams' 글자 위에 적고 싶은 메시지를 적습니다.

시간 절약 필수 단축키

Ctrl + : | 안내선을 보이게 하거나 숨깁니다.

⚠️ **주의**

중요한 글자나 개체는 재단선에 너무 가깝지 않게 위치해야 실제 제작 시 잘리지 않습니다.

*사용 폰트 : Fleur Bold, The Seasons Light Italic [어도비 폰트] / 아리따 부리 Medium [눈누] 라이선스 확인 필수

21 하단 양쪽 여백에 적고 싶은 메시지를 작게 입력합니다. 예제에서는 '도전'과 관련된 명언을 검색하여 입력했습니다.

*사용 폰트 : The Seasons Light, Regular Italic [어도비 폰트] 라이선스 확인 필수

⚠️ **주의** 파일 저장에 대한 별도 설명이 없어도 Ctrl + S 를 눌러 수시로 중간 저장을 해야 파일의 손실을 방지할 수 있습니다.

STEP 4 여러 가지 도형으로 완성도 높이기

디자인 요소를 추가하여 완성도를 높입니다.

22 나비.ai 파일을 포토샵 창의 가장 상단 부분으로 드래그하여 별도의 캔버스로 가져옵니다. 고해상도 파일로 열기 위해 [PDF 가져오기] 창에서 [폭:1500 픽셀]로 설정하면 높이도 비율에 맞게 설정됩니다. 〈확인〉을 클릭합니다.

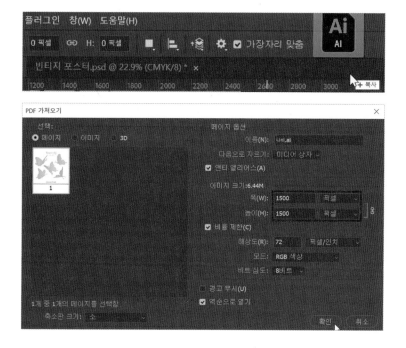

23 도구바의 [개체 선택 도구]로 하나의 나비를 클릭하여 선택하고 Ctrl + C로 복사한 후 포스터 파일 탭을 클릭하여 Ctrl + V로 붙여넣기 합니다.

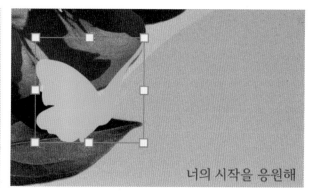

24 나비가 꽃을 향할 수 있도록 나비 개체를 우클릭하고 [가로로 뒤집기] 합니다.

> 개체 선택 도구가 다른 개체를 선택하지 않도록 ⓥ를 눌러 [이동 도구]를 잠시 실행합니다.

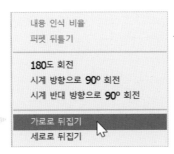

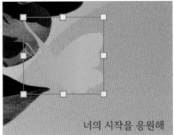

25 나비 영역에만 색상을 칠하기 위해 나비 레이어를 [투명 픽셀 잠금] 합니다. 색상 창에서 [더보기]-[CMYK 슬라이더]를 클릭하여 인쇄용 CMYK 색상 슬라이더로 설정하고, 전경색을 나비에 칠할 색상으로 지정합니다.

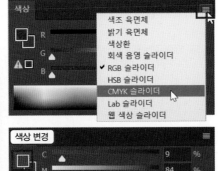

26 Alt + Del 을 눌러 나비를 전경색으로 칠합니다. 나비 레이어의 오른쪽 여백을 더블 클릭하고 [혼합 모드 : 색상 번]으로 지정합니다. Alt 를 누른 채 [혼합 조건 : 밑에 있는 레이어]의 오른쪽 밝은 영역 슬라이더를 Alt +드래그하여 분할하고 하위 레이어와 적절히 어우러지도록 조정합니다.

27 도구바의 [다각형 도구]를 클릭하고 상단 옵션바에서 [칠: 글자 색상], [획: 색상 없음]으로 설정합니다. [패스 옵션 설정]-[면/포인트 수: 4], [비율: 1:1], [별 비율: 15%]로 설정합니다.

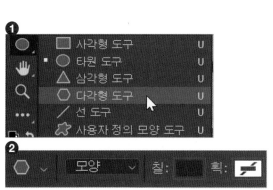
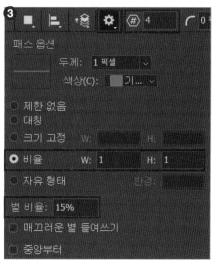

28 'Bloom' 글자 중 'o' 글자 안에 드래그하여 포인트가 4개인 별 모양을 그립니다. Ctrl + J 를 눌러 레이어를 복사하고 Shift (15°씩 회전)를 누른 채 45° 회전합니다. Alt (기준점을 중앙으로)를 누른 채 크기를 축소하여 포인트가 8개인 별 도형을 완성합니다.

29 별을 그린 레이어 2개를 Ctrl 을 눌러 중복 선택하고 Ctrl + E 를 눌러 하나의 레이어로 병합합니다. V 를 눌러 [이동 도구]로 Alt (복사)를 누른 채 별 도형을 'D' 글자 안으로 드래그하여 복사합니다.

30 도구바의 [선 도구]를 클릭하고 상단 옵션바에서 [모양], [칠 : 색상 없음], [획 : 글자 색상], [0.5mm]로 설정합니다. 새 레이어를 추가하고 'YoUR' 글자 주변에 Shift (수직/수평/45°)를 누른 채 직선을 그립니다.

> ⚠️ **주의** 도형을 그리고 나서 새로운 도형을 그릴 때는 새 레이어를 추가하고 그려야 기존 도형과 합쳐지거나 기존 도형의 설정이 바뀌지 않습니다.

31 Ctrl + T (자유 변형)을 누른 뒤 Shift (15°씩 회전)를 누른 채 15° 회전합니다. Enter 를 눌러 적용시키고 Ctrl + Alt + Shift + T 를 여러 번 눌러 15° 회전한 선을 연속 복사합니다.

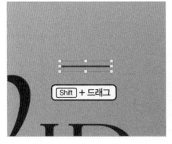

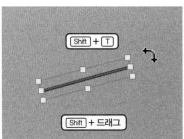

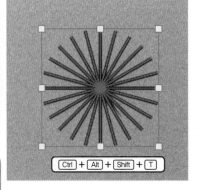

> ⏎ **시간 절약 필수 단축키**
>
> Ctrl + Alt + Shift + T | 일정한 각도로 반복 실행합니다. 가장 최근에 회전한 각도와 동일하게 적용됩니다.

32 새 도형을 그릴 새 레이어를 추가합니다.

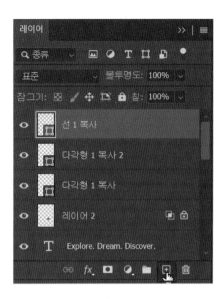

33 도구바의 [타원 도구]로 'YoUR' 글자의 'R' 주변에 타원을 그립니다. Ctrl + J 를 눌러 레이어를 복사하고 Ctrl (이동 도구)+ Shift (10px씩 이동)+[방향키 ↓]를 눌러 아래로 겹치게 이동합니다.

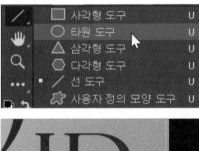

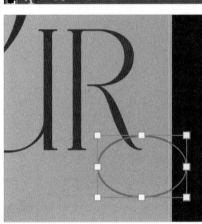

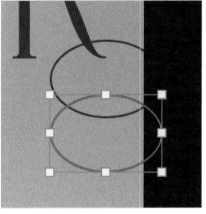

⌨ **시간 절약 필수 단축키**

- ⊹ [이동 도구] 실행 시 ↑ / ↓ / ← / → [방향키] | 1px씩 이동합니다.
- ⊹ [이동 도구] 실행 시 Shift + ↑ / ↓ / ← / → [방향키] | 10px씩 이동합니다.

도형의 속성 변경은 도형을 선택하
고 [속성] 창에서도 가능합니다.

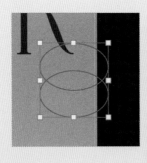

34 타원 레이어 2개를 Ctrl을 눌러 중복 선택하고 연결 아
이콘을 클릭해 이동/변형 시 함께 적용되도록 합니다. 새 도형
을 그릴 새 레이어를 추가합니다.

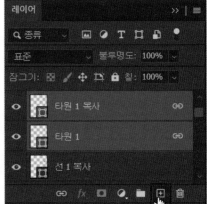

35 상단 옵션바에서 [모양], [칠 : 색상 없음], [획 : 글자 색상], [0.3mm]로 설정합니다. 우측 하단의 글
자 왼쪽 부분을 감싸는 타원을 그리고 왼쪽으로 조금 회전합니다.

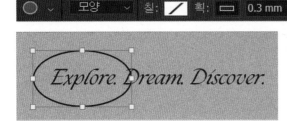

36 33번을 참고하여 타원 3개가 겹치도록 복사합니다. V를 눌러 ✛[이동 도구]로 타원 3개를 선택하고 상단 옵션바의 **[맞춤 및 분포]–[수평 중앙 분포]**를 적용하여 타원 사이의 간격을 일정하게 합니다.

37 겹치게 그린 타원 3개의 레이어를 29번을 참고하여 하나의 레이어로 병합합니다.

38 33번을 참고하여 개체를 겹쳐 복사합니다. 전체적인 레이아웃을 균형 있게 하여 완성한 디자인을 Ctrl + S를 눌러 PSD 파일로 저장하고 Ctrl + Alt + S를 눌러 이미지 파일로 **[사본 저장]** 합니다.

도형을 그리고 나서 다른 레이어를 선택하거나 V를 눌러 ✛[이동 도구]로 다른 부분을 클릭하면 패스 선이 표시되지 않아 도형이 더 잘 보입니다.

STEP 5 인쇄물 원가로 제작하기
완성된 인쇄물을 직접 인쇄소에 발주하여 원가로 제작합니다.

39 디티피아 홈페이지 **dtpia.co.kr** 우측 상단의 [회원가입]을 통해 가입하고 로그인합니다.

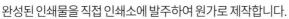

40 [전단]-[소량전단]-[디지털 소량전단] 메뉴를 클릭하고 주의 사항을 숙지합니다.

색상모드

- 작업 시 문서의 색상모드는 **반드시 CMYK 모드로** 작업하여야 합니다.
- 별색 또는 RGB모드 시에는 인쇄 후 색상차이가 발생할 수 있습니다.
- RGB모드는 인쇄용 모드가 아니며, 당사의 프로파일에 의해 임의로 CMYK모드 4도로 분판됩니다.
- 설정에 따라 검정의 농도가 얇아지고, 사진 등의 인쇄품질이 떨어질 가능성이 있습니다.
- 작은 문자와 문자의 배경 등을 RGB모드 검정(R0 G0 B0)로 지정한 경우 CMYK모드 4도로 혼합 검정으로 바뀌어 번진 것처럼 보이고, 가독성을 해칠 수 있습니다.
- 별색인쇄를 제외하고는 모든 별색은 CMYK로 변환 후 접수하여야 합니다.
- 의도하지 않은 색상으로 인쇄되거나 화면의 색감과 차이가 날 수 있습니다.

[뒷묻음주의]
- 인쇄물 색상이 진하여 뒷묻음이 발생한 경우에는 클레임 처리가 불가합니다.
- 뒷묻음 주의 / CMYK 색상값의 합을 높게 혼합하여 사용한 색상은 뒷묻음이 발생됩니다.
- CMYK 색상값의 합이 250%(C60 M60 Y60 K70)를 넘는 경우 뒷묻음 관련 사고가 발생하여도 재작업처리가 되지 않습니다. 작업 시 주의하시기를 바랍니다.

41 제작 용지의 특징과 이미지를 확인하여 결정하고 [주문 내역(주문 제목)], [지질·두께·크기·단면/양면·코팅·수량]을 선택합니다. [출고 예정일]을 확인 후 〈주문하기〉를 클릭합니다.

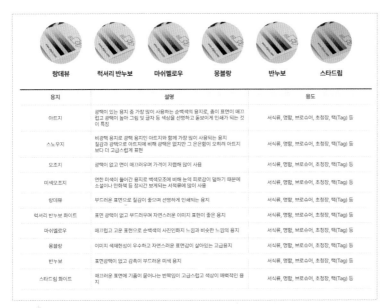

용지	설명	용도
아트지	광택이 있는 용지 중 가장 많이 사용하는 순백색의 용지로, 종이 표면이 매끄럽고 광택이 높아 그림과 글자 등 색상을 선명하고 돋보이게 인쇄가 되는 것이 특징	서식류, 명함, 브로슈어, 초청장, 택(Tag) 등
스노우지	비광택 용지로 광택 용지인 아트지와 함께 가장 많이 사용되는 용지. 질감과 광택으로 아트지에 비해 광택은 없지만 그 은은함이 오히려 아트지보다 더 고급스럽게 표현	서식류, 명함, 브로슈어, 초청장, 택(Tag) 등
모조지	광택이 없고 면이 매끄러우며 가격이 저렴해 많이 사용	서식류, 명함, 브로슈어, 초청장, 택(Tag) 등
미색모조지	연한 미색이 들어간 용지로 백색모조에 비해 눈의 피로감이 덜하기 때문에 소설이나 만화책 등 장시간 보게되는 서적류에 많이 사용	서식류, 명함, 브로슈어, 초청장, 택(Tag) 등
랑데뷰	부드러운 표면으로 질감이 좋으며 선명하게 인쇄되는 용지	서식류, 명함, 브로슈어, 초청장, 택(Tag) 등
럭셔리 반누보 화이트	표면 광택이 없고 부드러우며 자연스러운 이미지 표현이 좋은 용지	서식류, 명함, 브로슈어, 초청장, 택(Tag) 등
마쉬멜로우	매끄럽고 고운 표현으로 순백색의 사진인화지 느낌과 비슷한 느낌의 용지	서식류, 명함, 브로슈어, 초청장, 택(Tag) 등
몽블랑	이미지 색재현성이 우수하고 자연스러운 표면감이 살아있는 고급용지	서식류, 명함, 브로슈어, 초청장, 택(Tag) 등
반누보	표면광택이 없고 감촉이 부드러운 미색 용지	서식류, 명함, 브로슈어, 초청장, 택(Tag) 등
스타드림 화이트	매끄러운 표면에 기름이 묻어나는 반짝임이 고급스럽고 색상이 매력적인 용지	서식류, 명함, 브로슈어, 초청장, 택(Tag) 등

대부분의 인쇄물 디자인 업체에서는 의뢰자의 주문 금액과 디티피아, 프린트시티와 같은 인쇄소에 발주하는 금액의 차액으로 이익이 발생합니다. 디자인 업체를 거치지 않고 인쇄소에 직접 발주함으로써 저렴하게 원가로 제작이 가능합니다. 의류를 예로 들면, 소매가가 아닌 도매가로 구입을 하는 셈입니다.

42 ❶ 빈티지 포스터.jpg 파일을 드래그하거나 추가하여 ❷ 〈업로드 완료하기〉를 클릭합니다.

43 장바구니에서 주문 제품을 체크하여 〈주문하기〉를 클릭하고 [배송 방법], [받는 분 정보], [보내는 분 정보]를 입력, [결제 방법]을 선택하여 한 번 더 〈주문하기〉를 클릭합니다.

 실전 꿀팁

수령자에게 제작 원가가 노출되지 않아야 한다면 [보내는 분 정보]를 인쇄소 정보가 아닌, '나의 정보'로 하여 주문합니다. 송장이나 배송 영수증에 보내는 사람이 '나의 정보'로 표시됩니다.

44 주문 시 선택한 결제 방법으로 결제합니다.

MY DTPIA

작업진행중인 주문내역

MY DTPIA 안내

파일재업로드	접수	입금대기	조판	인쇄	후가공	입고	출고
0	0	1	0	0	0	0	0

◈ 10일이 지난 주문건은 진행중인 주문내역에 포함되지 않습니다.

입금하실 금액 17,320원   가상계좌 [우리]   은행선택 ▾   **가상계좌 변경**   마일리지 사용안내

주문금액	현잔액	포인트	마일리지
17,320 원	-17,320 원	0 P	0 M

◈ 현잔액은 선입금이 있을 경우 현재 남아있는 잔액입니다.
◈ 현잔액은 10~15분 후 자동으로 확인됩니다.

45 [마이페이지]−[주문/배송 조회(상세)]에서 제작 과정을 확인할 수 있습니다. 제작 완료 후 배송됩니다.

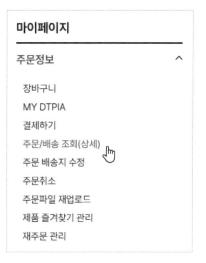

마이페이지

주문정보 ⌃

장바구니
MY DTPIA
결제하기
주문/배송 조회(상세)
주문 배송지 수정
주문취소
주문파일 재업로드
제품 즐겨찾기 관리
재주문 관리

◈ 선불 택배 경우 선불택배비는 첫번째 제품에 합산합니다.

주문일자	주문번호	주문내역	주문상태	접수자	주문금액 (VAT포함)	주문취소
2024-01-30	1850-1	**[디지털소량전단] 빈티지 포스터** 디지털소량전단-(아트지100g-A4-단면-100장-코팅안함)	미접수	02-3393-6000 DTPIA	17,320원	취소하기

LESSON 02

이미지 생성 프롬프트 수집 & 엽서 제작

자동 프롬프트로 이미지를 생성해 엽서로 제작합니다.

MS 코파일럿 프롬프트 수집 & 이미지 생성

01 ❶ 컴퓨터 화면 하단의 검색창에 'edge'를 검색해 ❷ 마이크로소프트 엣지 브라우저를 클릭합니다. ❸ 검색창 오른쪽의 코파일럿 아이콘을 클릭합니다.

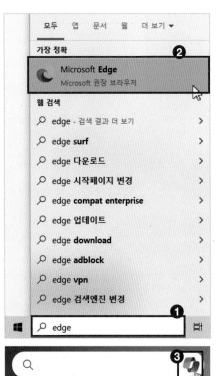

컴퓨터 화면 하단의 코파일럿 미리보기 아이콘을 클릭해도 사용할 수 있습니다.

02 대화 스타일을 ❶ [창의적인]으로 선택하고 ❷ [OOO을 그리기 위한 프롬프트를 여러 개 생성해 줘]라고 입력한 후 Enter 를 누릅니다. ❸ 마음에 드는 프롬프트로 그려달라고 명령합니다.

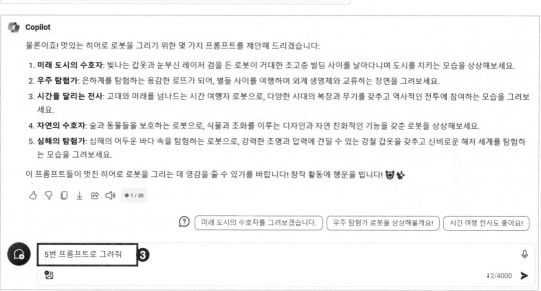

03 생성된 이미지 중 하나를 클릭해 다운로드할 수 있습니다.

> ⚠ **주의** 코파일럿에서는 OpenAI의 DALL-E를 이용해 이미지가 생성되고 상업적 사용의 가능 여부가 불명확합니다. 챗GPT에 포함된 DALL-E를 사용하면 상업적 사용이 가능합니다. 단, 기존에 저작권이 있는 이미지 생성 시 상업적 사용이 불가합니다.

구글 제미나이 프롬프트 수집

01 구글 제미나이 홈페이지 **gemini.google.com**에서 하단 입력 칸에 프롬프트 생성을 명령합니다.

> 멋있는 히어로 로봇을 ai로 그리기 위한 프롬프트를 여러개 생성해줘

02 제시된 여러 프롬프트를 조합해 AI 이미지 생성 도구에서 이미지를 생성할 수 있습니다. 예시 프롬프트 중 하나를 선택해도 됩니다.

◆ **멋진 히어로 로봇 이미지 생성을 위한 AI 프롬프트**

기본 프롬프트:

- 멋진 히어로 로봇
- 강력한 히어로 로봇
- 용감한 히어로 로봇
- 정의로운 히어로 로봇
- 미래적인 히어로 로봇
- 사이버펑크 스타일의 히어로 로봇
- 마법 능력을 가진 히어로 로봇
- 첨단 무기를 가진 히어로 로봇
- 악당과 맞서 싸우는 히어로 로봇
- 도시를 구하는 히어로 로봇
- 세상을 지키는 히어로 로봇

추가 디테일:

- 히어로 로봇의 외형 (예: 금속으로 된 몸, 빛나는 눈, 날개)
- 히어로 로봇의 능력 (예: 초강력, 비행, 레이저 발사)
- 히어로 로봇의 옷이나 액세서리 (예: 망토, 헬멧, 갑옷)
- 히어로 로봇의 배경 환경 (예: 도시, 우주, 미래 도시)
- 히어로 로봇의 행동이나 포즈 (예: 공격, 방어, 비행)
- 히어로 로봇의 감정이나 분위기 (예: 용감함, 자신감, 정의감)

예시 프롬프트:

- 금속으로 된 몸과 빛나는 붉은 눈을 가진 거대한 사이버펑크 스타일의 히어로 로봇이 레이저를 발사하며 악당과 맞서 싸우는 모습
- 날개가 달린 미래적인 히어로 로봇이 도시 상공을 날아다니며 사람들을 구하는 모습
- 마법 능력을 가진 히어로 로봇이 손에서 불꽃을 내뿜으며 적을 물리치는 모습
- 첨단 무기로 무장한 히어로 로봇 팀이 협력하여 거대한 적을 물리치는 모습
- 어두운 골목길에서 범죄자를 체포하려는 히어로 로봇의 모습
- 전쟁터에서 적군과 맞서 싸우는 히어로 로봇의 모습

추천! 이미지 생성 AI

▲ 레오나르도 AI

▲ DALL-E

▲ 미드저니

▲ 플레이그라운드 AI

실전 꿀팁

무료 AI 이미지 생성 도구인 레오나르도 AI에서 프롬프트 생성 및 이미지 생성이 가능합니다.

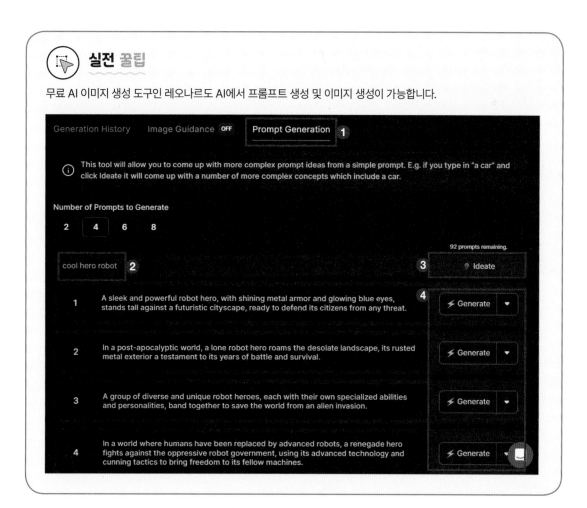

AI 생성 이미지
엽서 제작

AFTER

AI를 활용해 생성한 이미지를 인쇄소 엽서 사양에 맞게 조정하고, 포토샵의 생성형 채우기 기능을 이용하여 이미지를 완성합니다. 이후 문구를 추가하여 엽서의 디자인을 완성합니다. 재단선을 확인하며 안정적인 레이아웃을 구성하여 앞면 디자인을 완성합니다. 뒷면 디자인은 인쇄소에서 제공하는 템플릿을 선택하여 저렴한 비용으로 고품질의 엽서를 발주하는 과정을 진행합니다.

AI 이미지 생성 프롬프트(뤼튼, 구글 제미나이 참고)

한밤중 예쁜 조명으로 장식된 옥상에 사람이 고양이와 함께 앉아 있다. 사람과 고양이의 눈앞에 별이 풍성하게 빛나는 하늘이 펼쳐진다. 고요한 밤하늘의 아름다운 달이 옥상을 밝히고, 달빛이 옥상 가장자리를 따라 흐르며 사람과 고양이를 가리키고 있다. 옥상 아래로는 달의 반사 아래 더욱 빛을 발하는 잔잔한 호수가 보인다. 상쾌한 여름 바람이 옥상을 통과하고, 고양이의 귀와 꼬리가 바람에 흔들리며 그림을 완성하는 데 도움을 준다. 이 모든 것이 여름밤의 옥상에서 아름다운 경치를 완성한다. 시네마틱 포토, 큰 보름달, 달을 바라보는 뒷모습 --ar 3:4(3:4 비율)

이런 걸 배워요!

✔ 인쇄소에서 인쇄 사양 및 접수 파일 규정을 확인하여 엽서를 디자인합니다.

✔ 이미지를 인쇄용 고해상 파일로 변환하고 엽서 비율에 맞게 조정합니다.

✔ 인쇄소의 자체 템플릿과 자동 편집기를 통해 디자인을 쉽게 완성하고 발주합니다.

🗂 실습 파일 엽서 디자인 배경.png
　　　　　　 AI로 직접 생성한 이미지 파일
Ps 완성 파일 엽서 디자인.psd

인쇄소 선정 및 작업 사양 확인

STEP 1

선정한 인쇄소에서 작업 사양을 확인한 후 작업을 시작합니다.

01 레드프린팅 앤 프레스 홈페이지 redprinting.co.kr의 우측 상단 [검색] 아이콘을 클릭해 '엽서'를 검색합니다. [특가 엽서]를 클릭합니다.

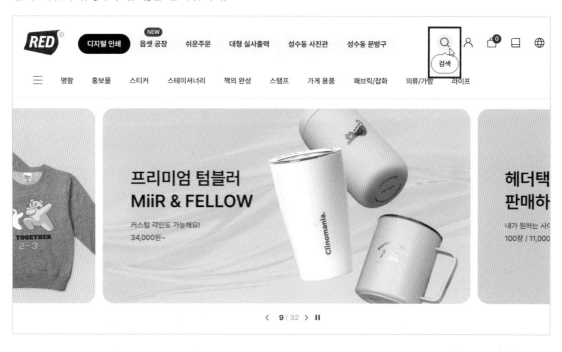

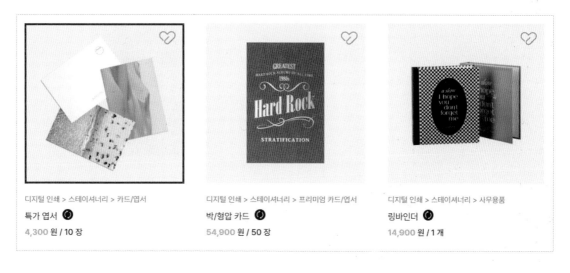

디지털 인쇄 > 스테이셔너리 > 카드/엽서

특가 엽서 ◉

4,300 원 / 10 장

디지털 인쇄 > 스테이셔너리 > 프리미엄 카드/엽서

박/형압 카드 ◉

54,900 원 / 50 장

디지털 인쇄 > 스테이셔너리 > 사무용품

링바인더 ◉

14,900 원 / 1 개

02 인쇄 방향을 선택하고 규격의 [재단사이즈], [작업사이즈]를 확인합니다.

03 포토샵을 열고 [Ctrl]+[N]을 눌러 파일 이름을 지정하고, 폭과 높이는 레드프린팅 앤 프레스에 표시된 '작업 사이즈'인 [104×154mm], [해상도 : 300ppi], [CMYK 색상]으로 새 파일을 만듭니다. [보기]-[안내선]-[새 안내선 레이아웃] 메뉴를 클릭합니다.

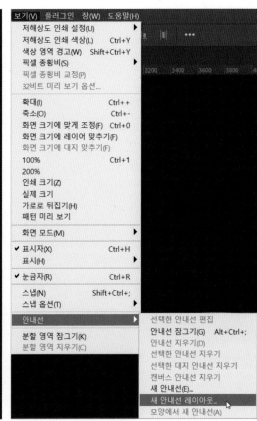

04 [여백]에만 체크하고 [위쪽, 왼쪽, 아래쪽, 오른쪽 : 2mm]로 모두 동일하게 입력하면 캔버스에 재단선이 표시됩니다.

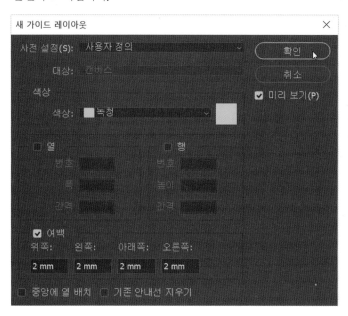 

 AI 생성 이미지를 인쇄용 이미지로

AI로 생성한 이미지를 인쇄 사양에 맞는 크기 및 비율로 변형합니다.

05 AI로 생성한 이미지 파일을 포토샵 창 가장 상단에 드래그하거나 Ctrl + O 를 눌러 가져옵니다. 엽서 비율에 맞게 변형하기 위해 C 를 눌러 [자르기 도구]를 실행하고 상단 옵션바의 [비율 : 2 : 3], [칠 : 생성형 확장]으로 설정합니다.

 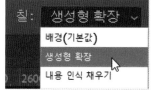

06 이미지를 확장하
거나 잘라내어 이미지 안
쪽을 더블 클릭하여 적용
합니다. 이미지 확장 시,
생성된 이미지 중 가장
적합한 것을 선택합니다.

07 레이어 창에서 Ctrl 을 눌러 모든 레이어를 중복 선택하고 Ctrl + E 를 눌러 하나의 레이어로 병합합니다.

[필터-뉴럴 필터-강력한 확대/축소] 메뉴
에서 업스케일링 하면 고해상의 좋은 품
질로 인쇄됩니다.

인쇄 사고 금지! 안정적인 레이아웃

STEP 3

재단선에 글자가 잘리는 등의 인쇄 사고를 방지하도록 레이아웃을 조정합니다.

08 생성 이미지 파일 탭을 클릭하고 아래로 드래그하여 탭을 분리합니다. 엽서 디자인 파일 탭도 아래로 클릭&드래그하여 두 캔버스 창을 나란히 배치합니다.

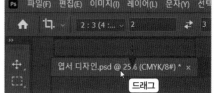

09 [V]를 눌러 [이동 도구]로 생성 이미지를 엽서 디자인 캔버스로 드래그하여 가져옵니다. 생성 이미지 파일은 〈X〉를 눌러 닫고 엽서 디자인 파일 탭을 다시 위로 드래그하여 창을 원 상태로 최대화합니다.

> 파일 탭을 클릭하고 아래로 드래그하면 창이 분리되어 여러 창을 한 번에 보기 편리합니다. 파일 탭을 다시 위로 드래그하면 기존의 최대화 모드로 나타납니다.

10 엽서 크기에 맞춰 재단선을 확인하며 주요 개체가 재단선에 가깝지 않도록 이미지의 크기를 맞추고 Enter 를 누릅니다.

필요시 p.136~140을 참고하여 이미지 레이어의 [새 칠 또는 조정 레이어]-[곡선], [색조/채도], [색상 균형] 등으로 이미지를 보정합니다.

11 T 를 눌러 [T][문자 도구]로 재단선과 너무 가깝지 않게 문구를 입력하여 디자인을 완성합니다. 완성한 디자인을 Ctrl + S 를 눌러 PSD 파일로 저장하고 Ctrl + Alt + S 를 눌러 JPG 파일로 [사본 저장] 합니다.

시간 절약 필수 단축키

Ctrl + : | 안내선을 보이게 하거나 숨깁니다.

*사용 폰트 : KCC-은영체(포 굵게), 나눔손글씨 손편지체 [눈누, 산돌구름] 라이선스 확인 필수

자동 디자인 템플릿으로 인쇄 주문하기

인쇄소의 자동 편집기와 디자인 템플릿으로 간편하게 인쇄를 발주합니다.

12 p.451을 참고해 레드프린팅 앤 프레스 홈페이지 redprinting.co.kr에서 우측 상단의 [검색] 아이콘을 클릭해 '엽서'를 검색합니다. [특가 엽서]를 클릭하고 인쇄 방향 및 용지를 선택합니다.

13 제작 사양을 모두 선택하고 [파일 업로드]–[간편 에디터]–[편집하기]를 클릭합니다. [이미지 업로드]를 클릭하고 엽서.jpg 파일을 선택합니다.

14 업로드한 이미지를 오른쪽의 편집 창에 드래그합니다. 커팅선, 작업 여유분, 안전 영역을 확인하며 조정합니다.

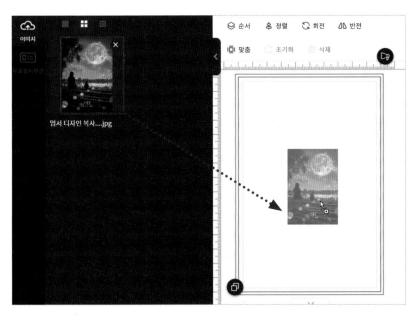

- 커팅선
- 작업 여유분 : 작업 사이즈까지 이미지를 채워주세요.
- 안전영역 : 재단시 중요 데이터가 잘릴 수 있어 중요 정보나 텍스트는 노란선 안쪽에 작업해 주세요.

15 하단의 [**뒷면**]을 클릭하고 [**무료 엽서 뒷면**]에서 디자인 템플릿을 선택합니다. 우측 상단의 [**편집 완료**]를 클릭합니다.

16 주문 사양을 한 번 더 확인 후, **[주문하기]**를 클릭합니다. 수령자에게 제작 원가가 노출되지 않아야 한다면 **[주문자(발송자명) 변경]**을 클릭하여 '나의 정보'로 주문합니다. 송장이나 배송 영수증에 보내는 사람이 '나의 정보'로 표시됩니다.

17 배송 정보 입력 및 결제 방법을 선택하고 **[결제하기]**를 클릭합니다.

18 주문 후 마이페이지에서 주문 내역 및 진행 상황을 확인할 수 있습니다. 제작 완료 후 배송됩니다.

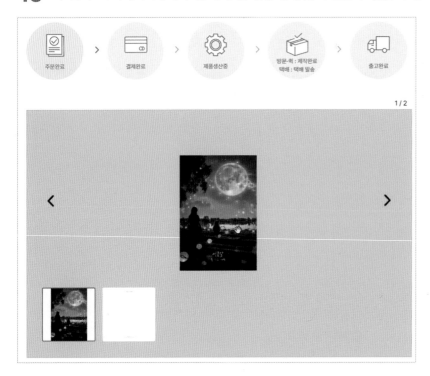

포토샵 AI로 생성한 스티커 이미지를 판 스티커로 제작합니다. 인쇄소의 자동 칼선 편집기에 파일을 업로드하여 이미지의 모양대로 칼선을 만들어 제작하는 자유형 도무송 스티커를 간편하게 제작할 수 있습니다.

이런 걸 배워요!

✅ 포토샵의 생성형 채우기 AI 기능으로 스티커 이미지를 생성합니다.

✅ 이미지의 배경을 제거하여 인쇄용 파일로 저장합니다.

✅ 인쇄소의 자동 칼선 편집기로 자유형 도무송 판 스티커를 제작합니다.

🗄 실습 파일 직접 AI로 생성한 이미지 파일
Ps 완성 파일 스티커.psd

PART 06 오프라인 인쇄물 제작

스티커 이미지 생성하기

스티커 이미지를 다운로드하거나 그리지 않고 AI로 생성합니다.

01 Ctrl + N을 눌러 [단위 : 밀리미터], [폭, 높이 : 100], [해상도 : 300ppi], [색상 모드 : RGB]로 새 파일을 만듭니다. 도구바의 [원형 선택 윤곽 도구]를 클릭하고 캔버스 안쪽에 Shift (1:1 비율)를 누른 채 정원을 그립니다. [상황별 작업 표시줄]의 [생성형 채우기]를 클릭합니다.

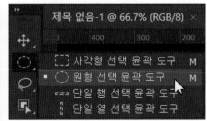

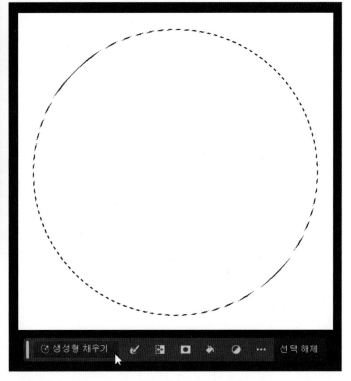

> 원칙적으로는 인쇄용 파일은 CMYK 색상 모드로 제작해야 하지만, 자동 칼선 생성 프로그램에는 특수하게 RGB 색상 모드 기반인 PNG 파일로 업로드하기 때문에 RGB 색상 모드로 제작합니다.

02 만들고자 하는 이미지를 생성합니다. '수채화', 'hand drawn'과 같이 구체적인 특징을 추가해도 좋습니다.

03 도구바의 [개체 선택 도구]로 개체를 클릭하여 선택합니다. 필요시 [빠른 선택 도구]와 같은 다른 선택 도구를 혼용합니다. [상황별 작업 표시줄]의 [반전 선택]을 클릭하여 개체의 배경을 선택합니다.

04 생성형 레이어의 레이어 마스크를 클릭하고 도구바 하단에 색상 창의 전경색이 검은색일 경우 Alt + Del 을 눌러 전경색 칠하기를, 배경색이 검은색일 경우 Ctrl + Del 을 눌러 배경색 칠하기를 적용합니다. [배경] 레이어의 가시성을 끄면 배경이 투명하게 제거됩니다.

05 [상황별 작업 표시줄]−[선택 해제]를 클릭하거나 Ctrl + D 를 눌러 선택을 해제합니다. [이미지]−
[재단]−[투명 픽셀, 위쪽, 왼쪽, 아래, 오른쪽]으로 이미지의 여백을 재단합니다.

06 Ctrl + Alt + S 를 눌러 PNG 파일로 [사본 저장] 합니다. 같은 방법으로 여러 개의 스티커 파일
을 만듭니다. T 를 눌러 **T** [문자 도구]로 문구를 입력하여 문구 스티커를 만들어도 좋습니다.

STEP 2

자동 칼선으로 손쉽게 인쇄 주문하기

인쇄소의 자동 칼선 편집기에 파일을 업로드하여 편리하게 판 스티커를 제작합니다.

07 오프린트미 홈페이지 **ohprint.me**의 〈로그인〉을 클릭하고 회원가입 후 로그인합니다.

08 [스티커]–[DIY] 메뉴에서 제작하려는 [사이즈], [용지], [코팅], [수량] 선택 및 [칼선–칼선 넣기]를 선택하여 [시작하기]를 클릭합니다.

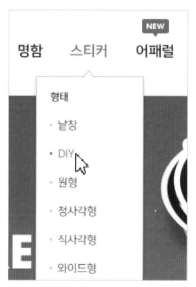

09 [직접 디자인 하기]를 클릭하고 편집 창 왼쪽의 [사진]을 클릭하여 스티커 파일 중 하나를 선택합니다. 실제 사이즈를 확인하며 스티커를 배치합니다.

10 스티커를 모두 배열하고 우측 상단의 [저장하기]-[장바구니 가기]를 클릭합니다.

11 주문할 제품을 선택하고 [주문하기]를 클릭합니다. 제작 이미지 및 출고 예정일을 확인하고 배송 정보를 입력 후 〈확인〉을 클릭합니다. 결제 정보를 선택하여 [결제하기]를 클릭하면 주문이 완료되고 제작 후 배송됩니다.

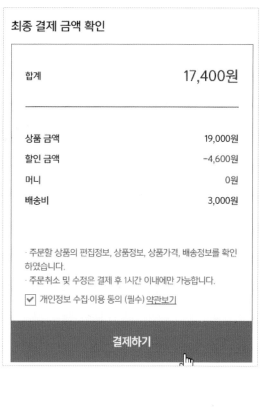

라벨 스티커 제작

스티커 제작 사양에 맞춰 라벨 스티커를 디자인하고 저렴한 금액에 대량 제작하는 방법을 배웁니다.

이런 걸 배워요!

✔ 인쇄소에서 인쇄 사양 및 접수 파일 규정을 확인하여 칼선을 제작하고
   스티커를 디자인합니다.

✔ 인쇄소에 직접 발주하여 저렴한 금액에 스티커를 대량 제작합니다.

🗂 실습 파일 직접 AI로 생성한 로고 파일
Ps 완성 파일 라벨 스티커.psd

인쇄소 선정 및 작업 사양 확인

디자인 시작 전, 선정한 인쇄소에서 작업 사양을 확인하고 포토샵에서
칼선을 만듭니다.

01 프린트시티 홈페이지 printcity.co.kr의 [스티커]–[도무송스티커]–[일반접착]–[이 용지로 주문하기] 메뉴를 클릭합니다.

02 [인쇄규격 : 원형도무송스티커, 50mm×50mm:1EA]를 선택합니다.

03 재단 사이즈 하단에 표시된 작업 사이즈가 [60mm×60mm]인 것을 확인합니다. 하단의 주의 사항을 숙지합니다.

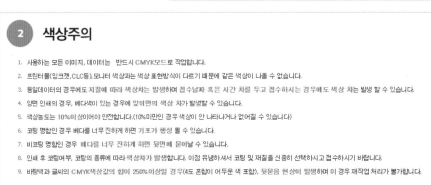

04 포토샵을 열고 Ctrl + N 을 눌러 [단위 : 밀리미터], [폭, 높이 : 60(프린트시티 작업 사이즈)], [해상도 : 300ppi], [색상 모드 : CMYK]로 새 파일을 만듭니다. 도구바의 [타원 도구]를 클릭하고 상단 옵션바에서 [모양], [칠 : 색상 없음], [획 : 빨간색], [0.25mm]로 칼선의 속성을 미리 지정합니다.

05 캔버스 안쪽을 클릭하고 폭과 높이를 칼선 크기에 해당하는 50mm로 지정합니다. V 를 눌러 [이동 도구]를 실행하고 상단 옵션바에서 [맞춤 및 분포]–[맞춤 대상 : 캔버스]로 설정합니다. [수평 중앙 맞춤]과 [수직 가운데 맞춤]을 클릭하여 캔버스의 중앙에 배치합니다. 디자인에 방해되거나 칼선의 위치가 이동하지 않도록 타원 레이어를 [모든 특성 잠금] 합니다.

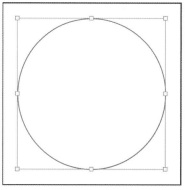

STEP 2 재단선에 맞춰 디자인하고 인쇄 주문하기
칼선에 맞춰 라벨 스티커를 디자인하고 인쇄소에 발주합니다.

06 인쇄용 로고 파일을 캔버스로 드래그하여 가져오고 칼선이 가려지지 않도록 타원 레이어보다 하위로 드래그합니다. 스티커는 다른 인쇄물에 비해 재단 오차가 많이 나는 편이므로, 잘릴 수 있으니 칼선에 너무 가깝지 않게 배치합니다.

*AI를 이용한 로고 생성의 자세한 방법은 p.224를 참고하세요.

07 타원 레이어의 이름을 [칼선]으로 변경하고 칼선이 인쇄되지 않도록 가시성을 해제합니다. Ctrl +
S 를 눌러 PSD 파일을 저장하고 Ctrl + Alt + S 를 눌러 JPG 파일을 [사본 저장] 합니다. 저장 품질
은 [12, 최고, 큰 파일]로 합니다.

08 프린트시티 홈페이지 printcity.co.kr
에 회원가입 및 로그인하고 [전체 메뉴 보
기]-[스티커]-[도무송스티커]-[일반스티커]
메뉴를 클릭합니다.

09 [주문용지], [인쇄수량] 선택 및 [인쇄규격-원형도무송스티커, 50mm×50mm – 1EA]로 선택하고 [인쇄물 제목]을 입력합니다. [파일선택]을 클릭하여 라벨 스티커 파일을 첨부합니다. 주문 사양을 확인 후 [주문하기]를 클릭합니다.

10 배송 정보 입력, 결제 수단 선택 후 [주문하기]를 클릭하면 제작 후 배송됩니다.

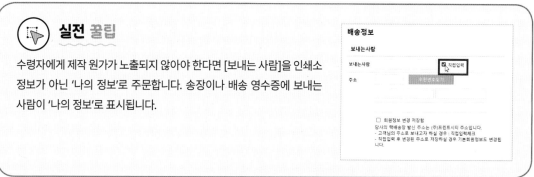

(●) **실전 꿀팁**

수령자에게 제작 원가가 노출되지 않아야 한다면 [보내는 사람]을 인쇄소 정보가 아닌 '나의 정보'로 주문합니다. 송장이나 배송 영수증에 보내는 사람이 '나의 정보'로 표시됩니다.

업무 시간은 줄이고 몸값은 올리는, 완벽한 실무 효율 비법을 공개합니다.

시간 반 토막! 포토샵 단축키

단축키를 사용하는 것과 사용하지 않는 것은 작업 시간에 상당한 차이가 있습니다. 주황색으로 표시 된 단축키는 꼭 외워서 시간을 효율적으로 활용해 보세요. 단축키가 실행되지 않을 때는 [한/영]을 누른 후 다시 단축키를 누릅니다.

▎파일 처리

기능	단축키
새 파일 만들기	Ctrl + N
기존 파일 열기	Ctrl + O
파일 닫기	Ctrl + W
파일 저장	Ctrl + S
다른 이름으로 저장	Ctrl + Shift + S
사본 저장(다른 파일 형식으로 저장)	Ctrl + Alt + S
웹용으로 저장	Ctrl + Shift + Alt + S
내보내기 형식	Ctrl + Shift + Alt + W

▎선택/이동

기능	단축키
이동 도구(개체 선택 및 이동)	V
일시적 이동 도구	Ctrl + 선택할 개체 클릭/개체 주변 드래그
이동 도구로 여러 개체 선택	① 이동 도구로 특정 개체 클릭→ Shift + 중복 선택할 개체 클릭 ② 선택할 여러 개체가 포함되도록 드래그
선택된 여러 개체 중 특정 개체 선택 제외	이동 도구로 Shift + 선택 제외할 개체 클릭
개체 1px씩 이동	방향키(↑ / ← / ↓ / →)
개체 10px씩 이동	Shift + 방향키(↑ / ← / ↓ / →)

기능	단축키
사각형 선택 도구/원형 선택 도구	M
사각형/원형 선택 도구 사용 시 1:1 비율 고정	Shift + 드래그
올가미 도구/다각형 올가미 도구	L
선택 영역 새 레이어로 복사	영역 선택 후 Ctrl + J
선택 영역 더하기	Shift + 더할 영역을 포함하여 드래그
선택 영역 빼기	Alt + 뺄 영역을 포함하여 드래그
선택 영역 해제	Ctrl + D
개체 수직/수평/45° 이동	개체 이동 + Shift
캔버스의 모든 영역 선택	Ctrl + A
레이어에 포함된 모든 개체 모양으로 선택	Ctrl + 레이어 축소판 클릭
선택 영역 반전	Ctrl + Shift + I

| 개체 변형/편집

기능	단축키
개체 간단 변형 (이동, 크기, 회전, 기울기)	V 누른 후 상단 옵션바에서 자동 선택, 변형 컨트롤 표시에 체크
개체 복잡 변형(이동, 크기, 회전, 기울기, 반전, 왜곡)	개체 클릭 후 Ctrl + T →개체 우클릭
개체 크기 변형 시 가로:세로 비율 고정 해제	Shift +크기 변형
개체 크기 변형 시 기준점을 중앙으로	Alt + 크기 변형
개체 크기 변형 시 가로:세로 비율 고정 해제+기준점을 중앙으로	Shift + Alt + 크기 변형
개체 자유롭게 왜곡	Ctrl + 개체 외곽·기준점 드래그
개체 15°씩 회전	Shift + 회전
원하는 위치에 개체 복제	이동 도구로 개체 클릭 후 Alt (복사)+붙여넣기 할 위치에 개체 드래그
선택 영역 복사·새 레이어의 동일한 위치에 붙여넣기	Ctrl + C → Ctrl + Shift + V
선택 영역 잘라내기·새 레이어의 동일한 위치에 붙여넣기	Ctrl + X → Ctrl + Shift + V

레이어

기능	단축키
선택 레이어 위에 레이어 추가	Ctrl + Alt + Shift + N
선택 레이어 아래에 레이어 추가	Ctrl + 새 레이어 아이콘 클릭
특정 레이어만 보기/원 상태로 보기	Alt + 레이어 눈 아이콘(가시성) 클릭
레이어의 개체 크게 보기	Alt + 레이어 축소판 클릭
레이어 복사	레이어 선택 후 Ctrl + J
레이어 삭제	레이어 선택 후 Del
여러 레이어 선택	Ctrl + 여러 레이어 클릭
여러 레이어 연속 선택	선택할 레이어의 가장 상위 레이어 클릭후 Shift 누르면서 가장 하위 레이어 클릭(상위, 하위는 서로 바뀌어도 됨)
레이어 불투명도	레이어 선택 후 숫자 입력
레이어 아래로 내리기	Ctrl + [
레이어 가장 아래로 내리기	Ctrl + Shift + [
레이어 위로 올리기	Ctrl +]
레이어 가장 위로 올리기	Ctrl + Shift +]
레이어 스타일 fx.(테두리, 그림자, 그레이디언트 효과 등)	레이어 오른쪽 여백 더블 클릭
레이어 스타일 fx. 이동	fx. 아이콘 클릭 후 다른 레이어로 드래그
레이어 스타일 fx. 복사	fx. 아이콘 클릭 후 Alt + 다른 레이어로 드래그
레이어 그룹 만들기	여러 레이어 선택 후 Ctrl + G
레이어 그룹 해제	레이어 그룹 선택 후 Ctrl + Shift + G
선택(상위) 레이어+하위 레이어 병합	상위 레이어 선택 후 Ctrl + E
선택 레이어 병합	여러 레이어 선택 후 Ctrl + E
배경 레이어로 모든 레이어 병합	Ctrl + Shift + E
보이는 모든 레이어를 새 레이어로 병합	Ctrl + Shift + Alt + E
선택 영역을 반전하여 레이어 마스크 적용	Alt + 레이어 마스크 아이콘 클릭
클리핑 마스크(상위 레이어를 하위 레이어에 포함)	Alt + 레이어 사이 구분 선 클릭
레이어 이름/그룹 이름 변경	레이어/그룹 이름 더블 클릭

색상

기능	단축키
스포이드 도구(색상 추출)	I
브러시 도구, 페인트 통 도구, 그레이디언트 도구, 도형 도구 사용 시 일시적 스포이드 도구(색상 추출)	Alt + 색상 추출할 개체 클릭
전경색↔배경색 전환	X
페인트 통 도구/그레이디언트 도구	G
전경색으로 칠하기	Alt + Del
배경색으로 칠하기	Ctrl + Del
기본 전경색과 배경색(검은색, 흰색)	D

문자 입력/편집

기능	단축키
문자 도구	T
문자 입력 중 문자 창 활성	Ctrl + T
문자 크기	Ctrl + Shift + 〈 (,) / Ctrl + Shift + 〉(.)
왼쪽 정렬	Ctrl + Shift + L
오른쪽 정렬	Ctrl + Shift + R
가운데 정렬	Ctrl + Shift + C
자간	Alt + ← / → 방향키
행간(줄 간격)	Alt + ↑ / ↓ 방향키
문자 입력 중 문자 전체 선택	Ctrl + A
다른 도구 사용 중 특정 문자 레이어의 문자 전체 선택	문자 더블 클릭/문자 레이어 축소판 더블 클릭
한 단락 선택	단락 더블 클릭
한 줄 선택	세 번 연속 클릭
문자 속성 적용	Ctrl + Enter / 숫자키의 Enter / 바탕 클릭
수치 입력 중 다음 수치 입력 칸으로 이동	Tab

│ 보정

기능	단축키
곡선	Ctrl + M
색조/채도	Ctrl + U
색상 균형	Ctrl + B
레벨	Ctrl + L

│ 기타

기능	단축키
화면 확대, 축소	Z + 오른쪽/왼쪽 드래그 Alt + 마우스 중앙 휠 위/아래로 Ctrl + Space Bar + 오른쪽/왼쪽 드래그
화면 이동	Space Bar + 드래그
100% 보기	Ctrl + 1
화면에 딱 맞게 보기	Ctrl + 0
메뉴바와 캔버스만 보기, 원 상태로 보기	Tab
캔버스만 보기, 원 상태로 보기	F
작업 뒤로 되돌리기	Ctrl + Z
작업 앞으로 되돌리기	Ctrl + Shift + Z
브러시	B
브러시 크기	[,] Alt + 우클릭 + 오른쪽/왼쪽 드래그
펜 도구	P
자르기 도구	C
안내선 표시/숨기기	Ctrl + :
복제 도장 도구(그대로 복제)/복구 브러시 도구(자연스럽게 복제)	Alt + 복제할 영역 클릭 → 붙여넣기 할 영역 클릭
확인/취소	Enter / Esc

트렌드/레퍼런스 사이트

디자인을 시작하기에 앞서, 트렌드를 미리 파악하고 참고 디자인을 수집하면 디자인의 방향성과 컨셉을 쉽게 정할 수 있습니다.

이름	특징	링크
핀터레스트	관심 있는 이미지를 저장하고 개인화된 이미지를 추천	https://www.pinterest.co.kr
비핸스	어도비에서 운영하는 디자인 포트폴리오 사이트	https://www.behance.net
드리블	작업물을 공유하거나 피드백을 주고 받는 디자인 커뮤니티	https://dribbble.com
노트폴리오	국내 포트폴리오 사이트로, 디자인 작품을 공유 및 소통하거나 판매	https://notefolio.net
디자인 스피레이션	특정 색상, 형태, 키워드 등으로 작품 검색	https://www.designspiration.com
캐릿	요즘 뜨는 트렌드, 밈, 유행템 소식을 빠르게 확인	https://www.careet.net
롱블랙	성공 브랜드의 비하인드 스토리	https://www.longblack.co
블랙키위	인기 검색어, 영향력 순위, 키워드 추천·분석·확장	https://blackkiwi.net
판다랭크	상품 판매 순위, 블로그 진단, 유튜브 채널 영향력, 블로그·상세페이지 AI 글 생성, 마케팅 AI 컨설팅	https://pandarank.net
빅카인즈	뉴스 수집·분석·저장, 이슈 모음	https://www.bigkinds.or.kr
어도비 컬러	이미지 색상 추출, 벡터 파일 색상 변경, 색상 트렌드	https://color.adobe.com/ko
컬러헌트	맞춤 색상 조합, 테마별 색상 조합, 색상 트렌드	https://colorhunt.co
UI 그레이디언트	그레이디언트 색상 조합	https://uigradients.com
서울 핫플레이스	서울에서 가장 인기가 많은 핫플레이스	https://www.instagram.com/_seoulhotplace
더 현대	현대백화점의 팝업 스토어, 콘텐츠를 통해 트렌드 파악	https://www.instagram.com/the_hyundai
K-현실고증	현실을 사실적으로 표현하고 풍자, 직관적인 3D 애니메이션	https://www.youtube.com/@Krealityshow
킥서비스	10년 뒤의 모습을 과장하여 표현, 개그맨들의 명품 연기	https://www.youtube.com/@KIKsvc
드로우앤드류	삶에 도움이 되는 내용들과 트렌드를 인터뷰 형식으로 제공	https://www.youtube.com/@drawandrew
강유미	주위에 한 명씩 있을 만한 캐릭터에 완벽히 빙의된 개그우먼 강유미의 상황극	https://www.youtube.com/@yumikang1351

업무 질 떡상! 무료·가성비 AI

포토샵과 협업하면 완벽한 시너지를 발휘하는 실무 AI 도구를 소개합니다.

*아래의 AI 도구는 현재 대부분 무료이지만, 요금제 및 저작권은 변동될 수 있으므로 사용 전 약관을 꼭 확인하세요.

│ 이미지·영상 생성/편집

이름	특징	링크
플레이그라운드 AI	저작권 없는 무료 이미지 생성	https://playgroundai.com
레오나르도 AI	저작권 없는 무료 이미지 생성, 프롬프트 생성	https://leonardo.ai
미드저니	저렴한 금액에 저작권 없는 고퀄리티 이미지 생성, 다양한 설정 및 개인 맞춤 생성	https://www.midjourney.com
스테이블 디퓨전	세부사항을 조정하여 고해상 무료 이미지 생성, 인물 사진에 최적화	https://stablediffusionweb.com
마이크로소프트 코파일럿	최신 챗GPT 기반의 채팅, 이미지 분석 및 생성, 정보 수집 및 출처 제공	https://www.bing.com/chat
마이크로소프트 디자이너	이미지 생성, 브랜딩, 스티커 생성, 리스타일 이미지	https://designer.microsoft.com
프레이머	코딩 없이 무료 홈페이지 제작, 디자인 템플릿과 도메인 주소 제공	https://www.framer.com
어도비 파이어플라이	어도비 플랜 구독 시 지급되는 생성 크레딧으로 한글 프롬프트를 입력해 이미지 생성 및 편집	https://firefly.adobe.com
어도비 배경 제거	어도비 계정 없이도 무료로 이미지의 배경을 제거한 PNG 파일 저장	https://new.express.adobe.com/tools/remove-background
어도비 익스프레스	파이어플라이, 텍스트를 템플릿으로, 비디오 자막, GIF 만들기 등	https://new.express.adobe.com
아숙업	챗GPT 기반으로, 카카오 채팅을 통한 정보 수집 및 무료 이미지 생성, 이미지의 문자를 추출하거나 번역하는 OCR	모바일 카카오톡에서 AskUp 채널 추가
뤼튼	최신 챗GPT 기반으로, 채팅을 통한 정보 수집, 테마 별 카피라이팅, 무료 이미지 생성	https://wrtn.ai
라스코 AI	한글 프롬프트를 입력해 무료 이미지 생성	https://www.lasco.ai

이름	특징	링크
아이디오그램	다양한 스타일의 고퀄리티 무료 이미지 생성, 텍스트가 포함된 이미지 생성에 최적화	https://ideogram.ai
프리픽	사진, 벡터 일러스트, AI로 생성된 이미지, 아이콘, 비디오, PSD, 목업, 디자인 템플릿, AI 이미지 생성	https://www.freepik.com
네임릭스	브랜드 키워드와 설명으로 브랜드 이름과 로고 생성	https://namelix.com
업스케일	저화질 이미지를 고화질로 업스케일링	https://www.upscayl.org
오토드로우	마우스로 그린 그림을 인식하여 아이콘·로고 생성	https://www.autodraw.com
브루	이미지·영상 생성, 자동 자막, 성우 더빙, 무음 구간 제거 등의 기능으로 간편하게 영상 생성·편집	https://vrew.voyagerx.com/ko
캡컷	고급 영상 편집 도구인 프리미어+에프터이펙트를 결합시켜 놓은 듯한 많은 편집 기능과 자동 자막, 인물 보정, 배경 제거 등의 AI	https://www.capcut.com/ko-kr
SUNO AI	원하는 스타일과 가사로 음악 생성	https://app.suno.ai

정보 수집·요약

이름	특징	링크
챗GPT	가장 대중적인 채팅형 AI로 정보 수집, 음성·이미지·문자 인식, 이미지 생성 등 수많은 기능 탑재	https://openai.com/blog/chatgpt
마이크로소프트 코파일럿	최신 챗GPT 기반의 채팅, 이미지 분석 및 생성, 정보 수집 및 출처 제공	https://www.bing.com/chat
구글 제미나이	다양한 질문을 통해 출처와 이미지 자료를 포함한 정보를 수집하고 이미지 생성 프롬프트 참고 시 유용	https://gemini.google.com/app
챗 허브	동시에 여러 AI를 동일한 프롬프트로 한 번에 실행하는 크롬 브라우저 플러그인	크롬 웹스토어에서 Chat Hub 검색 후 플러그인 추가
아숙업	챗GPT 기반으로, 채팅을 통한 정보 수집 및 무료 이미지 생성, 이미지의 문자를 추출하는 OCR 제공	모바일 카카오톡의 [AskUp] 채널 추가

이름	특징	링크
뤼튼	최신 챗GPT 기반으로, 채팅을 통한 정보 수집, 테마 별 카피라이팅, 무료 이미지 생성	https://wrtn.ai
윔시컬	챗GPT와 접목한 마인드맵, 브레인스토밍	https://whimsical.com
릴리즈	영상, 웹사이트, PDF, 녹음, 텍스트를 일목요연하게 요약	https://lilys.ai
코얼리	유튜브 영상의 내용을 일목요연하게 요약	https://corely.ai
감마 앱	주제를 입력하면 프레젠테이션·문서·웹페이지 생성	https://gamma.app
노션	메모 및 할 일 작성, 캘린더, 프로젝트 관리 등 다양한 템플릿을 제공하여 사용법이 쉽고 팀원 간 협업 용이, 여러 유료 AI 기능	https://www.notion.so
CLOVA X	네이버 개발, 사용자의 선호도와 취향을 파악한 맞춤형 채팅 AI, 네이버 쇼핑·여행 연동	https://clova-x.naver.com
클로바 노트	네이버 개발, 음성 녹음 후 문자로 변환하거나 내용 요약, 문자 편집, 북마크, 링크 공유 등의 기능	https://clovanote.naver.com
CUE	네이버 개발, 네이버 검색 내역의 알고리즘을 반영하는 맞춤형 채팅 AI, 네이버 예약/네이버 스마트스토어 등의 네이버 서비스 연동	https://cue.search.naver.com

디자인 소스 & 폰트 사이트

디자인 완성도를 끌어올리기 위한 무료 · 가성비 디자인 소스 및 폰트 사이트를 소개합니다.

*대부분 상업적 이용이 가능하지만 사용 전 각 사이트의 약관을 꼭 확인하세요.

┃ 디자인 소스 사이트

이름	특징	링크
언스플래쉬 *무료/부분 유료	감성적이고 트렌디한 사진 소스를 다운로드, 대부분의 사진 파일 무료	https://unsplash.com/ko
펙셀스 *무료	사진, 동영상 소스 다운로드, 주요 색상을 지정하여 검색 가능	https://www.pexels.com/ko-kr
픽사베이 *무료	사진, 벡터 일러스트, 비디오, 음악, 음향 효과, GIF 소스 다운로드	https://pixabay.com/ko
프리픽 *무료/유료	사진, 벡터 일러스트, AI로 생성된 이미지, 아이콘, 비디오, PSD, 목업, 디자인 템플릿, AI 이미지 생성	https://www.freepik.com https://kr.freepik.com

이름	특징	링크
크라우드픽 *유료	한국 사이트로 저렴한 금액에 사진, 벡터 일러스트, 캘리그라피, 아이콘, 목업 파일 낱개 구매	https://www.crowdpic.net
목업월드 *무료	손쉽게 합성 및 모형 제작을 할 수 있도록 모니터, 스마트폰, 의류, 잡화, 인쇄물 등 다양한 PSD 목업 파일 제공	https://www.mockupworld.co
프리목업 *무료/유료	손쉽게 합성 및 모형 제작을 할 수 있도록 모니터, 스마트폰, 의류, 잡화, 인쇄물 등 다양한 PSD 목업 파일 제공	https://www.free-mockup.com
목업디자인 *무료	손쉽게 합성 및 모형 제작을 할 수 있도록 모니터, 스마트폰, 의류, 잡화, 인쇄물 등 다양한 PSD 목업 파일 제공	https://mockups-design.com
픽시덴 *무료/유료	그래픽, 웹, 인쇄, 아이콘, 벡터 이미지 소스, PSD 목업 파일 제공	https://www.pixeden.com
이라스토야 *무료/부분 유료	무료 일러스트 PNG 파일 다운로드	https://www.irasutoya.com
루즈드로잉 *무료/부분 유료	무료 일러스트 PNG 파일 다운로드, SVG 파일 다운로드 유료	https://loosedrawing.com
피엔지에그 *비상업적 무료	고해상 배경 제거 PNG 파일 다운로드	https://www.pngegg.com/ko
아이콘아이콘스 *무료	배경 제거 아이콘 PNG/SVG(수정 가능) 파일 다운로드	https://icon-icons.com/ko
아이콘스8 *무료/부분 유료	여러 스타일, 여러 파일 형식의 아이콘 소스 다운로드	https://icons8.com
구글 아이콘 *무료	아이콘의 속성을 세부 조정하여 SVG(수정 가능)/PNG 파일 다운로드	https://fonts.google.com/icons
아이콘몬스터 *무료	아이콘 SVG/PNG 파일 다운로드	https://iconmonstr.com

무료 폰트 사이트

이름	특징	링크
산돌구름	한글 폰트 중점, 여러 무료 폰트의 미리보기 후 활성/비활성 버튼으로 손쉽게 폰트 관리, 이미지의 폰트 검색 가능	https://www.sandollcloud.com
눈누	한글 폰트 중점, 여러 무료 폰트의 미리보기 후 각 폰트 홈페이지에서 다운로드	https://noonnu.cc

이름	특징	링크
어도비 폰트	영문 폰트 중점, 무료 폰트의 미리보기 후 활성/비활성 버튼으로 손쉽게 폰트 관리, 이미지의 폰트 검색 가능	https://fonts.adobe.com
구글 폰트	영문 폰트 중점, 무료 폰트 미리보기 및 다운로드	https://fonts.google.com
다폰트	영문 폰트 다운로드, 상업적 이용 시 100% FREE 폰트만 다운로드	https://www.dafont.com

실무자 PICK! 원가 제작 인쇄소

실무자가 추천하는 내돈내산 온라인 인쇄소입니다.

이름	특징	링크
성원애드피아	사용자가 가장 많고 규모가 큰 인쇄소, 명함, 스티커, 포스터, 패키지 등 다양한 제작 품목	https://www.swadpia.co.kr
애드피아몰	성원애드피아 자회사, 현수막, X배너, 간판 등의 실사 출력 및 커스텀 의류, 소품 등의 굿즈 제작	https://www.adpiamall.com
디티피아	제작 품목 및 제작 용지가 다양하고 출고가 빠른 편	https://dtpia.co.kr
프린트시티	특이한 용지와 다양한 후가공, 대부분의 상업 인쇄와 실사출력 제작, 출고가 빠른 편	https://www.printcity.co.kr
프린트뱅크	대부분의 상업 인쇄, 현수막, X배너 등의 실사 출력	https://www.printbank.co.kr
노넘시스템	대부분의 상업 인쇄, 명함, 스티커의 출고가 빠른 편	https://nonom.co.kr
프린통 by dnp	대부분의 상업 인쇄	https://printong.net
오프린트미	명함, 스티커, 실사 출력 등 소량 제작, 디자인 템플릿 제공	https://www.ohprint.me
알래스카 인디고	명함, 스티커 브로슈어 소량 제작	https://www.alaskaindigo.co.kr
레드프린팅 앤 프레스	텀블러, 패브릭, 휴대폰 액세서리와 같은 굿즈 및 상업 인쇄 등 다양한 품목을 1개부터 제작	https://www.redprinting.co.kr
마플	의류, 잡화, 휴대폰 액세서리, 리빙 등 다양한 굿즈를 1개부터 제작	https://www.marpple.com

CERTIFICATE

THIS CERTIFICATE IS
PROUDLY PRESENTED

디자인이 쉬워지는
포토샵 & AI 완벽 시너지 과정을
모두 수료하였기에
본 수료증을 수여합니다.

SSAENGCHO
DESIGN CLASS

✕

BJ PUBLIC

Design Director : *ssaengcho*

디자인이 쉬워지는

포토샵 & AI 완벽 시너지

출간일 | 2024년 7월 31일

지은이 | 쌩초
펴낸이 | 김범준
기획·책임편집 | 유명한
교정교열 | 윤나라
편집디자인 | 이기숙
표지디자인 | 안선응

발행처 | 비제이퍼블릭
출판신고 | 2009년 05월 01일 제300-2009-38호
주소 | 서울시 중구 청계천로 100 시그니처타워 서관 9층 949호
주문/문의 | 02-739-0739   **팩스** | 02-6442-0739
홈페이지 | https://bjpublic.co.kr   **이메일** | bjpublic@bjpublic.co.kr

가격 | 35,000원
ISBN | 979-11-6592-292-4(93000)
한국어판 ⓒ 2024 비제이퍼블릭